Parc Cenedlaethol
ERYRI
National Park

Etifeddiaeth ar waith

A living legacy

Parc Cenedlaethol
ERYRI
National Park

Etifeddiaeth ar waith

A living legacy

Gol. Gwen Aeron Edwards

y lolfa

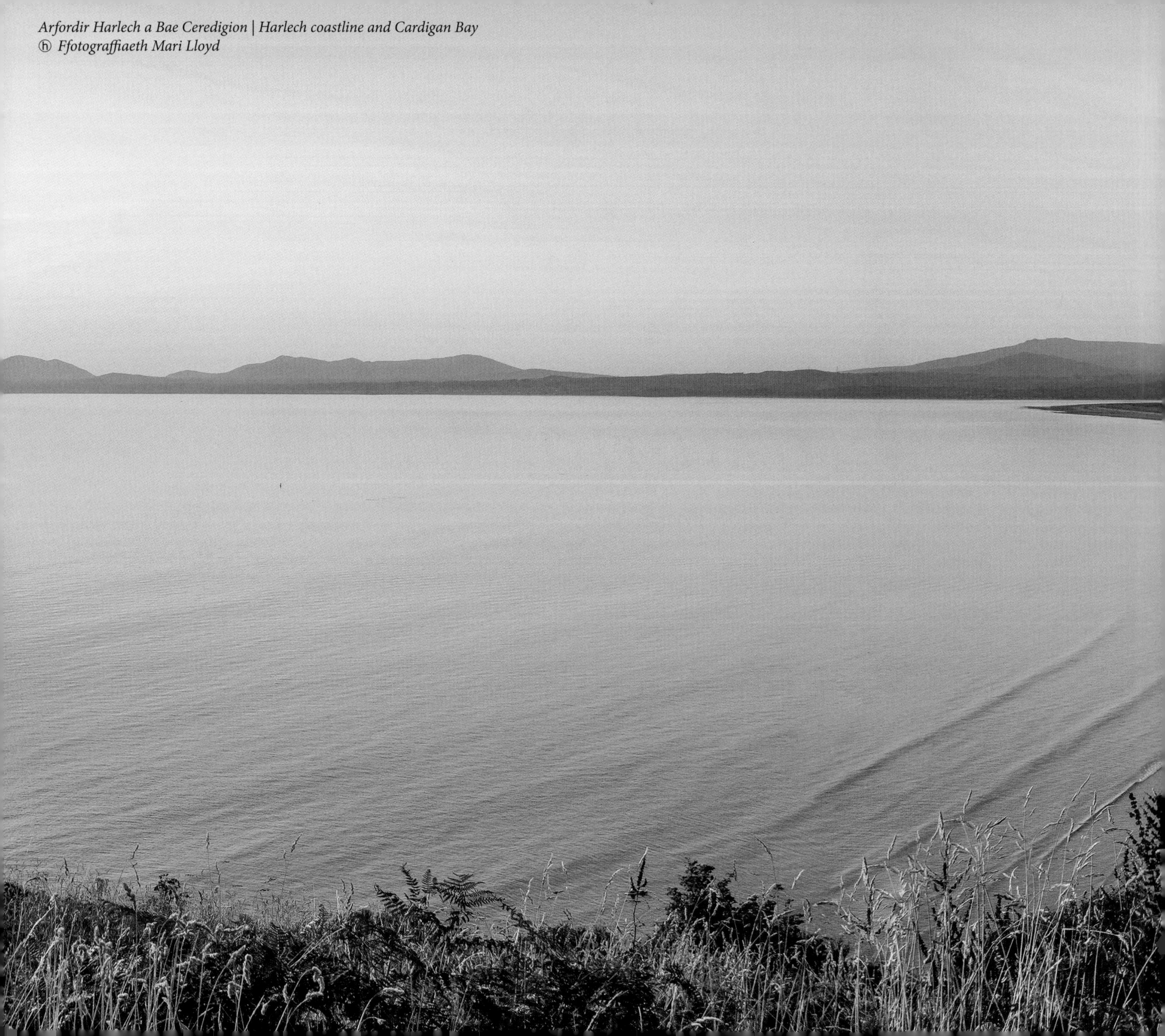

Arfordir Harlech a Bae Ceredigion | Harlech coastline and Cardigan Bay

Gair o ddiolch

Ni fyddai'r gyfrol hon wedi bod yn bosib heb angerdd, brwdfrydedd a chefnogaeth nifer fawr o unigolion a sefydliadau.

Diolch yn fawr i Lefi Gruffudd a holl staff Y Lolfa am y gefnogaeth trwy gydol y broses. Diolch hefyd i'r holl awduron am eu brwdfrydedd a'u hangerdd sy'n disgleirio trwy'r gyfrol (ewch i ddiwedd y llyfr er mwyn dysgu mwy amdanynt), ac i'r cyfieithwyr Susan Walton (Cyflwyniad a Phenodau 2, 4 a 5 i'r Saesneg) a Meinir Pierce Jones (Penodau 1 a 3 i'r Gymraeg). Diolch i'r holl ffotograffwyr, unigolion a sefydliadau am ganiatáu inni ddefnyddio eu delweddau – Adrian Holmes, Ben Porter, Chris Cameron-Wilton, David Nash, Dylan Arnold, Gareth Môn, Gareth Parry, Iwan Jones, Jack Perks, Kris Williams, Mari Lloyd, Mark Gilligan, Myfyr Tomos, Nick Pipe, Rob Johnson, Rory Trappe, Croeso Cymru, ffotoNant, Follow Films, Gwesty Pen y Gwryd, Menter Yr Eagles, Sesiwn Fawr Dolgellau, Sygun Copper Mine ac Y Dref Werdd.

Gwen Aeron Edwards
Golygydd y gyfrol, a Swyddog Cyfathrebu Awdurdod Parc Cenedlaethol Eryri

A word of thanks

The publication of this book would not have been possible without the passion, enthusiasm and support of many individuals and organisations.

Thank you to Lefi Gruffudd and all the staff at Y Lolfa for the support throughout the process. Thank you also to all the authors for their eagerness and passion that shines throughout the volume (you can find out more about them at the end of the book), and to the translators Susan Walton (Introduction and Chapters 2, 4 and 5 into English) and Meinir Pierce Jones (Chapters 1 and 3 into Welsh). Thank you to all the photographers, individuals and organisations for allowing us to use their images – Adrian Holmes, Ben Porter, Chris Cameron-Wilton, David Nash, Dylan Arnold, Gareth Môn, Gareth Parry, Iwan Jones, Jack Perks, Kris Williams, Mari Lloyd, Mark Gilligan, Myfyr Tomos, Nick Pipe, Rob Johnson, Rory Trappe, Croeso Cymru, ffotoNant, Follow Films, Gwesty Pen y Gwryd, Menter Yr Eagles, Sesiwn Fawr Dolgellau, Sygun Copper Mine and Y Dref Werdd.

Gwen Aeron Edwards
Editor of the book, and Communications Officer for the Eryri National Park Authority

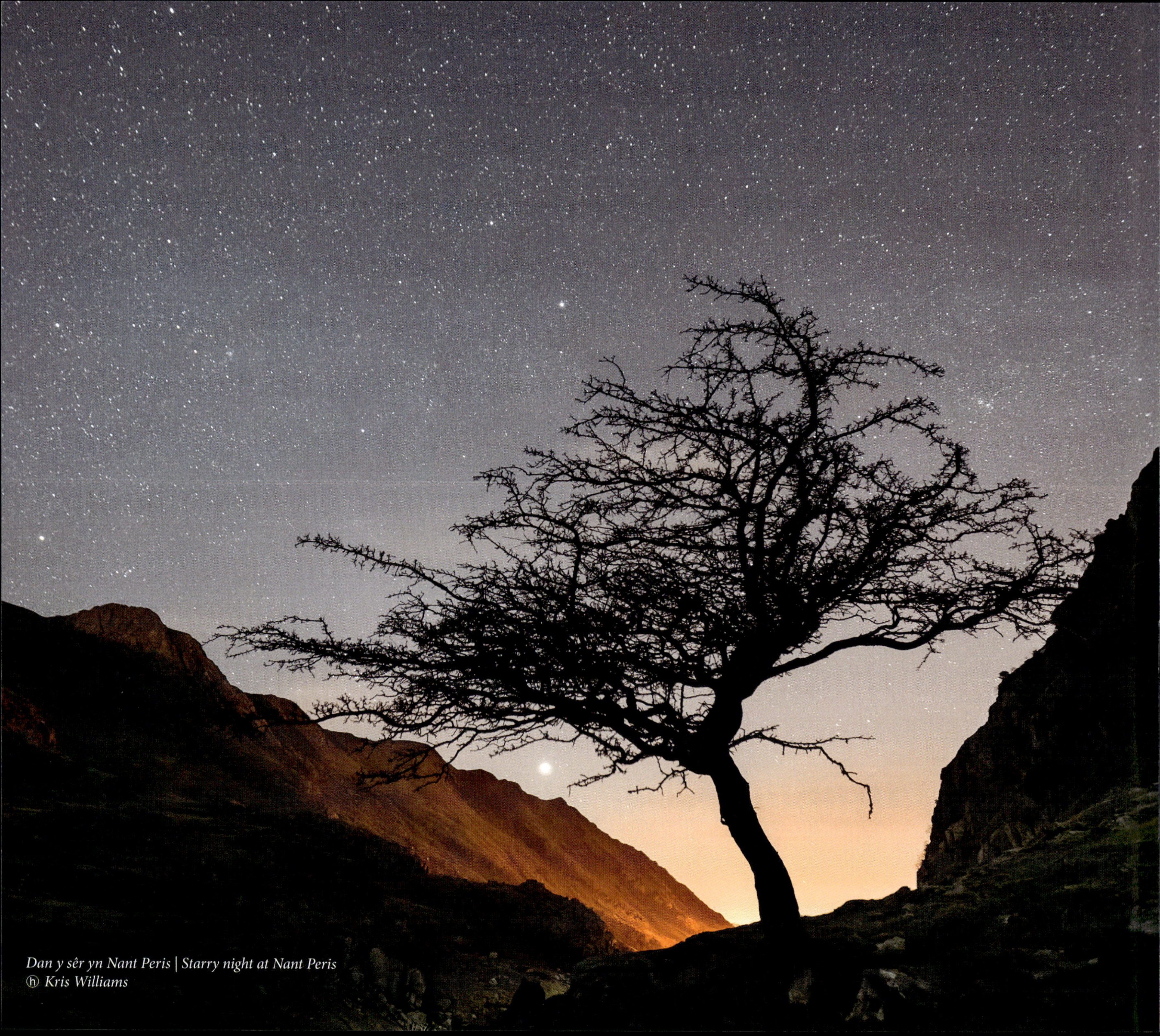

Dan y sêr yn Nant Peris | Starry night at Nant Peris
ⓗ Kris Williams

Cynnwys

Contents

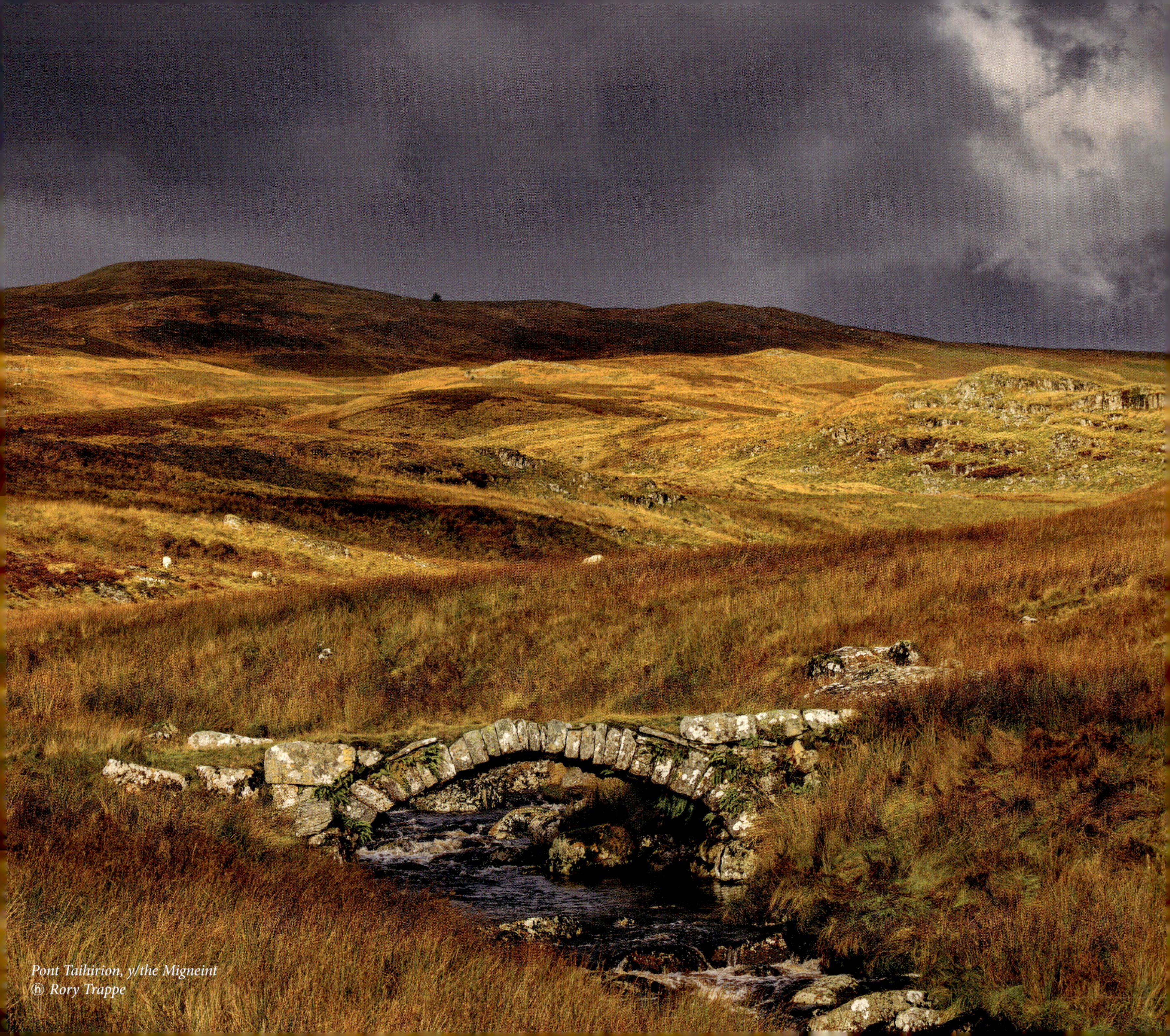

Pont Taihirion, y/the Migneint
ⓑ Rory Trappe

Rhagymadrodd

Dri chwarter canrif yn ôl dynodwyd Parc Cenedlaethol cyntaf Cymru; Eryri. I'r ardal hon o harddwch naturiol eithriadol, bywyd gwyllt o bwysigrwydd rhyngwladol a threftadaeth ddiwylliannol, roedd y 18fed o Hydref 1951 yn ddechrau pennod newydd o warchodaeth a chadwraeth. Mae'r gwaith cadwraethol yma'n parhau hyd heddiw, ac mae mor bwysig ag erioed wrth i ni ymrafael â heriau na ragwelwyd, hyd yn oed, ar adeg y dynodiad – yn enwedig o ran dirywiad bioamrywiaeth a newid hinsawdd.

Wrth feddwl am Barc Cenedlaethol Eryri, mynyddoedd geirwon, llynnoedd tawel a choedlannau hynafol ddaw i feddwl llawer. Ond mae cymaint mwy i Eryri na'r hyn a welwn ar yr wyneb, ac mae'n golygu rhywbeth gwahanol i bawb sy'n ddigon ffodus i fod â chysylltiad â'r ardal arbennig hon. Mae'n gartref, yn weithle, yn noddfa, yn ystafell ddosbarth a llawer iawn mwy.

Rhwng cloriau'r llyfr hwn, cawn flas ar yr amrywiol rinweddau arbennig sy'n cydfodoli i greu tapestri unigryw Parc Cenedlaethol Eryri, a hynny trwy lygaid deg o unigolion sy'n angerddol am y fro. Trwy lens ffotograffwyr brwd cawn hefyd fwynhau golygfeydd ysbrydoledig o Eryri, a chlosio at hynodrwydd y bywyd gwyllt o'n cwmpas a than ein traed.

Ar ran Awdurdod Parc Cenedlaethol Eryri, hoffwn ddiolch i Gwen Aeron Edwards am ei gwaith fel golygydd y gyfrol, a hefyd i'r holl gyfranwyr am eu hangerdd a'u

Foreword

Eryri; Wales' first National Park was designated three quarters of a century ago. For this area of exceptional natural beauty, internationally important wildlife and cultural heritage, the 18th of October 1951 marked the beginning of a new chapter of protection and conservation. This conservation work continues to this day, and is now more important than ever as we navigate challenges that were not even foreseen at the time of designation – in particular that of biodiversity decline and climate change.

For many, rugged mountains, serene lakes and ancient woodlands spring to mind when thinking about the Eryri National Park. But there is so much more to Eryri than the eye can see, and it holds something different to everyone who is fortunate enough to have a connection with this special area. It is a home, a workplace, a sanctuary, a classroom and so much more.

Between the covers of this book, we'll enjoy a glimpse into the special qualities that coexist to create the unique tapestry of Eryri; brought to you through the eyes of ten individuals who are passionate about this area. Through the lenses of avid photographers, we can also enjoy awe-inspiring views of Eryri, and get up close to some of the wildlife around us and beneath our feet.

On behalf of the Eryri National Park Authority, I would like to thank Gwen Aeron Edwards for her work as the

brwdfrydedd i fod yn rhan o'r llyfr hwn i ddathlu 75 mlynedd ers dynodiad un o dirweddau mwyaf arwyddocaol a nodedig Cymru yn Barc Cenedlaethol.

Jonathan Cawley
Prif Weithredwr Awdurdod Parc Cenedlaethol Eryri

volume's editor, and each of the contributors for their passion and enthusiasm to be involved in this book to celebrate 75 years since the designation of one of Wales' most significant and notable landscapes as a National Park.

Jonathan Cawley
Chief Executive of the Eryri National Park Authority

Cyflwyniad
Introduction

Gerallt Pennant

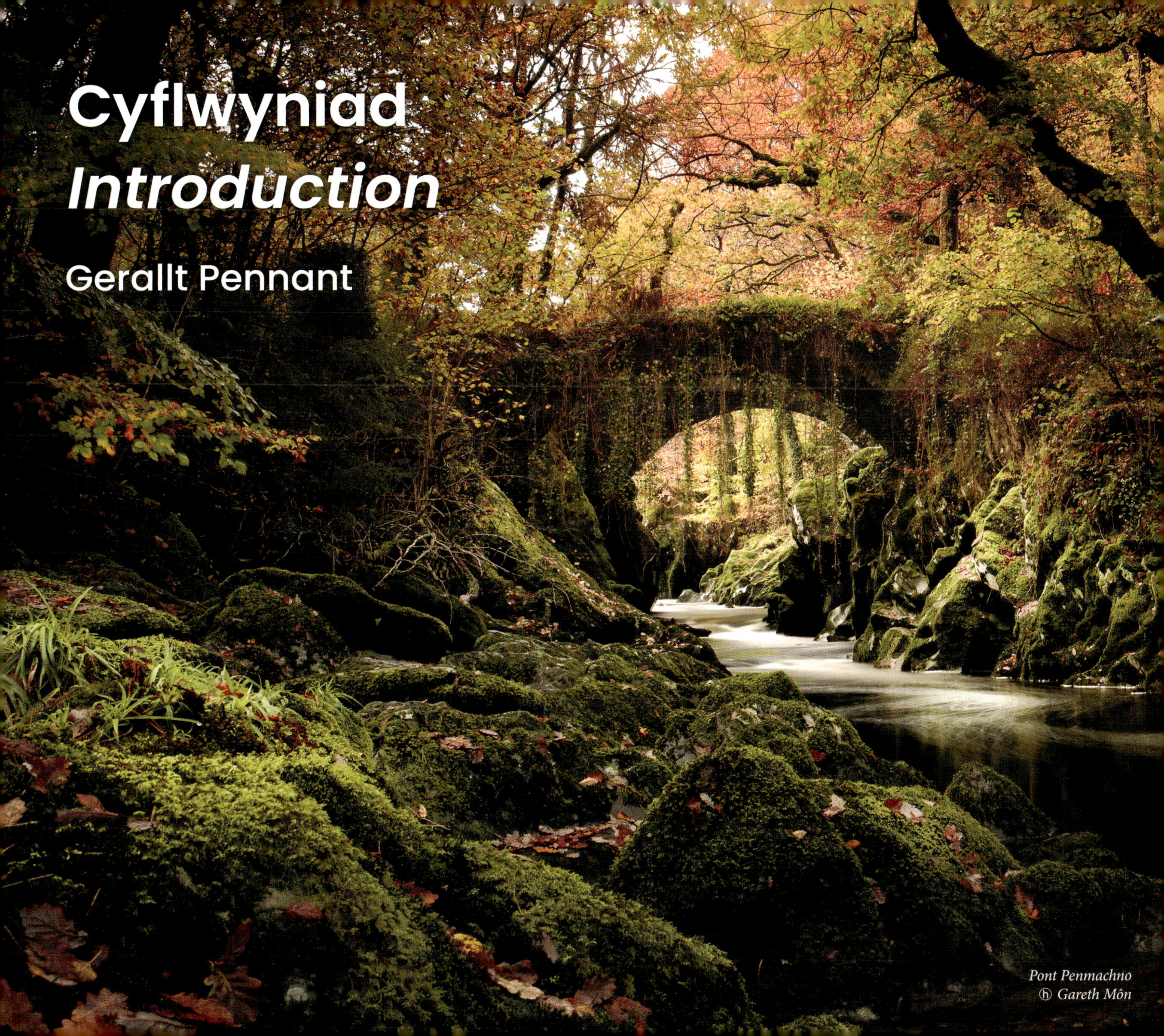

Pont Penmachno
ⓗ Gareth Môn

Pa Eryri ydy'ch Eryri chi? Ai ei thywod dan draed noeth yn Aberdyfi, neu'r gwmnïaeth a'r sawr coffi yn lloches copa Cader Idris? Efallai mai ennyd yng nghysgod derwen rhwng cawodydd ei choedwigoedd glaw Celtaidd ydy eich Eryri chi, neu oriau dan awyr dywyll sy'n hallt o sêr. Pa bynnag Eryri fo eich Eryri chi, unwaith y daw ei chyfaredd yn rhan o'ch byw a'ch bod, ni allwch fyth ddianc rhag hon.

Pleser ydy cyflwyno'r gyfrol hon fel rhan o'r dathliadau sy'n nodi tri chwarter canrif ers sefydlu Parc Cenedlaethol Eryri. Ynddi fe gewch olwg ar bethau cyfarwydd, yn gopaon a chymoedd, yn ddyfroedd a llennyrch, a chewch hefyd gip ar yr Eryri honno sy'n gudd a chyfrin – boed hynny yn sylfaen ei chreigiau neu yn ecoleg ei phlanhigion a'i chreaduriaid.

Ynddi hefyd cewch deimlo curiad calon y cwmwl tystion – y bobl ddoe a heddiw – sydd wedi byw a bod yn y cynefin hynod hwn. Dyma'r rhai sy'n cael eu cydnabod ym mhenodau'r gyfrol am warchod iaith a meithrin gwead cymunedol, am greu celfyddyd, cerddi ac ysgrifau, ac am rannu eu dysg ac ehangu gorwelion y rhai sy'n dod ar dro undydd a'r rheini ohonom sy'n ddigon ffodus i gael galw Eryri yn gartref a chynefin fel ei gilydd.

Dichon mai peth buddiol ydy edrych tu hwnt i orwelion Eryri er mwyn amgyffred sut y datblygodd y cysyniad o ddynodi tir yn 'Barc Cenedlaethol'. Lle mae dechrau? Cystal â dim ydy edrych tua'r gogledd a chofio disgrifiad William Wordsworth o Ardal y Llynnoedd. Gwelai ei gynefin yng nghyffiniau Grasmere fel 'math o eiddo'r genedl i bawb o'r iawn feddylfryd ei goleddu a'i fwynhau'. Yn 1810 y mynegwyd hynny, bum mlynedd cyn diwedd Rhyfeloedd Napoleon, sef y cyfnod y gwelwyd yr ymchwydd o ymwelwyr breintiedig yn crwydro a rhyfeddu at harddwch mynyddoedd gwledydd Prydain yn sgil eu methiant i ddilyn y 'grand tour' o amgylch cyfandir Ewrop. Blwyddyn arwyddocaol arall ydy 1872, blwyddyn sefydlu

Which Eryri is your Eryri? Is it bare feet in the sand at Aberdyfi, or that aroma of coffee in the shelter on the summit of Cader Idris? Maybe your Eryri is a moment sheltering under an oak between showers in the Celtic rainforest, or hours spent under a dark sky, the stars like sprinkled salt; whichever Eryri is yours, once its charm captures you, it will have a hold on you for ever.

It's a pleasure to introduce this book, which is part of the celebrations to mark three quarters of a century since the Eryri National Park was founded. Within its pages you will see the familiar summits and valleys, the lakes and rivers and woodland glades, and also a glimpse of secret Eryri – be that its foundation in the rocks or the ecology of its plants and animals.

You may also feel the heartbeat of people past and present who have been a continual presence in this remarkable environment. The following chapters recognise them for protecting the language and nurturing the fabric of community, for creating art, music and writing, and for sharing their learning and expanding the horizons of those who come on a day visit to Eryri or those of us fortunate enough to call it home.

We need to look beyond the horizons of Eryri to see how the idea of designating land as a 'national park' developed. Where to begin? As good a place as any is to remember William Wordsworth's description of the Lake District. He saw his home area near Grasmere as 'a sort of national property, in which every man has a right and interest who has an eye to perceive and a heart to enjoy'. He said this in 1810, five years before the end of the Napoleonic Wars. This was the period that saw a surge of affluent visitors wandering the nations of Britain, marvelling at the beauty of the mountains, because they were unable to undertake the 'grand tour' of continental Europe.

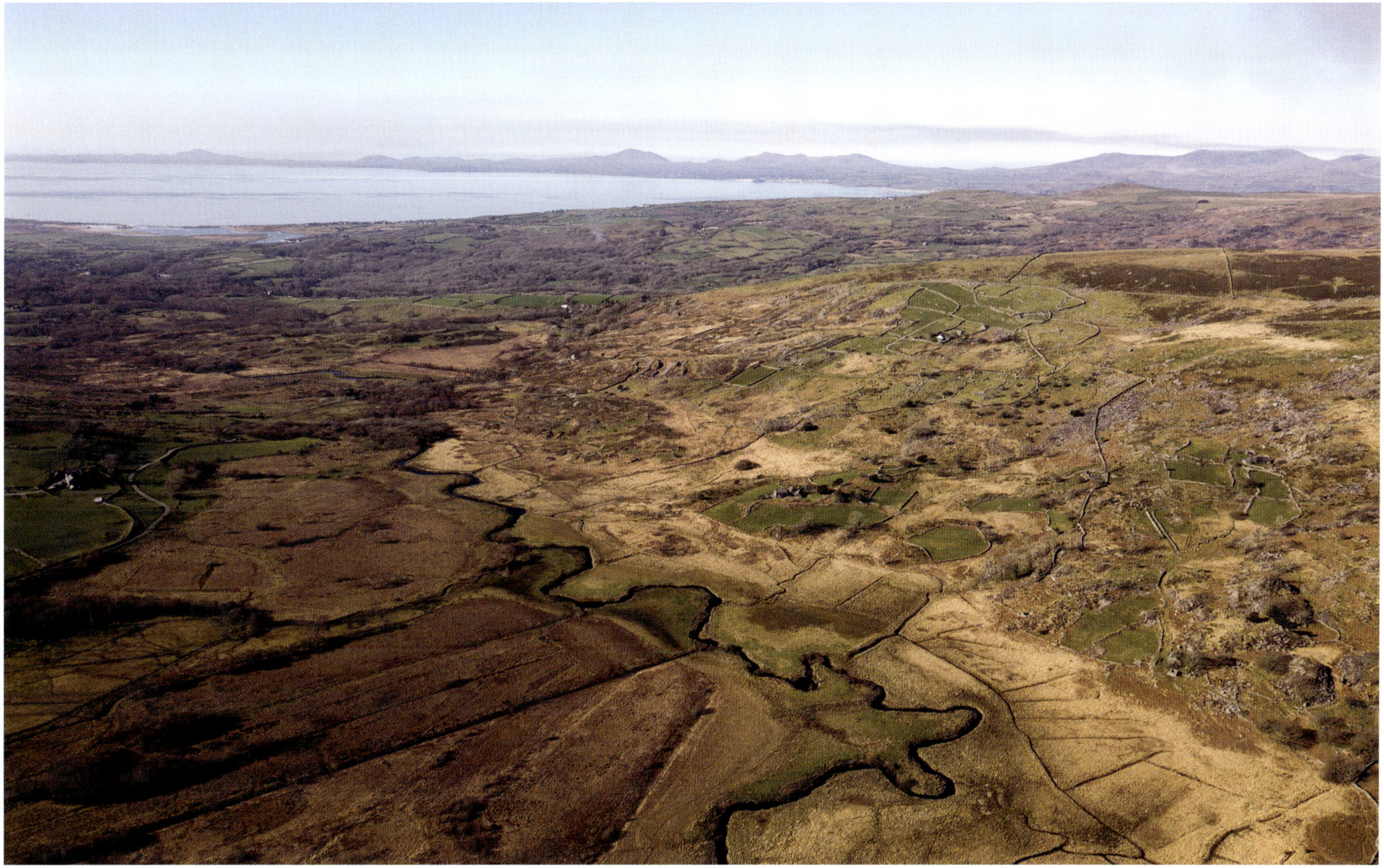

Draw dros Eryri | Eryri yonder
ⓗ *Ffotograffiaeth Mari Lloyd*

Parc Cenedlaethol Yellowstone, y parc cenedlaethol cyntaf yn y byd. Os gwir y gair am America yn pesychu, hir fu'r aros i'r annwyd groesi'r Iwerydd! Wedi dweud hynny, mae'r ddelfryd Americanaidd yn bur wahanol i'n hamgyffred ni o barc cenedlaethol. Er yr amcanion gwiw o warchod nodweddion naturiol a chadw tir rhag rhaib mwyngloddio, doedd dim

Another significant year was 1872, the year the Yellowstone National Park, the world's first national park, was founded. The American ideal of a national park is totally different to ours. Despite the worthy objectives of protecting natural features and preventing mining despoilation, there was no recognition of the rights of the Yellowstone indigenous tribes. By 1900 the

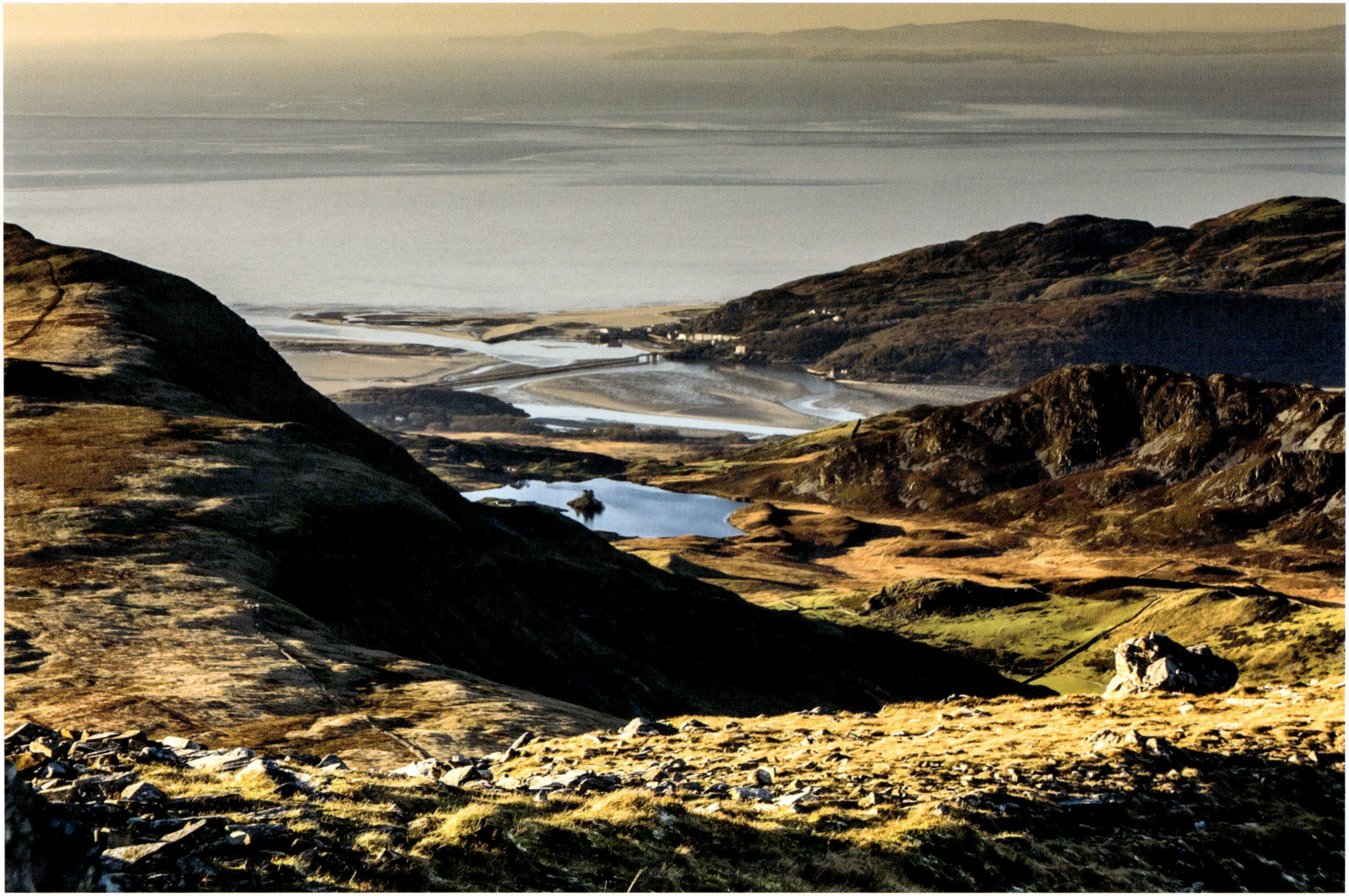

Edrych draw am Ddinas Oleu | Looking towards Dinas Oleu
ⓗ *Myfyr Tomos*

cydnabyddiaeth o hawliau llwythau brodorol Yellowstone. Erbyn 1900, collodd llwyth y Shoshone a'r holl lwythau cyfagos eu hawliau hela a chael eu gorfodi i adael tir eu hynafiaid. Er bod hyn yn anodd ei gyfiawnhau hyd yn oed yn 1872 yn eangderau Wyoming, Montana ac Idaho, doedd dim angen bod yn broffwyd na mab i broffwyd i weld na fyddai'r ddelfryd Americanaidd fyth yn gweddu i unman yng ngwledydd Prydain, heb sôn am Eryri.

Erbyn diwedd y bedwaredd ganrif ar bymtheg, yn sgil diwydiannu a thwf poblogaeth gwledydd Prydain, daeth galwadau am yr hawl i dramwy a chael mynediad i'r mynyddoedd. Erbyn 1932 roedd yr alwad honno wedi troi yn weithred; a bu'r 'dresmas fawr' gan 400 o gerddwyr, nid ymwelwyr breintiedig, ar rostir Kinder Scout – digwyddiad lle cafwyd ffrwgwd rhwng ciperiaid a'r cerddwyr – yn ddigon i'r llywodraeth ddechrau ystyried y galw cynyddol am diroedd oedd, yn ôl Wordsworth, yn 'eiddo'r genedl'.

Rhagflaenydd amlwg i'r Parciau Cenedlaethol oedd yr Ymddiriedolaeth Genedlaethol dros Fannau o Ddiddordeb Hanesyddol neu Harddwch Naturiol – yr 'YG' ar lafar gwlad gan lawer! Ffaith ddiddorol am yr YG ydy mai bryncyn ym Meirionnydd, Dinas Oleu uwchben y Bermo, oedd y darn cyntaf o dir i ddod i'w meddiant. Rhodd ddyngarol gan Fanny Talbot oedd Dinas Oleu ac un o amodau'r rhodd oedd y ddelfryd o hawl mynediad, mwyniant cyhoeddus a gwarchodaeth rhag i 'natur wyllt' hawlio'r lle yn llwyr. Mi fydd y cenedlaethau o amaethwyr, rheolwyr cefn gwlad a wardeiniaid parciau cenedlaethol yn sylweddoli bod y geiriau hynny yn drwm ac yn goferu o gyfrifoldebau ac arwyddocâd!

Yn 1947 argymhellodd Adroddiad Hobhouse y dylid sefydlu deuddeg Parc Cenedlaethol yng ngwledydd Prydain, gyda thri yng Nghymru. Roedd hefyd yn argymell sefydlu llawer o'r Ardaloedd o Harddwch Naturiol Eithriadol sy'n

Shoshone people and all the neighbouring tribes had lost their hunting rights and were forced to leave their ancestral lands. Although difficult to justify even in 1872 in the wide expanses of Wyoming, Montana and Idaho, it is clear to see that the American ideal would never suit anywhere in Britain, let alone in Eryri.

By the end of the nineteenth century, in the wake of Britain's industrialisation and population growth, there were calls for a right of access to the mountains. By 1932 that call had turned into action and there was a mass trespass of 400 walkers – not affluent visitors – onto moorland at Kinder Scout in Derbyshire, where scuffles between gamekeepers and the walkers were enough to prompt the government to start to consider the growing call for lands that would be, in Wordsworth's words, a 'national property'.

A clear forerunner of the national parks was the National Trust for Places of Historic Interest or Natural Beauty – or 'National Trust' as it is more commonly known. Dinas Oleu, a hillside above Barmouth, was the first piece of land owned by the National Trust. Dinas Oleu was a philanthropic donation by Fanny Talbot, and a condition of the gift was the principle of right of access, public enjoyment and 'to put it to the custody of some society that will never vulgarise it, or prevent wild nature from having its way'. Generations of farmers, countryside managers and national park wardens realise that these words bear substantial responsibilities and significance!

In 1947 the Hobhouse Report recommended that twelve national parks should be created in Britain, three of which should be in Wales. It also proposed creating a number of the Areas of Outstanding Natural Beauty we have today. The original name proposed for Eryri was the 'National Park of North Wales', but this was changed before it was designated in 1951 as the 'Snowdonia National Park' in English and

bodoli heddiw. Yr enw gwreiddiol a gyflwynwyd ar gyfer Eryri oedd 'Parc Cenedlaethol Gogledd Cymru', ond fe'i newidiwyd cyn ei sefydlu yn 1951 i'r hyn ydyw heddiw.

Cefais fy magu gwta led dau gae o ffin orllewinol Parc Cenedlaethol Eryri. Mynydd Graig Goch ym mhen gorllewinol Crib Nantlle a chefn crwm Moel Hebog oedd 'mur fy mebyd' a'r lôn gefn rhwng pentrefi Garndolbenmaen a Nebo oedd, ac ydy, ffin y Parc. Dywedir, yn ôl hanesyn llafar i mi ei glywed yn fy arddegau, i'r ffin honno gael ei gosod gan griw o bobl oedd wedi llogi siarabáng er mwyn pennu hyd a lled y greadigaeth ddaeth i fodolaeth yn 1951 ac mai pensaer Portmeirion, Syr Clough Williams-Ellis, oedd un o'r teithwyr ar y siarabáng hwnnw!

Dengys cofnodion swyddogol o'r cyfnod hwnnw i'r gwaith o bennu'r ffin ddechrau yn 1950 ac i'r pwyllgor ddefnyddio Gwesty'r Gwydyr, Betws-y-coed yn ganolfan i'w gwaith. Enw arall oedd yno'n plannu egin y Parc Cenedlaethol oedd Syr Ifan ab Owen Edwards, a bu iddo yntau deithio 400 milltir rhwng Aberdyfi a Chonwy er mwyn creu'r map cyntaf o Barc Cenedlaethol Eryri.

Gwreiddyn y cyfarfyddiad a'r crwydro o Fetws-y-coed oedd cynnig gan dystion gerbron Pwyllgor Parciau Cenedlaethol Llywodraeth Ramsay MacDonald yn 1931. Yr alwad gan y tystion, oedd yn cynnwys Syr Clough Williams-Ellis, oedd y dylid diogelu Eryri a chreu parc mynyddig. Cefnogwyr amlwg eraill oedd aelodau'r Council for the Preservation of Rural Wales (sef Ymgyrch Diogelu Cymru Wledig heddiw), Cymdeithas Awdurdodau Lleol Cymru, y Commons Preservation Society (y Gymdeithas Mannau Agored fel y'i gelwir heddiw), a'r Ymddiriedolaeth Genedlaethol. Hawdd y gellid tybio, gyda'r fath don o gefnogaeth, mai buan y gwelid dynodi Eryri yn Barc Cenedlaethol.

Afraid dweud i'r dirwasgiad ac yna'r Ail Ryfel Byd arafu a newid blaenoriaethau sawl llywodraeth. Yn gwbl resymol,

'Parc Cenedlaethol Eryri' in Welsh. Many now know it today by its Welsh name only: Eryri.

I was raised a couple of fields away from the western boundary of Eryri National Park. Mynydd Graig Goch, at the westernmost end of Crib Nantlle (Nantlle Ridge), and the rounded back of Moel Hebog were, in the poet Waldo Williams' words, 'mur fy mebyd' (wall of my childhood), and the lane between the villages of Garndolbenmaen and Nebo was, and still is, the Park boundary. According to stories I heard in my teens, this boundary was defined by a committee who hired a charabanc to define the length and breadth of the creation that came into being in 1951, and the architect of Portmeirion, Sir Clough Williams-Ellis, was one of the passengers!

Official records of that period show that the work of defining the boundary started in 1950, and that the committee used the Gwydyr Hotel, Betws-y-coed as a base. Another name that was involved in planting the shoots of the National Park was Sir Ifan ab Owen Edwards, founder of Urdd Gobaith Cymru, the Welsh and Welsh-language voluntary youth organisation. He travelled 400 miles to create the first map of Eryri National Park, up and down between Aberdyfi and Conwy.

This committee's purpose was to present a proposal by witnesses to the National Park Committee of the 1931 Government. The appeal from the witnesses, including Sir Clough Williams-Ellis, was to safeguard Eryri and create a mountain park. Other prominent supporters were the Council for the Preservation of Rural Wales (now called the Campaign for the Protection of Rural Wales), the Association of County Councils, the Commons Preservation Society (known now as the Open Spaces Society), and the National Trust. With such a wave of support it's easy to see how the designation of Eryri as a national park would soon follow.

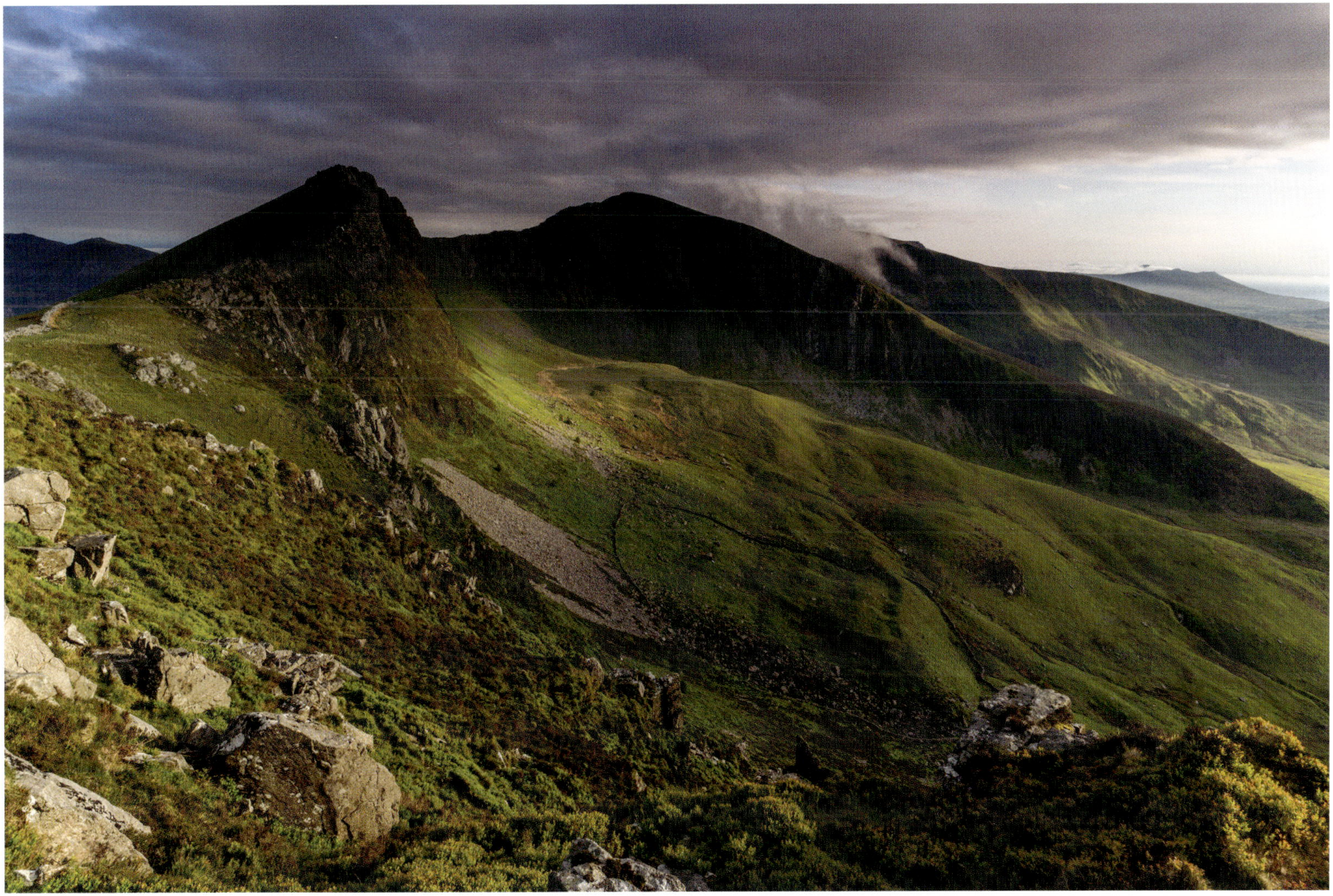

Crib Nantlle
ⓗ *Kris Williams*

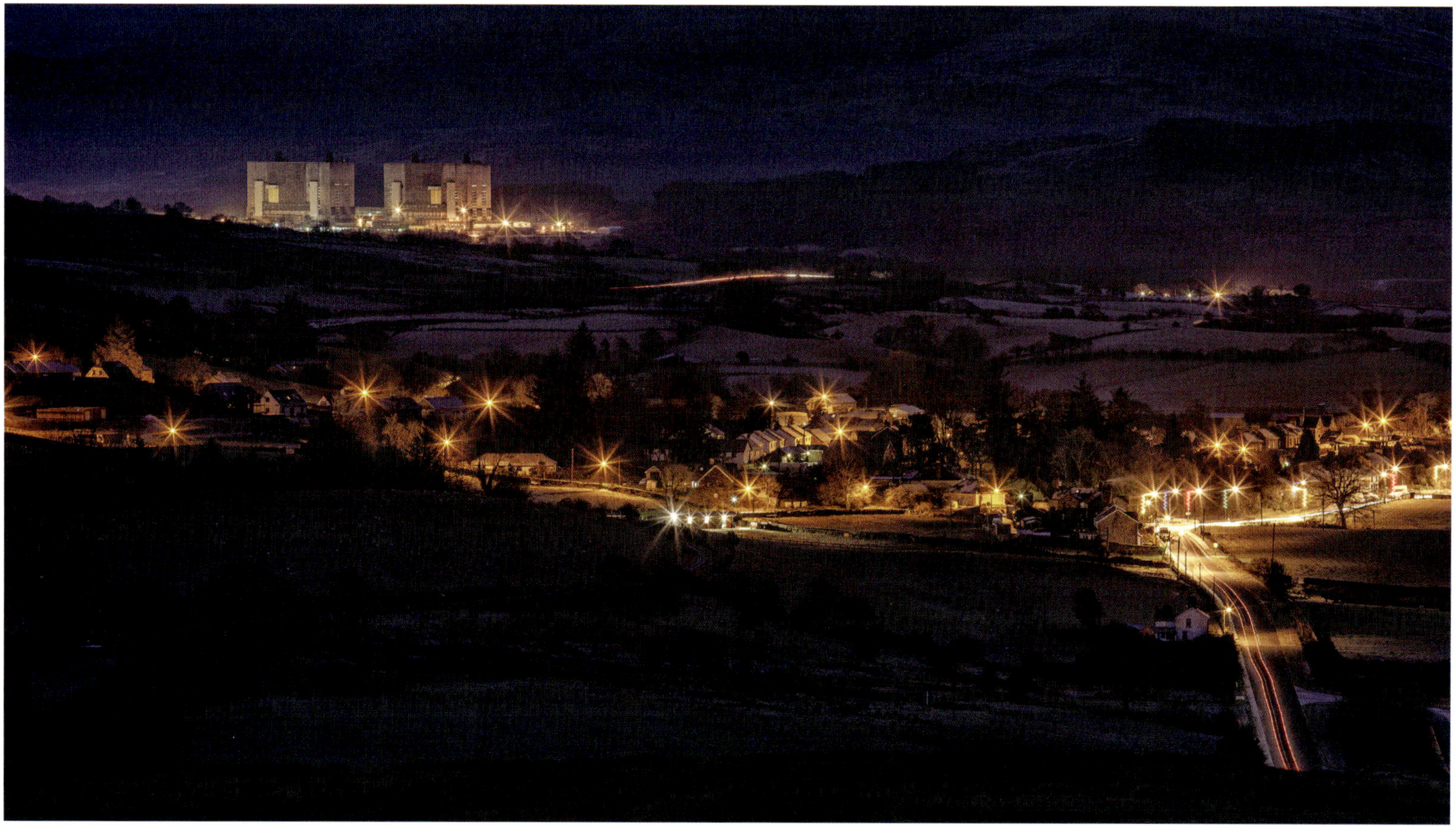

Atomfa Trawsfynydd Powerstation o/from Ffestiniog
ⓗ Rory Trappe

bu dau ymchwiliad cyhoeddus ac mae'r dadleuon wedi eu crynhoi yn llawn a thrylwyr yn y llyfryn *Hanes Dynodi'r Parc* gan Ray Woolmore. Erbyn heddiw mae ffurf siâp diemwnt Parc Cenedlaethol Eryri ar y map yn dyst i ymdrechion a gweledigaeth cenhedlaeth sydd wedi ein gadael, a'u gwaddol sy'n dal yma i ni ei warchod.

Gwaddol ydy hwn sy'n hŷn na ni ac sydd eto'n adfywio yn ôl treigl y tymhorau a mympwy'r tywydd. Er mwyn cyffroi daearegwyr, prin fod unman arall ar ein planed mor amrywiol o ran cyfansoddiad craig a gwaddodion. Hoff ddywediad daearegwyr ydy mai eu gwyddor nhw ydy'r sylfaen i bopeth welwn ni. Gwir y gair – heb y graig ni fyddai ôl dwylo ein hynafiaid ar ein tiroedd na chynefinoedd i fywyd gwyllt sydd eto'n rhyngwladol bwysig. Ni fyddai'r amrywiaeth tirwedd sy'n cynnal bywoliaeth, ac sy'n rhoi'r pleser awr hamdden a'r llonyddwch a'r unigedd y mae cymaint ohonom yn eu hawchu, ar gael i ni oni bai am gadernid Eryri. Eto fyth, bydd cyfranwyr y gyfrol hon yn archwilio'r cilfachau a'r gorwelion ac yn creu darlun o'r cyfoeth sydd o'n cwmpas.

Bu Eryri ar sawl croesffordd cyn heddiw; mae'r 'dŵr oer sy'n cysgu yn Nhryweryn' a 'chestyll' concrid Trawsfynydd yn ein hatgoffa mai Parc sy'n cydfodoli efo anghenion yr oes ydy Eryri, ac nid un sy'n dilyn yr un trywydd delfrydol â Yellowstone. O fewn cof diweddar mae cyfnodau Clwy'r Traed a'r Genau ac yna llonyddwch ac arswyd pandemig byd-eang. Os cafodd Eryri ei gwynt ati yn ystod cyfnodau clo Cofid, buan y cwympodd y glorian ac y daeth rhemp lle bu llonyddwch. Dri chwarter canrif ers ei sefydlu, mae Parc Cenedlaethol Eryri yn dathlu a hefyd yn gorfod holi'n daer a chynnig atebion parthed y dyfodol – hyderaf y bydd y gyfrol hon yn ysgogi'r drafodaeth honno.

Erbyn heddiw, mae Eryri yn aelod o deulu sy'n cynnwys pymtheg o Barciau Cenedlaethol gwledydd Prydain.

Needless to say, the Great Depression and then the Second World War slowed the process. The booklet *Snowdonia National Park: The History of its Designation* by Ray Woolmore gives a full and thorough summary of the arguments of two public inquires. Today, the diamond shape of Eryri National Park's boundary on the map is testimony to the efforts and vision of a generation who have now left us, and to their legacy, still here for us to look after.

This legacy renews us according to the passage of the seasons and caprices of the weather. To excite a geologist, there is scarcely another place on our planet with a more varied geology. Geologists are fond of saying that their science is the base of everything we see. Totally true, of course – the rock tells the story of our ancestors on the land and provides habitats for internationally important wildlife. Eryri's rock of ages supports life and provides recreation, and the peace and solitude so many of us long for. The contributors to this book will seek out wide horizons and delicate details and create a picture of the richness that surrounds us.

Eryri has been at several crossroads before now; the 'dŵr oer sy'n cysgu yn Nhryweryn' (cold water that sleeps in Tryweryn, from the song 'Tryweryn' by Meic Stevens) and the concrete 'castles' of the Trawsfynydd nuclear power station remind us that in Eryri the Park coexists with the needs of the day. It doesn't follow the idealised path of Yellowstone. Within recent memory we have the Foot and Mouth Disease followed by the stillness and horror of a global pandemic. Eryri was left to its own devices during lockdown, but afterwards the balance jerked the other way and chaos ensued where there had been calm. Three quarters of a century since its creation, we celebrate the Eryri National Park, but we must come up with answers to pressing questions about the future – I am confident this book will stimulate that discussion.

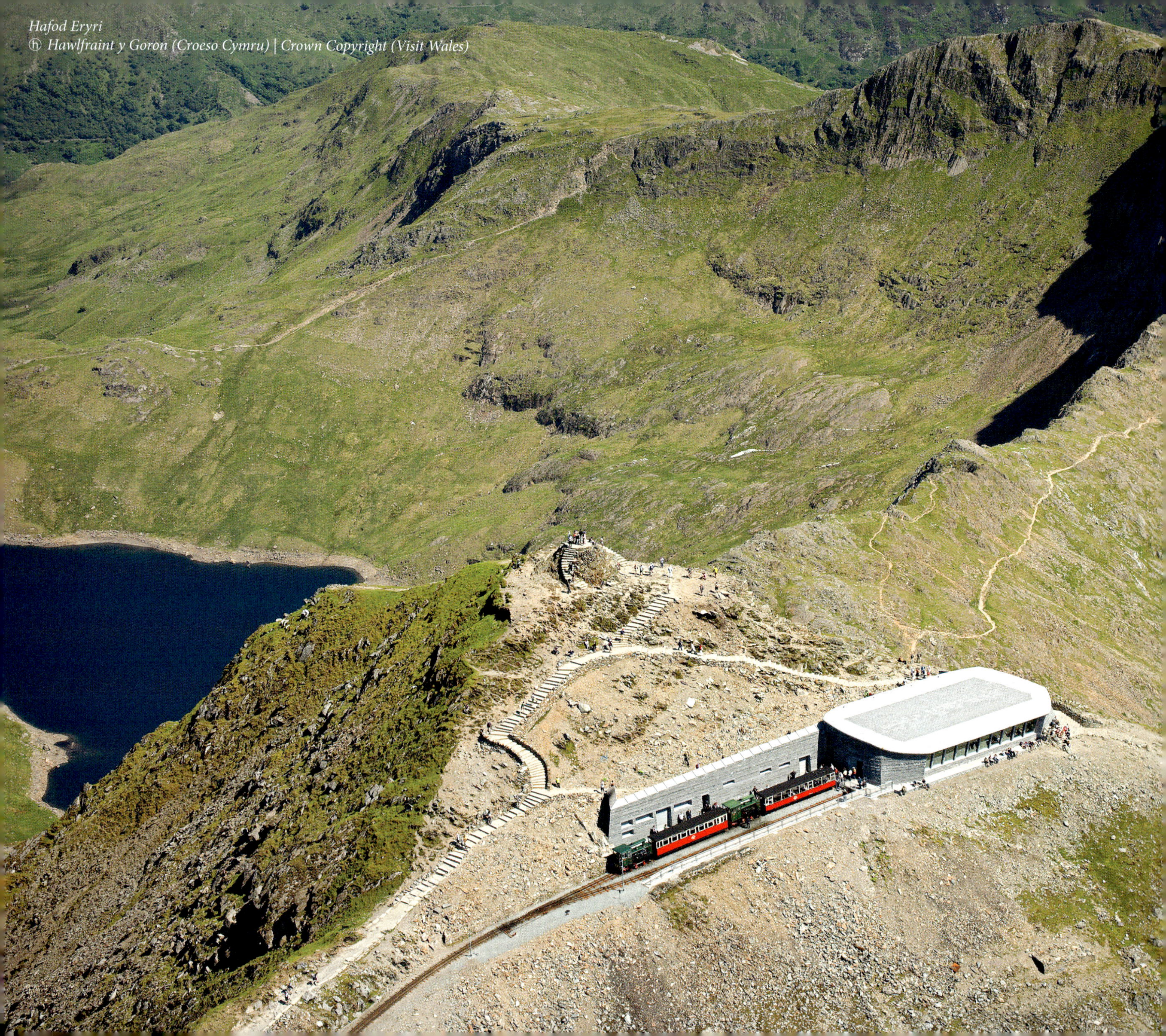

Hafod Eryri

Ym mlwyddyn dynodi Eryri cafodd Ardal y Peak, Ardal y Llynnoedd a Dartmoor statws Parc Cenedlaethol, a dichon y bydd dathliadau tri chwarter canrif yr un mor frwdfrydig yno hefyd. Cymar arall i Eryri ydy Parc Cenedlaethol Triglav yn Slofenia, sy'n efaill ers 1993. Fel Yr Wyddfa, saif Triglav yn frenin o fynydd, a da ydy clywed am yr ysgoloriaethau a'r cynadleddau ieuenctid sy'n hyrwyddo dealltwriaeth dwy genedl ym meysydd gwarchod ac addysgu am y cynefinoedd uchel hyn.

Penllanw cannoedd ar filoedd o ymweliadau ag Eryri ydy cyrraedd copa'r Wyddfa. Er y traul ar ei llwybrau a'r llif cyson ar y 'trên bach', mae'r Wyddfa yn dal i gadw ei hurddas. Mae'n fan, naill ai ymysg llu o bobl, neu ar yr adegau prin a thawel hynny sy'n dal i'w cael ar y copa, i edrych a hel meddyliau am hanes a phrofiadau cyfrin pob un sydd wedi troedio'r Wyddfa o'n blaenau. Codwyd adeilad newydd ar gopa'r Wyddfa yn 2009, a da o beth ydy cnoi cil ar ddweud dihafal Gwyn Thomas yn y geiriau a gyfansoddodd i anrhydeddu adeilad Hafod Eryri…

Y mae aeonau o greu
Yn y creigiau hyn.

Ein tasg ni ydi
Gwarchod y gogoniant hwn.

Edrychwch a gwelwch
Ryferthwy a heddwch
Eryri.

O'n cwmpas ni y mae
Camp a gwae
Hen, hen genedl.

Currently Eryri is a member of a family that includes fifteen national parks in Great Britain. The year that Eryri was designated, the Peak District, Lake District and Dartmoor were given national park status and they will doubtless have equally enthusiastic three-quarter century celebrations. Triglav National Park in Slovenia also has a close relationship with Eryri: they have been twinned since 1993. As with Yr Wyddfa, Triglav is the highest peak in its country, and it's heartening to hear of youth activities promoting bilateral understanding in conservation and education in these high mountain environments.

The crowning experience of thousands of visitors to Eryri is reaching the summit of Yr Wyddfa. Despite the wear and tear on its paths and the steady stream arriving on the mountain railway, Yr Wyddfa maintains its majesty. It is a place, either amongst a throng of people or on the rare occasions when it is quiet on the summit, to look around and reflect on the history and unknowable experiences of everyone who has set foot on Yr Wyddfa before us. A new summit building, Hafod Eryri, was erected in 2009 and it is worth discussing the inimitable words composed by Gwyn Thomas in honour of the building…

The rocks record
the aeons of creation.

It's our duty
to guard this glory.

Here you will see
tempests and tranquillity.

All around us
are the grandeur and the anguish
of an old, old nation.

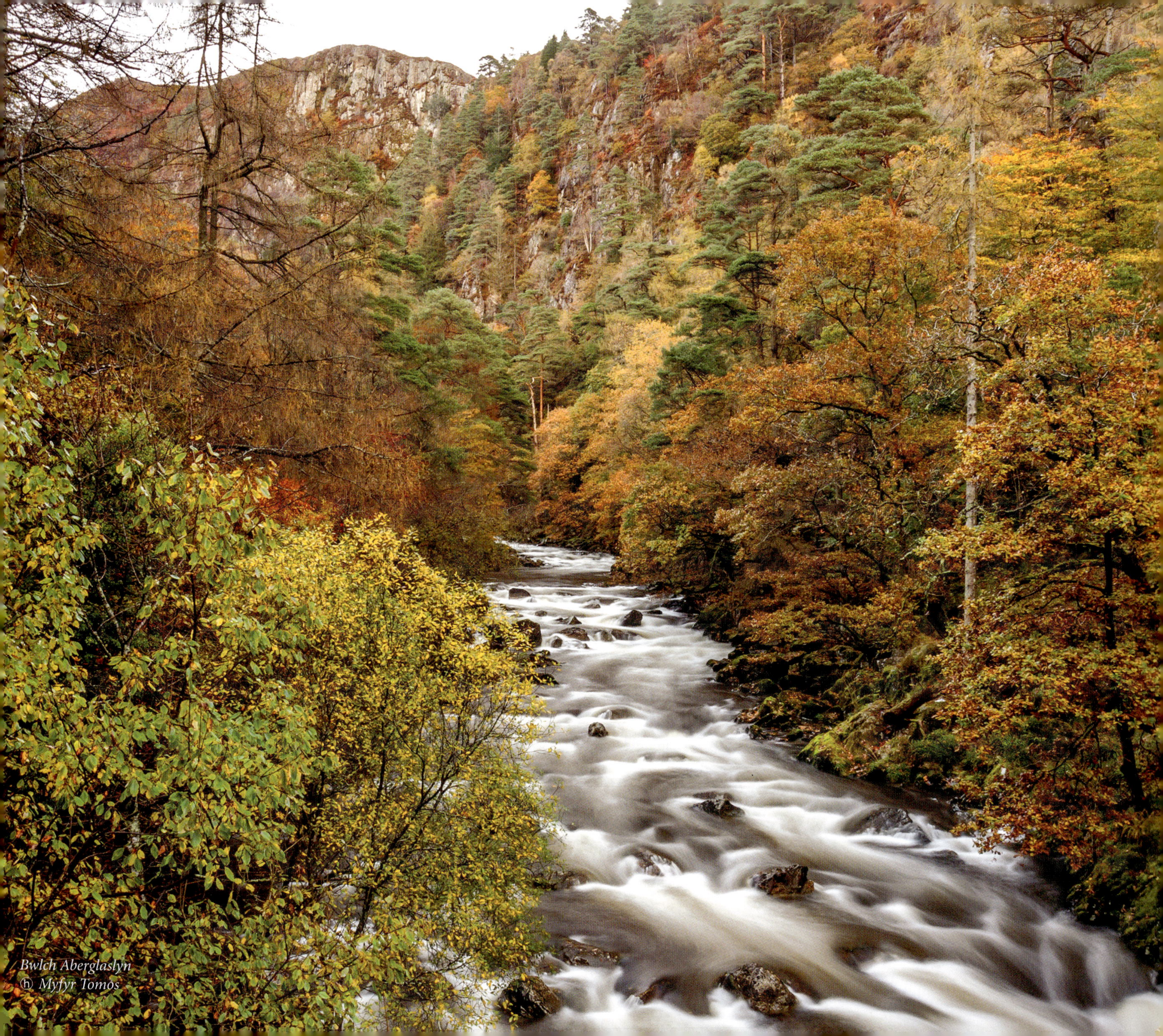

Bwlch Aberglaslyn
Ⓗ *Myfyr Tomos*

Gofynnais pa Eryri ydy'ch Eryri chi. Soniais am Fynydd Graig Goch a Moel Hebog, ac mae'n rhaid sôn am gwpwrdd yn llawn o esgidiau drewllyd yn Ysgol Dyffryn Nantlle. Cwpwrdd cadw offer y Clwb Crwydro oedd hwn, a chynnwys y cwpwrdd oedd cychwyn fy angerdd am Eryri. Defod brynhawn dyddiau Gwener oedd rhannu'r esgidiau ar gyfer taith fynydda y diwrnod canlynol, diwrnod a roddai dau o'r athrawon Daearyddiaeth – 'boi Jog' ar lafar plant ysgol – o'u gwirfodd i dywys egin fynyddwyr i ganfod mawredd Eryri. Mawr yw'r diolch hyd heddiw i Gareth Jones a John Grisdale am danio'r fflam honno.

Fel pawb ym mlynyddoedd cynnar eu mynydda, cyrraedd, concro, trechu pob copa oedd y nod. Wrth i fynyddwr aeddfedu, a gweld gwerth mewn arafu, daeth gwefrau eraill – boed hyd yn oed yn chwiban y gwynt trwy agennau cloddiau pen uchaf Cwm Llefrith a thincial y glaw a sibrydion berwi tegell yng ngheg Ogof Owain Glyndŵr. O'r fan honno, yng nghysgod Moel yr Ogof – yn ôl mympwy'r tywydd – mae hynafiaeth Dinas Emrys, hollt 'cymwynas' Bwlch Aberglaslyn, pont a rhesi tai Beddgelert, a moelni 'byd di-goed' Rhyd-ddu i gyd i'w gweld. Llecyn arall, gwlyb dan draed ond hael ei orwelion, ydy Bwlch Goleuni, bryncyn sy'n datgelu mawredd Llynnau Mymbyr ar un llaw a rhyfeddod swil Llyn Caseg Fraith i gyfeiriad arall. Mi fydd weithiau'n froch o donnau, dro arall yn llonydd syn ac yn llyncu copa Tryfan o'r awyr las uwchben. Rhai o roddion eraill Eryri ydy blodau'r tormaen porffor yng Ngwm Idwal a gwe gwyrdd bywiol dail y llugwe fawr, sef rhedynen Cilarne, mewn mannau llaith a chyfrin. Ond o'r holl ryfeddodau – yn glogwyn, llyn a mawnog, yn goedwig neu draeth – y wefr a'r llawenydd blynyddol o ddod wyneb yn wyneb â blodau Lili'r Wyddfa ydy coron fy mlwyddyn i. Dyma'r perlau ceinaf oll yng nghoron fawr Eryri, perlau amhrisiadwy yr Eryri na allaf fyth ddianc rhagddi.

I asked which Eryri is your Eryri. Thinking back to Mynydd Graig Goch and Moel Hebog, I must mention a cupboard full of smelly hiking boots in my school, Ysgol Dyffryn Nantlle. The content of this cupboard was the start of my passion for Eryri. Friday afternoon's ritual was to share out the boots ready for the mountain hike the next day, the day that two of the Geography teachers would voluntarily lead budding mountaineers to discover the grandeur of Eryri. I am still grateful to Gareth Jones and John Grisdale for igniting this flame.

As everyone does in their early years of mountaineering, arriving at and conquering every summit was the object. As mountaineers mature and see the merit in slowing down, other thrills arrive – even if this is only the wind whistling at the top of Cwm Llefrith and the patter of rain and the whisper of a boiling kettle in the mouth of Ogof Owain Glyndŵr. From there, in the shadow of Moel yr Ogof, the ancient site of Dinas Emrys; the cleft of Bwlch Aberglaslyn; Beddgelert's bridge and rows of houses; and the open moor – T. H. Parry-Williams' 'byd di-goed' (treeless world) – of Rhyd Ddu may all be seen: weather permitting! Another spot, wet underfoot but with generous horizons, is Bwlch Goleuni, a hillock that reveals the splendour of Llynnau Mymbyr on one side and the wonder of coy Llyn Caseg Fraith in the other direction. Sometimes there is a froth of waves, other times it is amazingly still and swallows the summit of Tryfan from the blue sky above. In Eryri, other 'jewels to gather, but with the eye only', as R. S. Thomas would have it, are purple saxifrage flowering in Cwm Idwal and the living green web of Killarney fern leaves within damp, secret places. But of all the wonders, on crag or lake or beach, in peat or forest, the thrill and joy every year of coming face to face with the Snowdon lily on Yr Wyddfa is the crown of my year. These are the finest pearls in the magnificent crown of Eryri, the priceless pearls of Eryri that will forever have a hold on me.

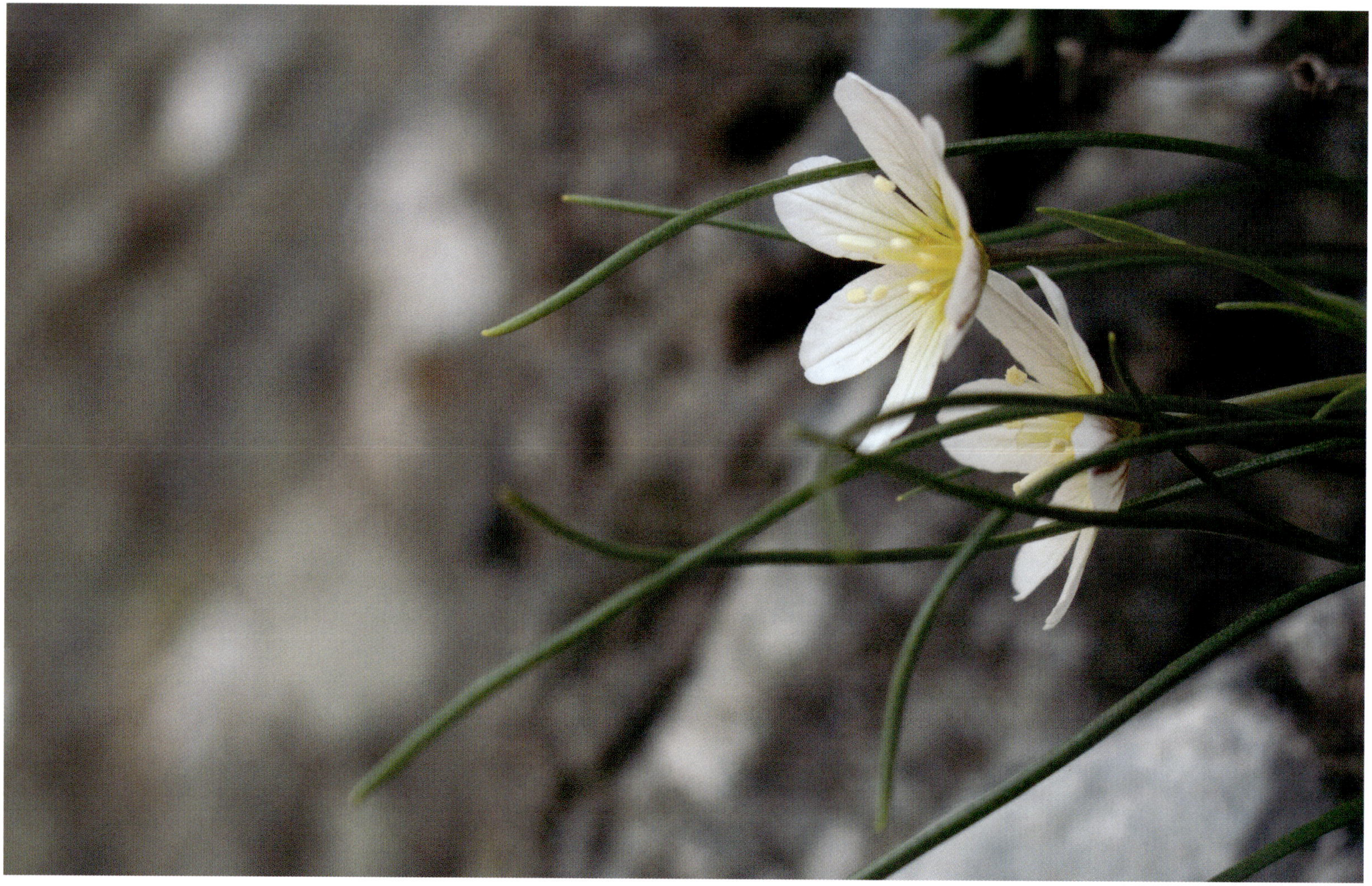

Lili'r Wyddfa | Snowdon Lily

Y graig dan ein traed

The rock beneath our feet

Lynda Yorke

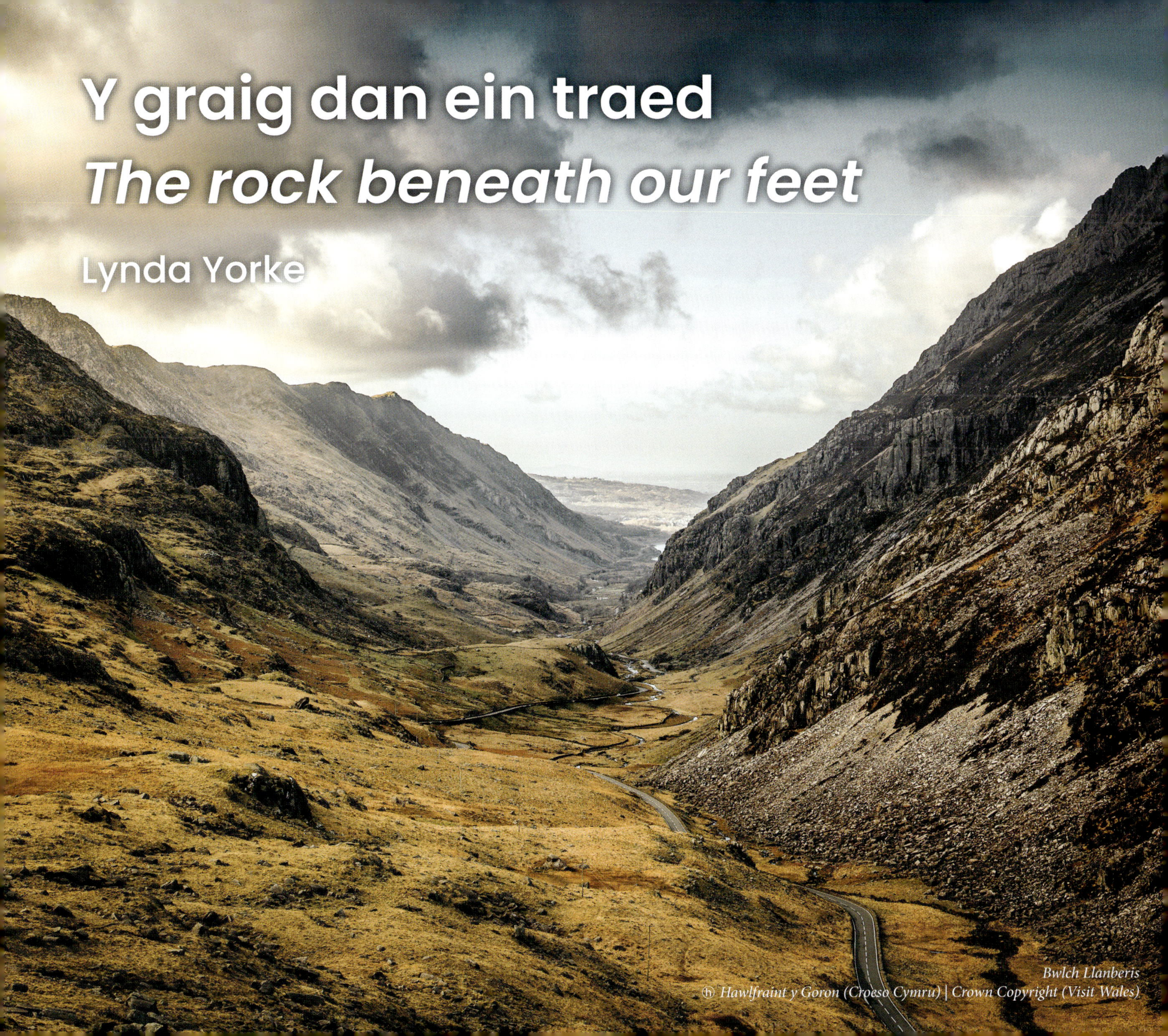

Bwlch Llanberis

Mae daeareg Eryri yn fagned i unrhyw un sydd â diddordeb yn hanes y Ddaear, o ddaearyddwyr i ddaearegwyr. Lle yw hwn wedi'i greu o greigiau hynafol sy'n adrodd stori fawr am lonyddwch aruthrol a chaos catastroffig. Mae daeareg fyd-enwog Eryri yn crynhoi diflaniad cefnfor, llosgfynyddoedd yn ffrwydro'n rymus a mynyddoedd yn cael eu gwthio i fyny ac yna'u malu'n chwilfriw gan rew; a'r cyfan wedi'i gerfio'n barhaol i'r dirwedd a welwn ni heddiw.

Mae'r ddaeareg helaeth a chyfoethog hon yn cynnwys cymysgedd o falurion folcanig, lludw mân (tyffau), rhyolitau, basaltau, cerrig llaid, tywodfaen a llechi. Yn fwyaf diweddar cerfiwyd y dirwedd yn ddramatig gan y Cap Iâ Cymreig yn ystod yr uchafbwynt rhewlifol diwethaf. Mae'r cymoedd dramatig (peiranau), y cafnau rhewlifol ysgubol a'r marianau anferthol a geir ar draws Eryri'n ddarlun perffaith o'r grym erydol a'r dyddodion a adawyd ar ôl o fyd fu unwaith dan rew sydd wedi mowldio'r Parc Cenedlaethol cyfan.

Rhan I: Sylfeini Hynafol a'r Drifft Cyfandirol (Y Cyfnod Cyn-Gambriaidd/Cambriaidd)

Ffurfiwyd tirwedd Eryri wrth i laid a siltiau gael eu gollwng mewn dyfroedd cefnforol dwfn, yna bu ffrwydriadau folcanig, mynyddoedd anferthol yn ymffurfio, ac yn fwy diweddar weithgaredd rhewlifol. Treiglad amser (bron 600 miliwn o flynyddoedd) a'r grymoedd pwerus a ffurfiodd y creigiau hyn sydd wedi creu'r topograffi unigryw a'r ddaeareg fyd-enwog a ddenodd ddaearegwyr enwocaf y bedwaredd ganrif ar bymtheg (Charles Darwin ac Adam Sedgwick) gyntaf. Yn Eryri, bu cyfnodau heb fawr ddim gweithgaredd tectonig bob yn ail â chyfnodau mor ddeinamig a chataclysmig fel ei bod yn anodd credu i ogledd Cymru oddef cymaint.

Mae'r digwyddiadau hynaf y gwyddom amdanynt yn y rhanbarth yn dyddio'n ôl i'r Cyfnod Cyn-Gambriaidd,

The landscape of Eryri is a magnet for anyone interested in the Earth's story, from geographers to geologists. It is a place built from ancient rocks that tell a great story of both immense calm and catastrophic chaos. The renowned geology of Eryri details the vanishing of an ocean, volcanoes erupting violently, mountains being thrust upward and then ground down by ice; all permanently written into the landscape we see today.

This deep, rich geology features a mixture of volcanic debris, fine ash (tuffs), rhyolites, basalts, mudstones, sandstones and slates. Most recently, the landscape was dramatically sculpted by the Welsh Ice Cap during the last glacial maximum. The dramatic cwms (cirques), sweeping glacial troughs and massive moraines found across Eryri perfectly capture the erosive might and depositional legacy of the once frozen world that has shaped the whole National Park.

Part I: Ancient Foundations and Continental Drift (Pre-Cambrian/Cambrian Period)

Eryri's landscape is a product of ancient muds and silts laid down in deep ocean waters, followed by explosive volcanic activity, massive mountain building, and more recent glacial activity. The sheer passage of time (nearly 600 million years) and the powerful forces that formed the rocks gave rise to its unique topography and the celebrated geology that first attracted the most eminent geologists (Charles Darwin and Adam Sedgwick) of the nineteenth century. The Eryri story is one of periods with little tectonic activity, punctuated by episodes of such cataclysm and dynamism that it is hard to believe north Wales endured so much.

The oldest known events in the region date back to the Pre-Cambrian Period, 570 million years ago, long before

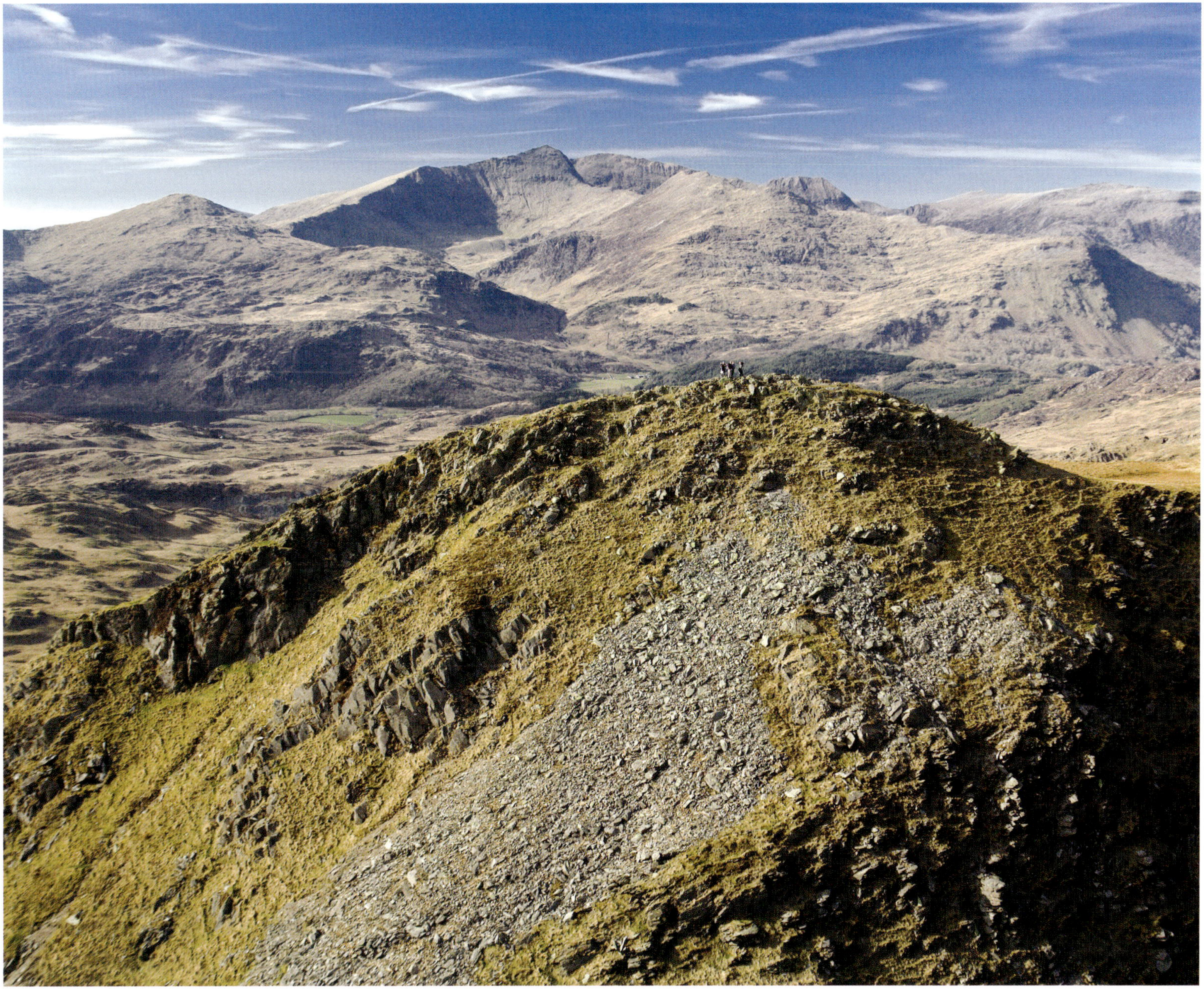

Cnicht a/and Yr Wyddfa

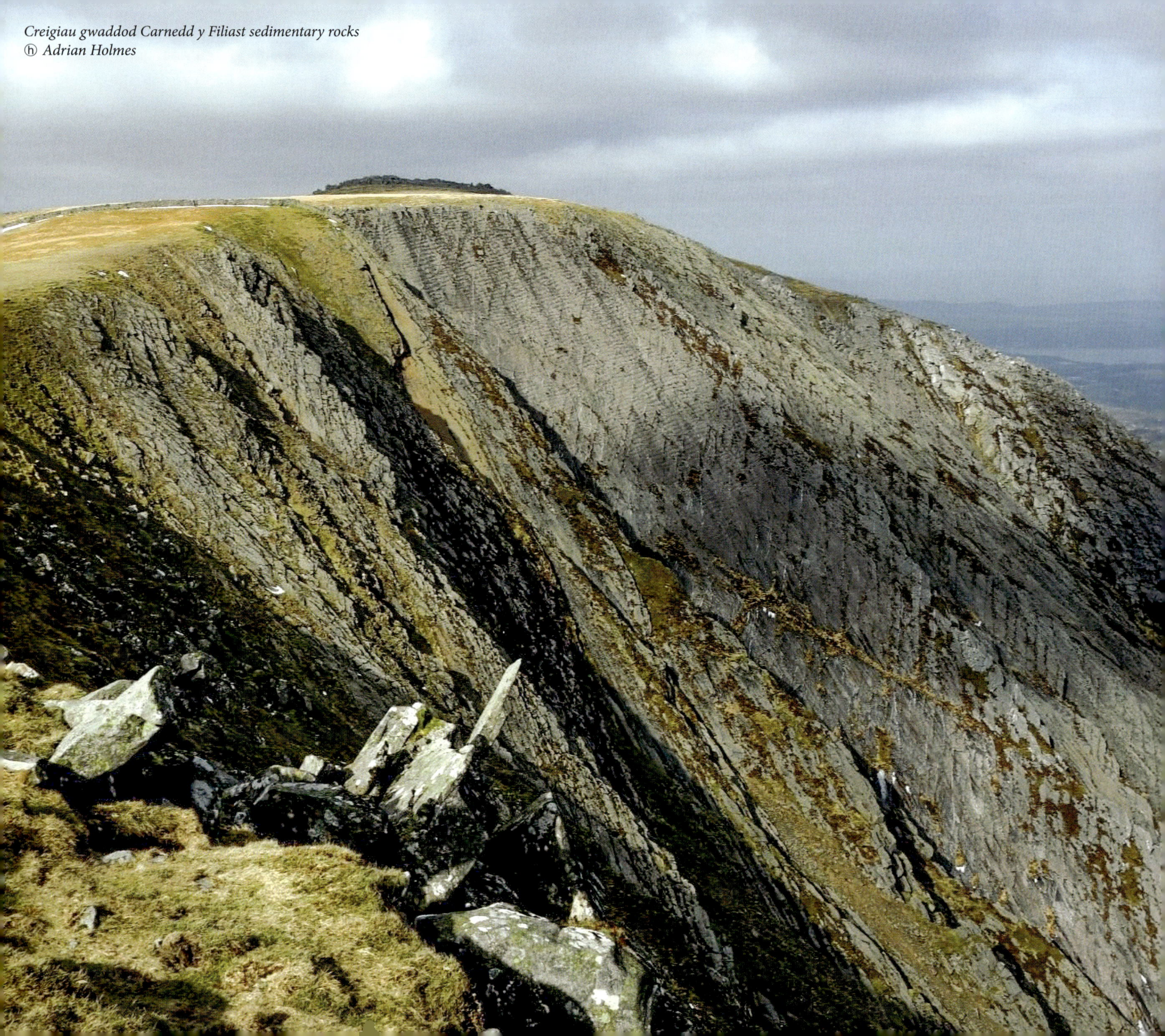

Creigiau gwaddod Carnedd y Filiast sedimentary rocks
ⓗ *Adrian Holmes*

570 miliwn o flynyddoedd yn ôl, ymhell cyn bod y cyfandiroedd yn edrych yn debyg i'r hyn ydyn nhw heddiw. Mae strwythur Tyffau Padarn – gweddillion soled afalansiau anferthol, caotig o ludw a chreigiau eiriasboeth – yn cynrychioli cyfnod cynharach o weithgaredd folcanig, ar wahân i weithgaredd folcanig diweddarach sy'n seiliedig ar dansugno (sef y plât cefnforol yn taro'n erbyn y plât cyfandirol ac yn tansugno) y cyfnod Ordofigaidd. Mae yna enghreifftiau rhagorol, gweladwy o Dyffau Padarn o gwmpas Dinas Dinorwig.

Erbyn dechrau'r Cyfnod Cambriaidd (544–510 miliwn o flynyddoedd yn ôl), roedd Cymru'n gorwedd yn hemisffer y de, oddeutu 600 i 400 i'r de o'r cyhydedd – lle saif tirweddau oer a garw Patagonia heddiw. Gorweddai Eryri o dan y dŵr ar ymyl cyfandir bychan o'r enw Afalonia – ardal derfyn dawel a digyffro a ffiniai â Chefnfor Iapetus oedd newydd agor. Gorweddai Cymru fodern o dan ddŵr dwfn, rhwng tiroedd uwch Llwyfannau Môr Iwerddon a'r Canolbarth. Llifai gwaddodion a erydwyd (llaid, silt a thywod) o'r cyfandiroedd amgylchynol i'r Basn Cymreig helaeth, gan ffurfio haenau gwaddod trwchus o waddodion morol ar ffurf gronynnau mân. Dyma sy'n llunio sylfaen strwythurol yr ardal a deunydd crai'r llechi, er bod y gwaddodion hyn wedi troi'n gerrig llaid a thywodfaen yn y lle cyntaf.

Gwelir tystiolaeth glir o grychnodau wedi ffosileiddio yn rhai o'r creigiau gwaddod Cambriaidd cynnar hyn, fel y rheini sy'n ffurfio copa Elidir Fawr. Mae'r strwythurau gwaddod hyn yn dangos, er bod rhan helaeth o'r Basn Cymreig yn ddwfn, fod rhannau o'r ardal mewn dŵr bas ble gallai cerrynt ysgafn fowldio'r tywod a'r silt meddal yn batrymau tonnog, ar adeg gymharol dawel, cyn y gweithgaredd tectonig oedd i ddod.

the continents looked like they do today. The formation of the Padarn Tuffs – solidified remnants of massive, chaotic avalanches of superheated ash and rock – represent an earlier period of volcanic activity that is distinct from the later subduction-related (oceanic plate colliding and subducting below continental plate) volcanism of the Ordovician Period. Excellent, easily visible examples of the Padarn Tuffs can be seen around Dinas Dinorwig.

By the start of the Cambrian Period (544–510 million years ago), Wales lay in the southern hemisphere, located approximately 600 to 400 south of the equator – similar to the location of the chilly, rugged landscapes of Patagonia today. Eryri lay underwater on the edge of a small continent known as Avalonia. This area formed a quiet, inactive boundary bordering the newly opened Iapetus Ocean. Modern-day Wales lay beneath deep water, situated between the higher grounds of the Irish Sea and Midland Platforms. Sediments (muds, silts and sands) eroded from the surrounding continents were deposited into the extensive Welsh Basin, where they formed thick sedimentary layers of fine-grained marine sediments that form the structural basis of the region and the source material for the slates; however, these sediments first turned into mudstones and sandstones.

Some of these early Cambrian sedimentary rocks, such as those now forming the summit area of Elidir Fawr, contain clear evidence of fossil ripple marks. These sedimentary structures show that while much of the Welsh Basin was deep, parts of the region were situated in shallow water, where gentle currents could mould the soft sands and silts into wave-like patterns during a moment of relative quiescence before the tectonic activity to come.

Rhan II: Oes Tân a Chyfoeth Mwynau (Y Cyfnod Ordofigaidd)

Yn ystod y Cyfnod Ordofigaidd cynnar (510–439 miliwn o fynyddoedd yn ôl), tarfwyd ar y lleoliad gwaddodol tawel hwn mewn modd dramatig gan folcanedd a thansugno actif. Dechreuodd y plât cefnforol trwchus o dan Gefnfor Iapetus lithro'n rymus o dan gramen gyfandirol Afalonia, gan sbarduno cyfres o ddigwyddiadau tectonig a fyddai'n ffurfio sylfeini'r mynyddoedd. Arweiniodd y tansugno hwn at greu cadwyni o ynysoedd folcanig ac at folcanedd sylweddol o dan y môr.

Bu llawer iawn o weithgaredd folcanig drwy gydol y cyfnod Ordofigaidd. Mae Tyffau Carreg Collwyn yn brawf eglur o'r gweithgaredd folcanig Ordofigaidd dwys hwn oedd yn gysylltiedig â thansugno; echdorrodd magma i'r dwyrain o'r Rhinogydd yn gyntaf, gydag echdoriadau'n dilyn ar gefnennau'r Carneddau a'r Glyderau. Mae enghreifftiau ardderchog o'r tyffau asidig hyn a rhyolitau cysylltiedig i'w gweld ar hyd y prif gefnennau, gan gynnwys Tryfan a'r Glyderau.

Bu rhagor o weithgaredd folcanig yng nghanol Eryri – ar hyd Coridor Folcanig Yr Wyddfa (yn ymestyn rhwng Pen Llŷn a Llandudno). Yn ystod yr echdoriadau cychwynnol gwthiwyd deunyddiau basaltig (dolerit a gabro) a deunyddiau rhyolitig allan, gan beri cwymp callor enfawr yng nghanol Eryri. Achos y cwymp hwn oedd magma yn gwthio at i fyny gan godi arwyneb y Ddaear, a'r siambr yn gwagio wrth i'r magma ddianc drwy ffawtlinau. Achosodd y diffyg cynhaliad sydyn i do'r siambr (h.y. y tir uwch ei phen) gwympo i mewn. Yr enghreifftiau gorau sydd i'w gweld heddiw o greigiau folcaniglastig a osodwyd i lawr yn ystod y cyfnod hwn o echdorri ffyrnig yw arwyneb llyfn, bregog Rhiwiau Caws yng Nghwm Idwal.

Part II: The Age of Fire and Mineral Wealth (The Ordovician Period)

During the early Ordovician Period (510–439 million years ago), this quiet sedimentary setting was dramatically interrupted by volcanism and active subduction. The dense oceanic plate beneath the Iapetus Ocean began to forcefully slide beneath the continental crust of Avalonia, initiating a chain of tectonic events that would build the foundations of the mountains. This subduction led to the creation of volcanic island arcs and significant submarine volcanism.

Throughout the Ordovician, intense volcanism took place. The Pitt Head Tuffs are clear evidence of this intense Ordovician subduction-related volcanism; magma erupted first east of the Rhinogydd followed by eruptions in the Carneddau and Glyderau ridges. Excellent exposures of these acidic tuffs and associated rhyolites are visible along the major ridges, including Tryfan and Glyderau.

Further volcanic activity took place in the central region of Eryri – along the Yr Wyddfa Volcanic Corridor (extending between Pen Llŷn and Llandudno). Initial eruptions extruded both basaltic (dolerite and gabbro) and rhyolitic materials, which subsequently led to a massive caldera collapse in central Eryri. This collapse occurred because upward-pushing magma raised the Earth's surface, and as the magma escaped via existing faults, the chamber emptied. The sudden loss of support caused the roof of the chamber (i.e. the ground above it) to fall in on itself. Volcaniclastic rocks, deposited during this violent eruptive history, are best seen today in the smooth, jointed surfaces of the Idwal Slabs in Cwm Idwal.

The Emplacement of Wealth

Significantly, the heat and fluids generated by this extensive Ordovician magmatism were the primary engine for the

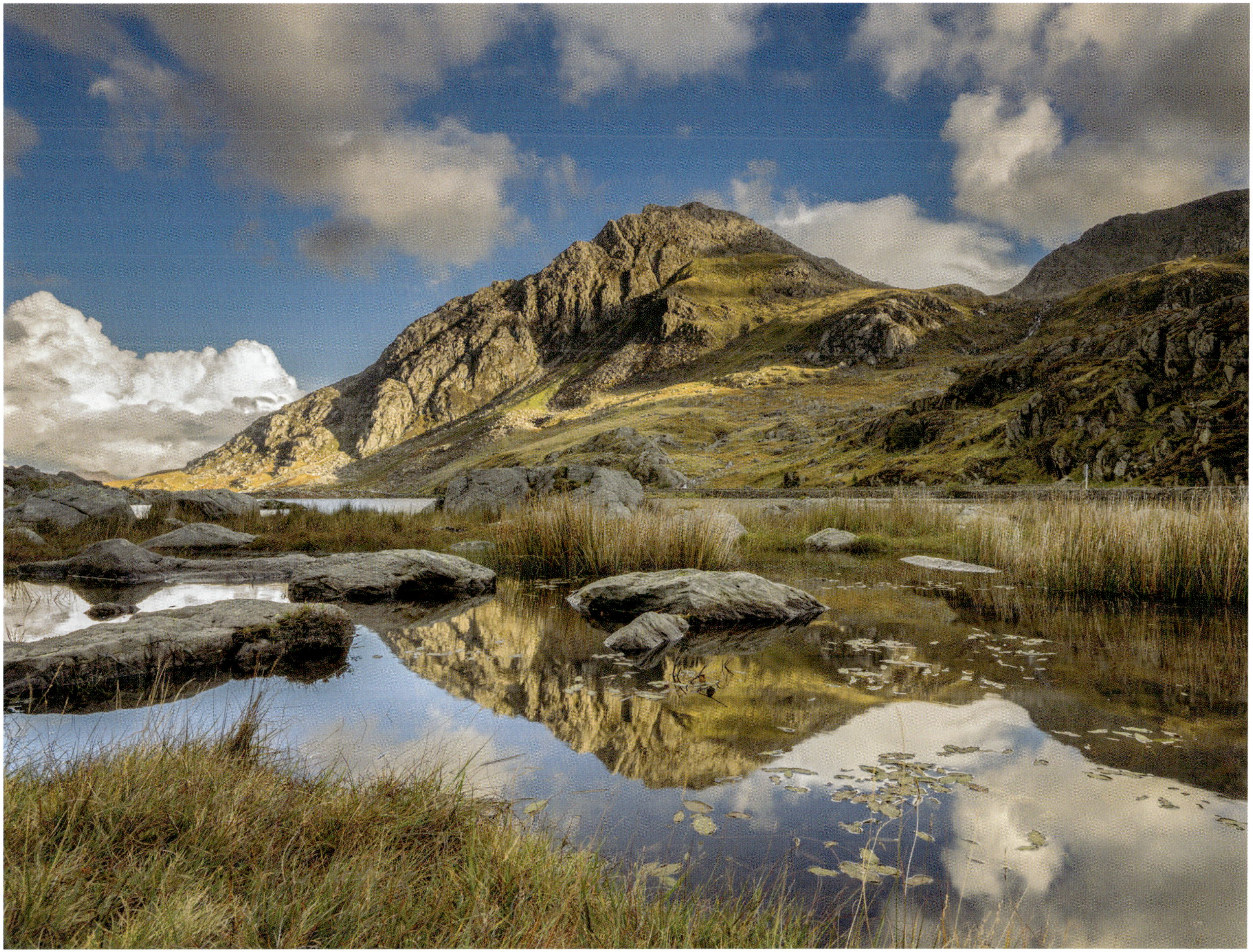

Tryfan
ⓗ *Kris Williams*

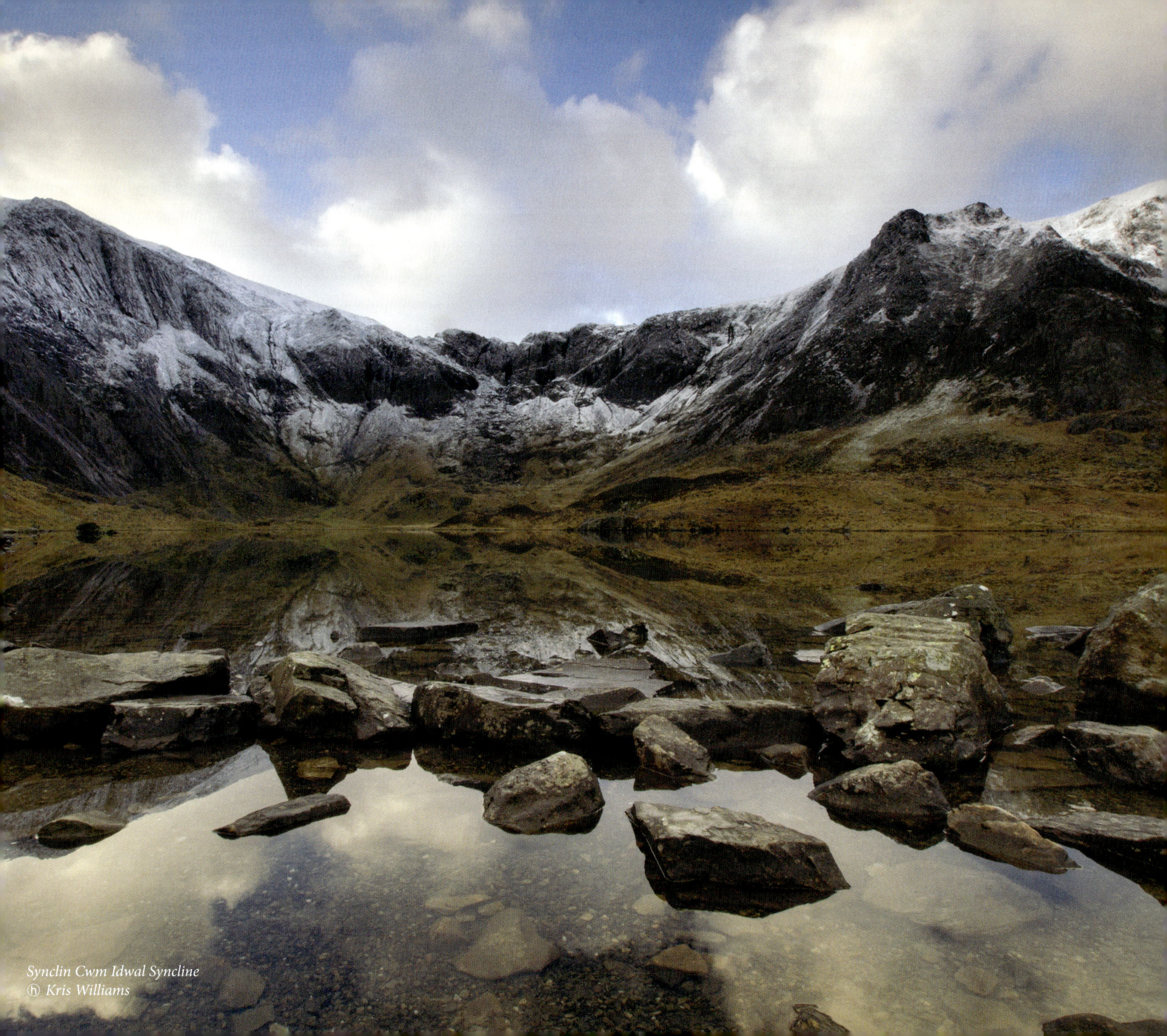

Synclin Cwm Idwal Syncline
Ⓗ Kris Williams

Gosod Cyfoeth

Yn arwyddocaol, y gwres a'r hylifau a grëwyd gan y llif magma Ordofigaidd sylweddol hwn fu'n bennaf gyfrifol am gyfoeth mwynau'r ardal. Llifai dŵr poeth, cemegol-adweithiol drwy'r graig doredig gan ollwng metelau o'r haenau folcanig a'u troi'n wythiennau mwynau solid. Dyma sut y rhyddhawyd y copr a gloddiwyd ym Mhwll Copr Sygun ger Beddgelert. Proses debyg, gynnar o greu mwynau oedd y tu ôl i greu'r gwythiennau aur yn is i'r de, yn arbennig y rheini fu'n creu gwaith yn Llain Aur Dolgellau yn ystod y bedwaredd ganrif ar bymtheg.

Rhan III: Gwrthdaro Cyfandirol a'r Dreftadaeth Lechi (Yr Orogeni Caledonaidd)

Erbyn diwedd y cyfnod Ordofigaidd roedd y folcaneg actif wedi peidio, a thansugniad Cefnfor Iapetws o dan Afalonia wedi dod i ben. Yn dilyn cyfnod byr yn y Cyfnod Silwraidd (443–419 miliwn o flynyddoedd yn ôl), pan oedd cerrig llaid a siâl yn gwaelodi'n dawel eto mewn dyfroedd dyfnion, gwrthdrawodd cyfandiroedd Afalonia a Laurentia o'r diwedd yn erbyn ei gilydd.

Wrth i'r cyfandiroedd ddryllio'n erbyn ei gilydd, dechreuodd cyfnod pwysig o ffurfio mynyddoedd: yr Orogeni Caledonaidd (Silwraidd Diweddar–Defonaidd Cynnar). Yn ystod y digwyddiad aruthrol hwn, anffurfiwyd creigiau a gwaddodion hynafol y Basn Cymreig yn enbyd iawn. Cawsant eu cywasgu, eu plygu'n rymus a'u ffawtio, ac achosodd y gwasgedd a'r gwres eithriadol i fetamorffedd ddigwydd mewn rhai ardaloedd.

Synclin mawreddog Idwal yng Nghwm Idwal yw un o enghreifftiau gorau'r rhanbarth o'r plygu hwn ar waith. Plyg agored, cymesur bron ydyw sy'n dangos y gwrthdrawiad tectonig. Bu'r anffurfio hwn drwy gywasgu'n allweddol

region's mineral wealth. Hot, chemically reactive water circulated through the fractured rock, leaching metals from the volcanic layers and precipitating them as mineral veins. This process is responsible for the emplacement of copper deposits, such as those historically mined at Sygun Copper Mine near Beddgelert. Similarly, this early mineralisation is directly related to the formation of the gold-bearing veins found further south, notably those that fuelled the Dolgellau Gold Belt during the nineteenth century.

Part III: Continental Collision and the Slate Legacy (The Caledonian Orogeny)

By the end of the Ordovician, the active volcanism ceased, and the subduction of the Iapetus Ocean beneath Avalonia had ended. Following a brief period in the Silurian Period (443–419 million years ago), which saw a return to quiet, deep-water deposition of mudstones and shales, the continents of Avalonia and Laurentia finally collided.

As the continents crashed together, a major phase of mountain building began: the Caledonian Orogeny (Late Silurian–Early Devonian). During this massive event, the ancient rocks and sediments of the Welsh Basin became intensely deformed. They were compressed, intensely folded, and faulted, and the immense pressure and heat caused regional metamorphism.

The spectacular Idwal syncline in Cwm Idwal is one of the region's best examples of this folding: an open, almost symmetrical fold that documents the tectonic collision. This compressional deformation was also crucial for enhancing the existing mineralisation, as the folding and faulting created the perfect open fractures and quartz veins, where the metal-rich fluids could finally deposit their remaining gold, copper and lead ores such as those mined near Llanrwst and Betws-y-coed.

hefyd o ran cynyddu'r mwynau yn yr ardal, gan fod y plygu a'r ffawtio wedi creu toriadau agored a gwythiennau cwarts delfrydol i'r hylifau llawn metelau allu gollwng gweddill eu mwynau aur, copr a phlwm o'r diwedd, fel y mwynau a gloddid gynt ger Llanrwst a Betws-y-coed.

Yn ystod yr Orogeni hwn y cafodd cerrig llaid a thywodfaen Cambriaidd ac Ordofigaidd cynharach y Basn Cymreig eu trawsffurfio, gan greu'r belt llechi ansawdd uchel. Adroddir hanes y llechi'n ddramatig – o safbwynt economaidd a daearegol – yng ngweithfeydd mawr Chwarel Dinorwig ger Llanberis, Chwarel y Penrhyn ger Bethesda, a Blaenau Ffestiniog (er bod y ddwy olaf y tu allan i'r Parc), lle mae hyd a lled y gwaith cloddio'n dangos graddfa'r metamorffedd a'r dreftadaeth economaidd fyd-eang.

Rhan IV: Cerfiwyd gan Iâ (Y Cyfnod Cwaternaidd)

Mae Eryri'n adnabyddus o safbwynt daeareg nid yn unig oherwydd ei chreigwelyau hynafol, ond hefyd am y tirffurfiau cerfiedig mwy diweddar (mewn termau daearegol) a roes iddi ei threftadaeth rewlifol ysblennydd. Oni bai am y cyfnod rhewlifol diwethaf hwn, fyddai'r dirwedd ysgythrog a welir yn Eryri heddiw ddim yma.

Ers cychwyn y cyfnod Cwaternaidd, y cyfnod daearegol diwethaf tua 2.6 miliwn o flynyddoedd yn ôl, mae'r Ddaear wedi mynd drwy sawl cylch rhewlifol pan fo rhew wedi ymestyn o'r ddau begwn, a Chymru wedyn o dan bwysau rhewlifoedd. Ond yr Uchafbwynt Rhewlifol Diwethaf, a ddechreuodd tua 34 mil o flynyddoedd yn ôl, a fowldiodd y dirwedd hon fwyaf gan adael ei ôl yn barhaol.

Yr Uchafbwynt Rhewlifol Diwethaf

Wrth i'r Ddaear oeri, dechreuodd rhew ymgasglu ym mynyddoedd Eryri, ar Yr Wyddfa, y Rhinogydd a'r Aranau

It was during this Orogeny that the earlier Cambrian and Ordovician mudstones and sandstones of the Welsh Basin were transformed into the belt of high-quality slates. The economic and geological story of the slate is dramatically told at the massive workings of the Dinorwig Quarry near Llanberis, the Penrhyn Quarry near Bethesda, and Blaenau Ffestiniog (though the latter two lie outside of the Park), where the scale of the quarried rock reveals the extent of the metamorphism and the global economic legacy.

Part IV: Sculpting by Ice (The Quaternary Period)

What makes Eryri's geology renowned is not just the ancient bedrock, but also the dramatic sculpting of the more recent (in geological terms) landforms creating its spectacular glacial legacy. Without this last glacial period, Eryri would not be the rugged landscape we know today.

Since the start of the Quaternary, the last geologic period some 2.6 million years ago, the Earth has experienced numerous glacial cycles where ice has extended from the poles, and Wales has found itself beneath the weight of glaciers. However, it is the Last Glacial Maximum (LGM), which began around 34 thousand years ago, that most profoundly shaped this landscape and left its lasting imprint.

The Last Glacial Maximum (LGM)

As the Earth cooled, ice began to accumulate in the mountains of Eryri, specifically on Yr Wyddfa, the Rhinogydd, and the Aranau. This ice soon flowed outwards, merging to form the distinct Welsh Ice Cap, extending towards the north and west coasts. Here, it encountered the larger British-Irish Ice Sheet, but Welsh ice remained dominant over the whole of Eryri.

At the peak of the LGM, between 27 and 24 thousand

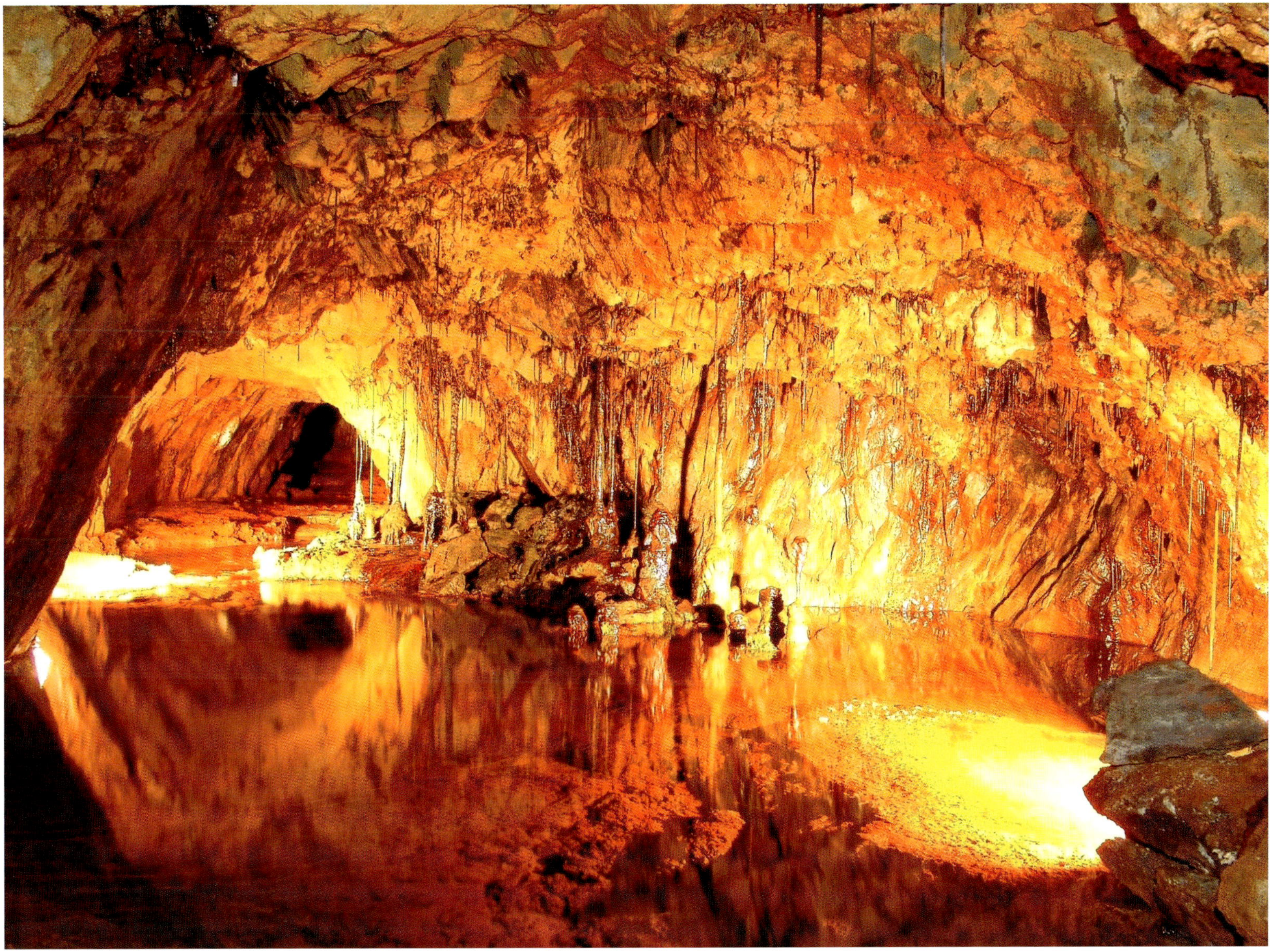

Mwynglawdd copr Sygun copper mine
ⓗ Sygun Copper Mine

yn benodol. Yn y man dechreuodd y rhew hwn lifo at allan, gan uno i ffurfio Cap Iâ unigol Cymru, oedd yn ymestyn tuag arfordiroedd y gogledd a'r gorllewin. Yma roedd yn cyrraedd llen iâ Prydain-Iwerddon oedd yn fwy, ond rhew Cymru oedd yn drech o hyd dros Eryri gyfan.

Pan oedd yr Uchafbwynt Rhewlifol Diwethaf ar ei anterth, rhwng 27 a 24 mil o flynyddoedd yn ôl, roedd rhew trwchus yn gorchuddio Eryri – rhwng 750 ac 850m o drwch mewn rhai dyffrynnoedd. Pan fyddai dau ddarn mawr o rew yn cyfarfod, byddai'r rhew hwn a'i rym erydu rhyfeddol yn cerfio cafnau dwfn ac yn ffurfio ymylon cribau miniog. Symudai'r rhew gan ollwng swmp anferthol o greigiau a gwaddod. Yn y dyffrynnoedd yr oedd y rhew mwyaf trwchus; roedd yn weddol denau dros y copaon uchaf, gyda chreigiau'n ymwthio uwchlaw'r rhew ar adegau. Roedd y creigwelyau diamddiffyn hyn yn agored i dymereddau eithriadol isel ac effaith rhewi-a-dadmer eithafol, nes peri i'r creigiau chwalu yn yr unfan, gan greu'r meysydd clogfeini trawiadol sydd i'w gweld ar draws copaon y Glyderau a'r Carneddau.

Y dyffrynnoedd dwfn a grëwyd sy'n dangos gliriaf hyd a lled yr Oes Iâ ddiwethaf. Yn y gogledd, mae dyffrynnoedd Nant Ffrancon a Nantgwynant yn enghreifftiau gwych o gafnau rhewlifol clasurol, wedi'u cerfio o swmp anferthol o rew oedd yn llifo o'r Wyddfa tua'r arfordir. Gwelir enghreifftiau tebyg yn ne Eryri o gwmpas masiffau Cader Idris ac Aran Fawddwy, ac mae Tal-y-llyn hefyd yn enghraifft ardderchog. Mae eu maint ynddo'i hun yn tystio i rym rhyfeddol y rhew yn ystod y brif Oes Iâ.

Yn ystod y cyfnod hwn hefyd y ffurfiwyd copaon danheddog a dramatig yr ardal. Cerfiwyd y cymoedd eiconig ar siâp cadair freichiau sy'n diffinio Pedol Yr Wyddfa, a lluniwyd cefnennau miniog, dramatig – neu *arêtes* (fel Crib Goch) – yn sgil symudiad di-baid rhewlifoedd cefn yng nghefn mewn dau

years ago, the ice covering Eryri was thick – between 750 and 850m in elevation in some valleys. The sheer erosive power of this ice carved out deep troughs and created sharp pinnacle edges when separate bodies of ice met. The ice moved and deposited huge volumes of rock and sediment. Whilst the ice was thickest in the valleys, over the highest summits it was relatively thin, with rock protruding above the ice at times. This exposed bedrock was subjected to extremely low temperatures and intense freeze-thaw action, which shattered the rock *in situ* and created the impressive summit boulder fields seen across the Glyderau and Carneddau.

The scale of the last Ice Age is best demonstrated by the deep valleys it created. In the north, the Nant Ffrancon and Nantgwynant valleys are fantastic examples of classic glacial troughs, carved out as massive bodies of ice flowed away from Yr Wyddfa toward the coast. Similar examples can be found in the south of Eryri around the Cader Idris and Aran Fawddwy massifs, with Tal-y-llyn a fantastic example. Their sheer scale tells of the immense power of the ice during the main Ice Age.

Also, during this phase, the dramatic, jagged peaks of the region were formed. The iconic, armchair-shaped hollows (cwms) that define the Yr Wyddfa Horseshoe were carved out and the formation of the dramatic, knife-edge ridges – or *arêtes* (like Crib Goch) – resulted from the relentless, back-to-back action of glaciers in two adjacent hollows. The highest points, such as Yr Wyddfa, were sculpted into sharp, multi-faced pyramid-like peaks.

As the ice flowed away from Yr Wyddfa, beneath its sole, bedrock was smoothed and plucked to create asymmetric mounds known as *roches moutonnées*. These features occur throughout Eryri, with examples seen on the lakeside of Llynnau Mymbyr. Their form owes much to the earlier

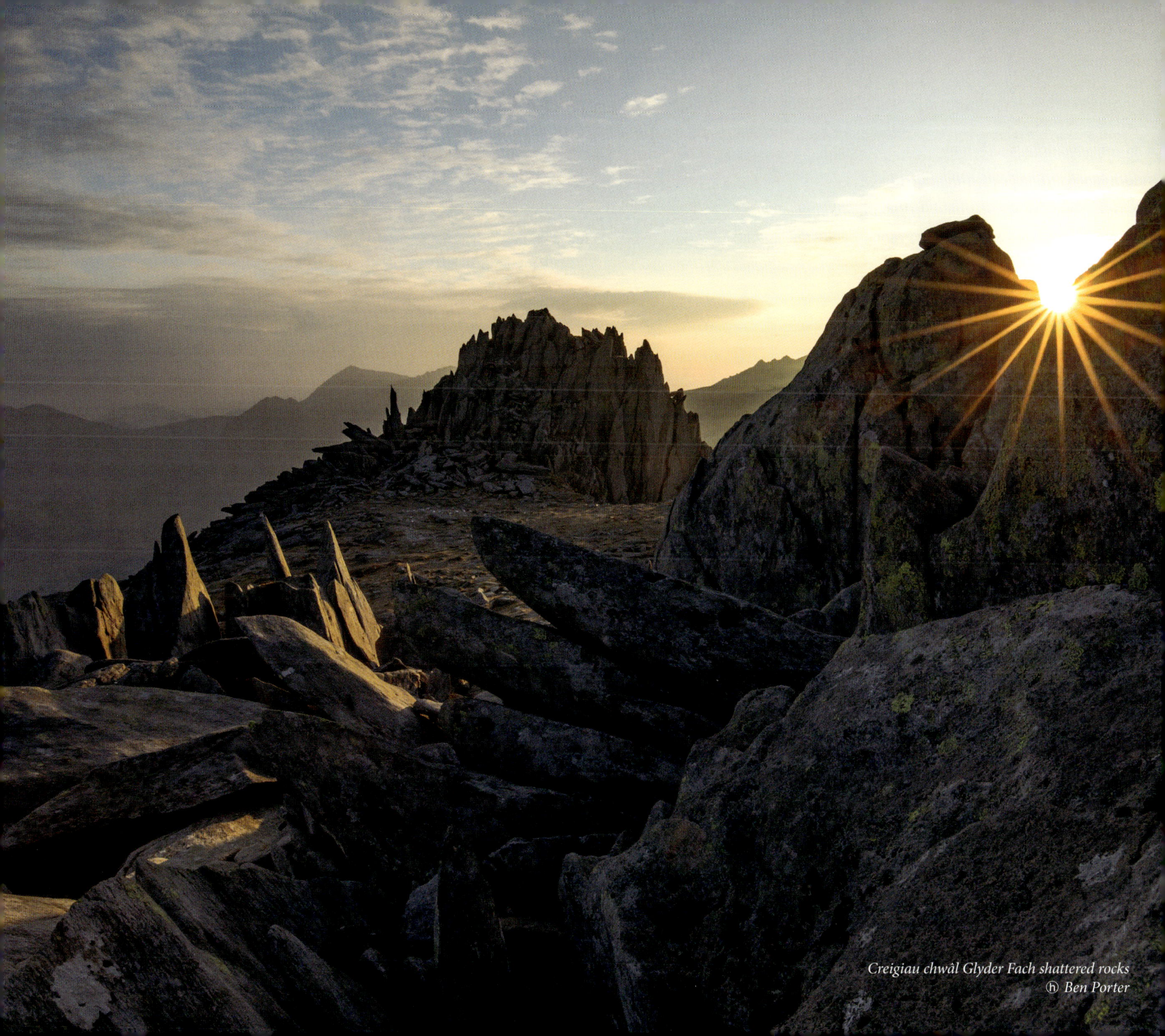

Creigiau chwâl Glyder Fach shattered rocks
ⓗ Ben Porter

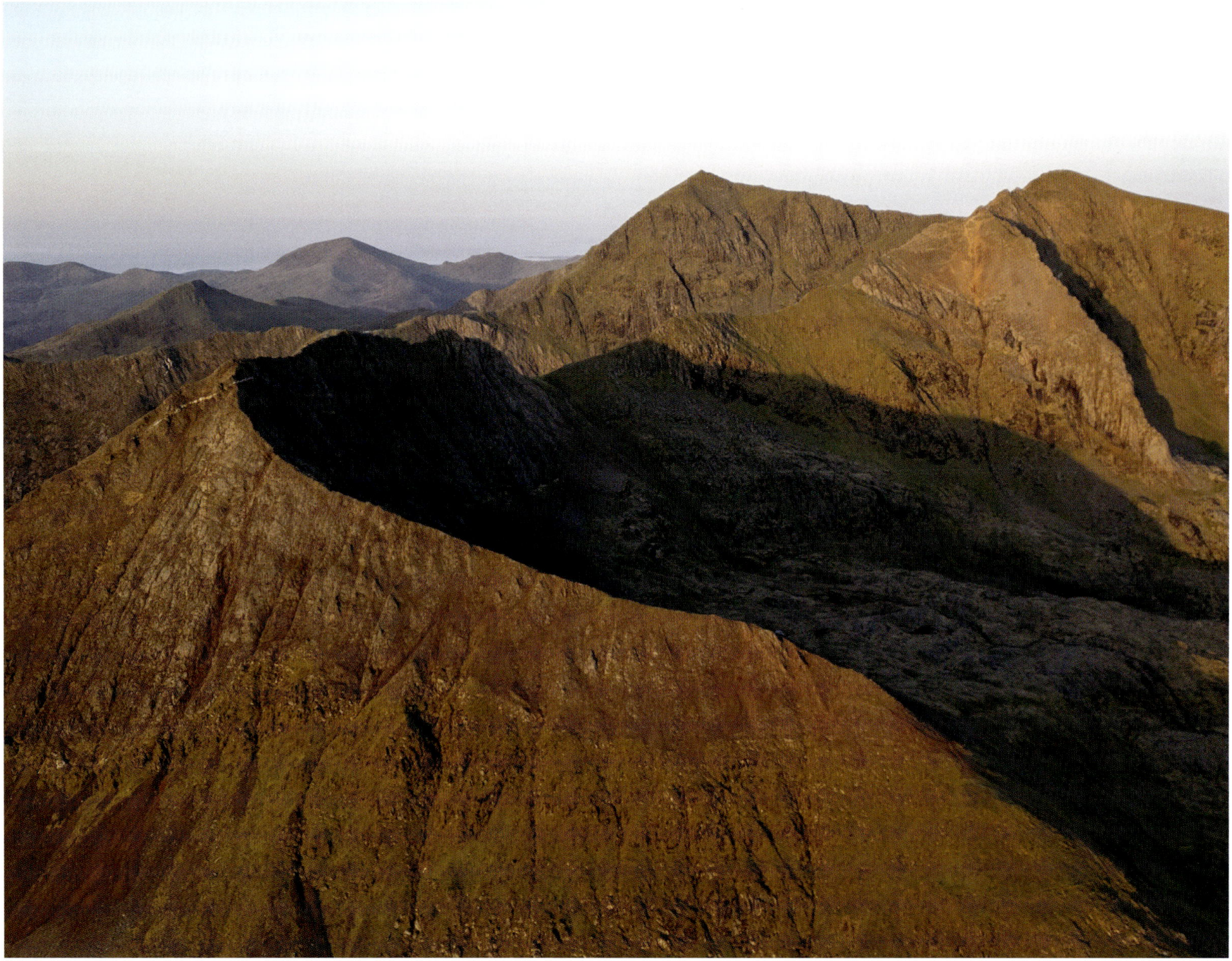

Crib Goch a'r Wyddfa | Yr Wyddfa and Crib Goch
ⓗ *Rob Johnson*

gwm cyfagos. Cerfiwyd y mannau uchaf, fel Yr Wyddfa, yn gopaon pigfain, amlwyneb tebyg i byramidau.

Wrth i'r rhew lifo draw oddi wrth Yr Wyddfa, roedd y creigwely dan ei sawdl yn cael ei lyfnu a'i sgathru gan greu tomenni anghymesur a elwir yn *roches moutonnées*. Gwelir y rhain ar hyd a lled Eryri, ac mae enghreifftiau ar lannau Llynnau Mymbyr. Yr Orogeni Caledonaidd cynharach sydd i gyfrif am eu siâp nhw; dyna a greodd y patrymau breg y manteisiodd yr iâ mor barod arnynt. Mae nodweddion erydol llai na hyn i'w gweld – y creigiau llawn crafiadau a rhychau o gwmpas Llyn Llydaw a Llyn Peris – a adawyd ar ôl gan falurion wedi'u rhewi'n sownd dan droed y prif rew.

Rhan V: Y Rhewiad Olaf: Y Dryas Diweddaraf

Nid enciliad y brif Oes Iâ tua 15 mil o flynyddoedd yn ôl fu diwedd y gân. Yn dilyn cyfnod byr pan oedd hi'n gynhesach, cafwyd amodau rhewllyd iawn eto – cyfnod o'r enw'r Dryas Diweddaraf rhwng 12.6 ac 11.7 mil o flynyddoedd yn ôl.

Y tro hwn, roedd y rhewlifiant yn llawer llai, gyda chruglwythi unigol o rew eto yn rhai o'r cymoedd ar draws yr ucheldir mynyddig yn ffurfio rhewlifoedd peiran bach. Roedd y rhewlifoedd bach hyn ar lethrau oedd yn wynebu'r gogledd a'r gogledd-ddwyrain gan mwyaf, fel y rheini o gwmpas Glaslyn a Llyn Llydaw, Nant Ffrancon, y Carneddau, ac ar Gader Idris. Doedd dim rhewlif ym mhob un cwm, ond mae'r dystiolaeth lle'r oedd rhai i'w gweld yn hollol glir. Gadawodd y ceudodau llawn rhew hyn gefnennau trawiadol o weddillion rhewlifol a elwir yn farianau, sy'n dangos maint rhewlifoedd y cymoedd llai ar eu mwyaf – fel y gwelir yng Nghwm Idwal a Chwm Llugwy. Roedd llawer iawn o greigiau yng nghreigwelyau bregog a thoredig y safleoedd hyn oedd yn cael eu gollwng wrth i'r rhew ymlithro ac encilio.

Lleiniau o eira lled-barhaol yn hytrach na rhew oedd yn

Caledonian Orogeny, which created the joint patterns that the ice readily exploited. Even smaller erosional features are visible in the form of scratched and striated rocks surrounding Llyn Llydaw and Llyn Peris, left by debris frozen into the base of the overriding ice.

Part V: The Final Freeze: The Younger Dryas

The story does not end with the retreat of the main Ice Age some 15 thousand years ago. Following a brief period of warmer conditions, there was a very sharp return to icy conditions known as the Younger Dryas between 12.6 and 11.7 thousand years ago.

This time, the glaciation was much smaller, characterized by isolated bodies of ice that reoccupied some of the hollows (cwms) across the mountainous uplands, forming small cirque glaciers. These smaller glaciers mostly lay on north and north-east facing slopes, such as those around Glaslyn and Llyn Llydaw, Nant Ffrancon, the Carneddau, and on Cader Idris. Not every cwm hosted a glacier, but where they did, the evidence is unmistakable. These ice-filled hollows left behind imposing ridges of glacial debris called moraines, which indicate the maximum size of the smaller valley glaciers – as seen in Cwm Idwal and Cwm Llugwy. The well-jointed and fractured bedrock of these sites provided a large volume of rock that was deposited as the ice advanced and retreated.

Some of the cwms were occupied by semi-permanent snow patches rather than ice. Freeze-thaw led to rocks tumbling down onto the snow, sliding off the surface, and accumulating to form distinctive ridges of boulders known as a *protalus* rampart. Examples of these subtle depositional features can be found at Cwm Du and in the Nant Ffrancon valley.

rhai o'r cymoedd. Achosai'r broses rhewi-a-dadmer i greigiau ddisgyn i lawr i'r eira, llithro oddi ar yr wyneb, a chrynhoi i ffurfio cefnennau nodweddiadol o feini o'r enw rhagfuriau *protalus*. Gallwch weld enghreifftiau o'r nodweddion dyddodol cynnil hyn yng Nghwm Du ac yn nyffryn Nant Ffrancon.

Gadawodd y ddau gyfnod rhewlifol – yr Uchafbwynt Rhewlifol Diwethaf eang ac effaith fwy lleol y Dryas Diweddaraf – eu hôl yn barhaol ar draws tirwedd Eryri. Yn y bôn, canlyniad dŵr a thân, tectoneg a hinsawdd yw harddwch garw'r Parc Cenedlaethol; cronicl daearegol a grëwyd dros gyfnod o dros hanner biliwn o flynyddoedd sy'n dal i'n hysbrydoli.

Both periods of glaciation – the large scale of the LGM and the localised impact of the Younger Dryas – left their indelible mark across the Eryri landscape. Ultimately, the rugged beauty of the National Park is the result of fire and water, tectonics and climate, creating a geological chronicle of over half a billion years that continues to inspire us.

Y tirlun yn trawsnewid
Nature takes hold

Paul Williams

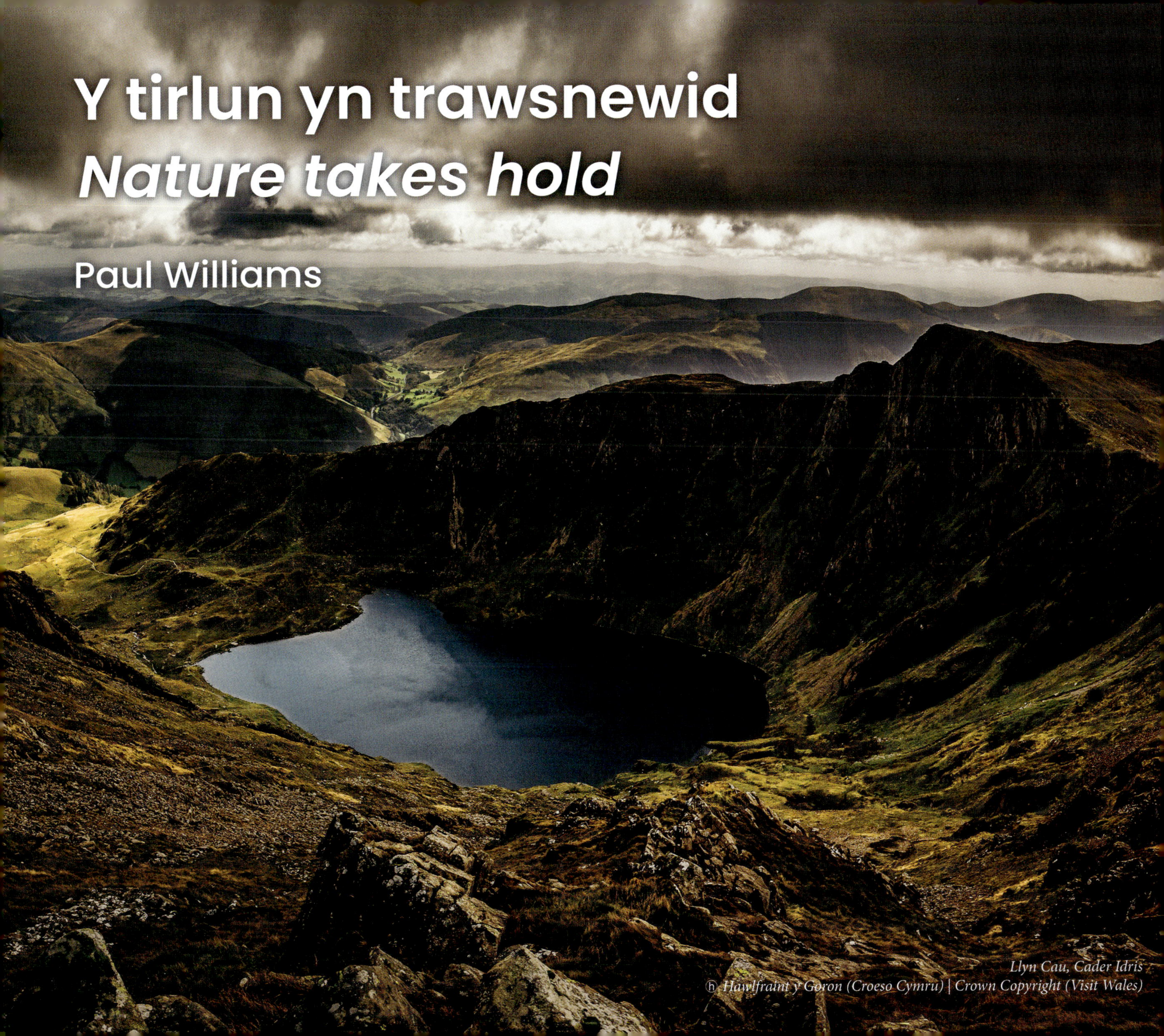

Llyn Cau, Cader Idris

'Newid ddaeth o rod i rod': geiriau sydd ychydig yn llai enwog na llinell gyntaf y gerdd 'Aros a Mynd' gan Ceiriog, sef 'Aros mae'r mynyddau mawr'. Er bod y mynyddoedd yma o hyd, maen nhw wedi edrych yn wahanol iawn o genhedlaeth i genhedlaeth. Ac mae ucheldir Eryri, a'i thirweddau amrywiol eraill, yn dal i newid heddiw.

> Pan ddois i yma gynta' roedd coedwig eang yn y cwm, ond daeth pobl yma, a difa'r coed. Tyfodd y coed eto a ffurfio coedwig newydd, ond torrwyd y rheiny wedyn. Mae'r coed yma a welwch chi heddiw yn drydydd tyfiant!

Tylluan Cwm Cawlwyd sy'n egluro – yn chwedl Culhwch ac Olwen – pa mor hen ydy hi, ac wrth wneud hynny yn adrodd cof gwerin hynafol am sut mae'r tirlun wedi newid dros ganrifoedd. Nid dim ond yn y cwm, ond trwy Eryri a Chymru hefyd.

Mae enghraifft arall o'r hen atgof am newid tirlun yn gynharach yn y chwedl pan fo tad Olwen yn rhestru'r tasgau y mae'n rhaid i Culhwch eu cwblhau cyn y caiff o ei phriodi. Y dasg gyntaf ydy dadwreiddio coedwig a'i llosgi'n llwch i wrteithio'r pridd; aredig y tir a hau hadau; ac yna cynaeafu'r cnwd i fwydo'r bobl ddaw i'r briodas. Dyma'r dull 'slash and burn' y clywais amdano mewn gwersi daearyddiaeth, ac sydd yn dal mor ddinistriol yng nghoedwigoedd trofannol y byd hyd y cyfnod modern.

Teg awgrymu fod y newidiadau i dirwedd Eryri wedi parhau ar ôl y bedwaredd ganrif ar ddeg, pan roddwyd y chwedl ar ddu a gwyn. Nid oes golwg heddiw o'r drydedd goedwig yng Nghwm Cowlyd, ond trowch eich golygon at y Creigiau Gleision a'r Clogwyn Du, Craig Ffynnon a'r Cribau – y llethrau a'r llechweddi sy'n amgylchynu Llyn Cowlyd –

'*Newid ddaeth o rod i rod*' (Change came from age to age). These words are slightly less well known than those of the first line of the poem 'Aros a Mynd' by John Ceiriog Hughes, which are '*Aros mae'r mynyddau mawr*' (The great mountains remain). Although the mountains referred to are still here, they have looked very different down the generations. And Eryri's uplands and its various other landscapes are still changing today.

> When I first came here the large valley that you see was a wooded glen, and a race of men came there, and it was destroyed. And the second wood grew in it, and this wood is the third.

These are the words of the Owl of Cwm Cawlwyd, explaining how old she is in the legend of Culhwch and Olwen, part of *The Mabinogion* (in Sioned Davies' translation). The owl is reciting an ancient folk memory about how the landscape has changed over the centuries. This doesn't just apply to this valley, but throughout Eryri and Wales too.

Another example of an ancient memory of landscape change occurs earlier in the legend, when Olwen's father is listing the tasks Culhwch must complete before receiving her hand in marriage. The first task is to uproot a thicket and burn it so the ashes fertilise the earth, then plough the earth and sow seed, and then harvest the crop to feed their wedding guests. This is the 'slash and burn' technique I heard about in geography lessons, and which is still so destructive in the world's tropical forests.

It is reasonable to suggest that changes to the Eryri landscape continued after the fourteenth century, when the legend was set down in black and white. There is no sign

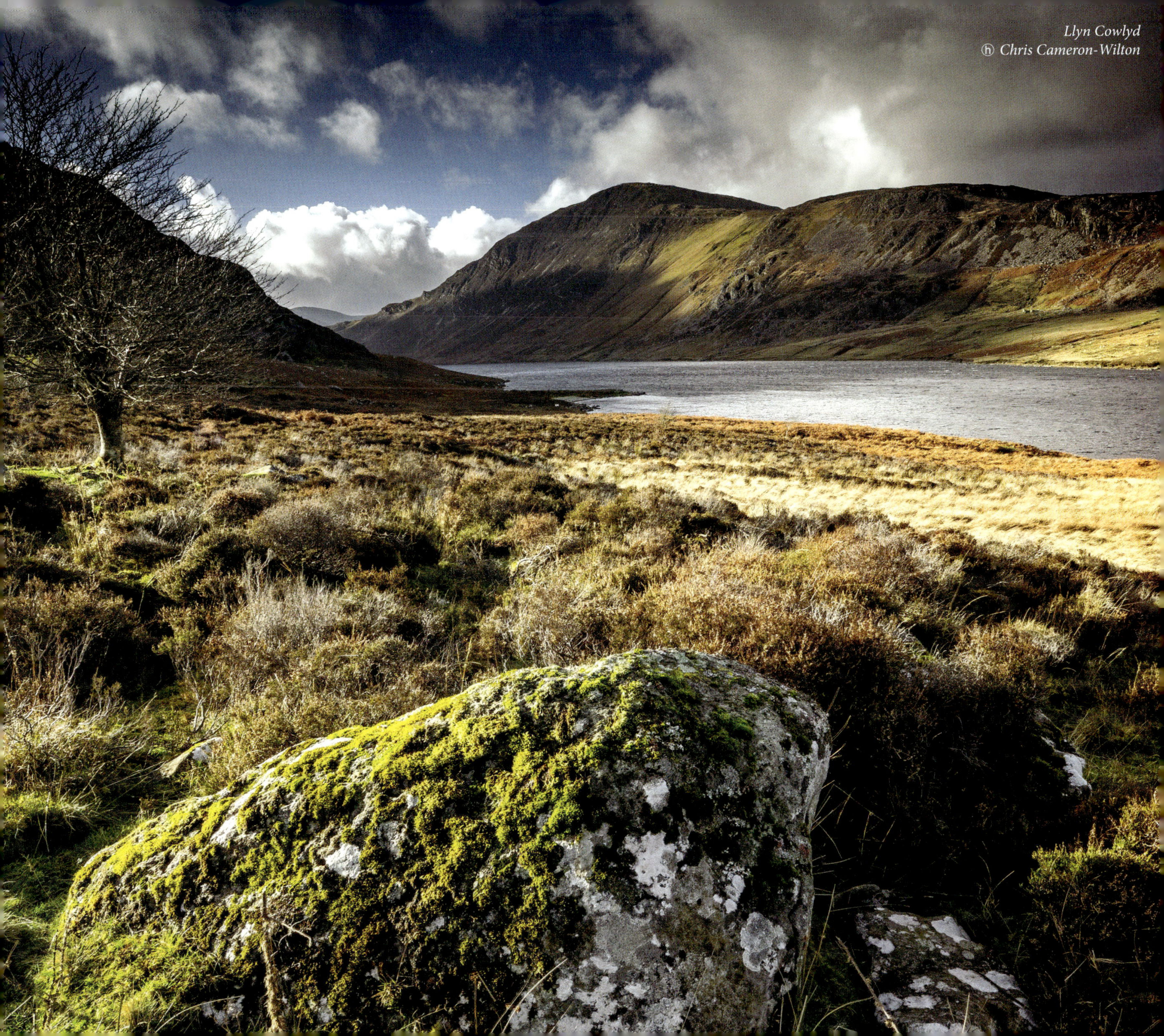
Llyn Cowlyd
ⓗ Chris Cameron-Wilton

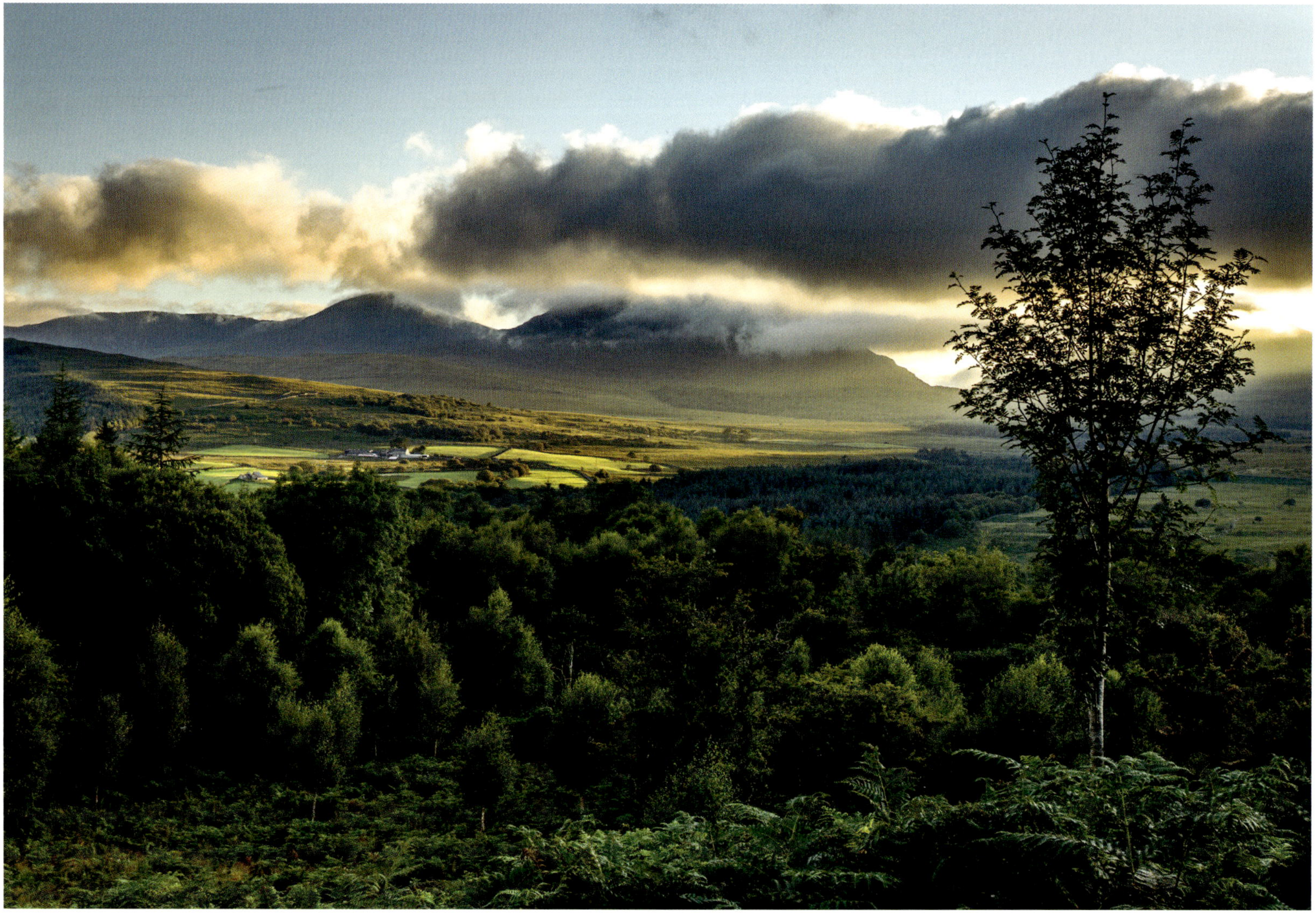

Ffridd Bryn Coch
Ⓗ *Myfyr Tomos*

ac mi welwch fod awgrym o bedwaredd goedwig eto i ddod efallai.

Ers diwedd yr Oes Iâ ddiwethaf, mae defnydd tir a newidiadau amaethyddol wedi dylanwadu ar dirlun Eryri. Y gostyngiad mewn pori yn yr ucheldir dros y degawd neu ddau ddiwethaf sydd wedi golygu bod egin-goed fel criafol yn medru tyfu tu hwnt i uchder y grug, lle bydden nhw wedi eu cnoi gynt, ac os pery'r amodau, bydd coedwig yn araf ddatblygu yn y cwm eto.

Sgileffaith ydy'r tyfiant coed newydd yma mewn sawl lle, o Gowlyd yn y gogledd i Fwlch Llyn Bach yn y de; ond bwriadol mewn llecynnau eraill, fel Cwm Idwal, lle mae'r anifeiliaid wedi eu cadw allan mewn ymdrech i annog llystyfiant 'mwy naturiol' ar y safle.

Nid pawb sy'n gwirioni'r un fath, ac mae coed yn yr ucheldir yn fendith i rai a melltith i eraill. Yn wir, mae'r hyn a welwch yn unrhyw un o dirluniau Eryri yn bersonol iawn i chi. Pawb yn gweld y wlad sydd o'u blaenau yn ôl yr hyn sy'n bwysig neu o ddiddordeb iddyn nhw. Efallai y gwelwch dirlun amaethyddol sy'n rhoi bywoliaeth i nifer, a bwyd i lawer; lle i chwarae a hamddena fel Yr Wyddfa a Betws-y-coed; neu ardaloedd anial gwyllt fel y Migneint. Gweld tirlun Rhufeinig wna rhai yn ardal Tomen y Mur, a thirwedd ddiwydiannol y dyffrynnoedd llechi ar gyrion y Parc yn denu eraill.

I ymwelydd o Wrecsam drefol neu o ganol unrhyw ddinas, gall y golygfeydd eang o wyrddni gyfleu paradwys naturiol, brydferth. Ond os ydych o anian amgylcheddol, efallai mai'r hyn a welwch ydy'r cynefinoedd a'r bywyd gwyllt a gollwyd, fel yr awgrymodd Aldo Leopold, awdur a chadwraethwr dylanwadol o'r Unol Daleithiau: 'one of the disadvantages of an ecological education is that one lives alone in a world of wounds'.

Mae Eryri yn dirlun amlhaenog a hynod gyfoethog, ac

today of the third woodland in Cwm Cowlyd, as it is known today, but turn your eyes towards Creigiau Gleision and Clogwyn Du, Craig Ffynnon and Cribau – the slopes and crags that surround Llyn Cowlyd – and you may see hints of a fourth woodland starting.

Since the end of the last Ice Age, land use and agricultural changes have affected the landscape of Eryri. Reduced grazing on the uplands over the last decade or two has meant that saplings of trees such as rowan have been able to grow higher than the heather, where previously they'd have been eaten. If these conditions continue, a woodland will slowly develop in the valley once more.

The growth of these new trees in several places – from Cowlyd in the north to Bwlch Llyn Bach in the south – is a side-effect of reduced grazing, but is deliberate in other places, such as Cwm Idwal, where animals have been excluded in an attempt to encourage 'more natural' vegetation on the site.

Not everyone takes delight in this, and although trees in the upland are a blessing to some, they are a curse to others. What you perceive in any of the Eryri landscapes is really very personal to you. Everyone sees the countryside in a way that reflects what's important or of interest to them. Maybe you see an agricultural landscape that provides a living for a few, and food for many; see Yr Wyddfa or Betws-y-coed as places to play and spend leisure time; see wild, lonely areas like the Migneint. Some will see a Roman landscape around Tomen y Mur, while others are attracted by the industrial landscape of the slate valleys that fringe the Park.

To visitors from urban Wrexham or any city centre, the wide green vistas convey a perfect, natural paradise. But if you are of an environmental bent, what you see may be lost wildlife and their habitats. As Aldo Leopold, the influential

mae un peth yn sicr, sef bod yma rywbeth i blesio pawb. Y mynyddoedd sydd amlycaf wrth feddwl am Eryri; dyma lle saif pob un o bymtheg copa dros 3,000 troedfedd Cymru, a nodweddion eiconig fel y Grib Goch, Carreg y Gwyliwr ar y Glyder Fach, neu feini y Bugail a'i Wraig ar gopa Tryfan (a elwir hefyd yn Adda ac Efa).

Ond meddyliwch hefyd am y coedwigoedd glaw Celtaidd; arfordir ac aberoedd godidog; dyffrynnoedd trawiadol; a mawndiroedd eang. Tirlun amrywiol iawn, o fewn tafliad carreg i'w gilydd bron. Mewn ychydig oriau o gerdded, gallwch gychwyn o lannau'r Fenai yng ngogledd eithaf y Parc Cenedlaethol, mynd trwy gymuned hanesyddol Abergwyngregyn, milltir sgwâr tywysogion Gwynedd, a dilyn llwybr hawdd, hamddenol at droed y Rhaeadr Fawr, un o atyniadau gwych Eryri, trwy Warchodfa Natur Genedlaethol Coedydd Aber. Wedi'r goedwig dderw, lle gallwch fwynhau gwledd o glychau'r gog yn y gwanwyn, a gwylio adar mudol fel y gwybedog brith, telor y coed a'r tingoch, gallwch ddringo trwy'r ffriddoedd – clytwaith o laswelltir a rhedyn a choed drain fan hyn, fan draw – i'r rhostiroedd grugog, ac yn eich blaen i fynyddoedd y Carneddau. Yno fe welwch ardaloedd o rostir Alpaidd, cynefin prin iawn yng Nghymru, a phlanhigion gwydn fel grug, creiglus, mwsogl a chen yn rhygnu byw yn nannedd y gwynt, heb feiddio codi eu pennau'n llawer uwch na'r llawr creigiog sy'n eu cynnal.

Gyferbyn â'r Carneddau, yr ochr draw i'r A5, mae Gwarchodfa Natur Genedlaethol gyntaf Cymru: Cwm Idwal. Rhoddwyd y dynodiad yma yn 1954, dair blynedd ar ôl creu Parc Cenedlaethol Eryri, er mwyn cydnabod gwerth aruthrol y cwm i gadwraeth planhigion Arctig-Alpaidd a'n dealltwriaeth ni o ddaeareg a daearyddiaeth Eryri. Os ydy'r Wyddfa yn denu'r miloedd sydd eisiau sefyll ar gopa uchaf Cymru, mae Cwm Idwal yn denu myfyrwyr a disgyblion,

author and conservationist from the United States, suggested: 'one of the disadvantages of an ecological education is that one lives alone in a world of wounds'.

Eryri is a many-layered and extremely rich landscape, and one thing is certain – there is something to please everyone. When thinking of Eryri, it is the mountains that spring to mind; this is where every one of the fifteen Welsh peaks over 3,000 feet lie, as well as iconic features like Crib Goch, Carreg y Gwyliwr on Glyder Fach, or the Bugail a'i Wraig on the summit of Tryfan (also called Adam and Eve).

But think also of the Celtic rainforests, splendid coasts and estuaries, breathtaking valleys, and vast peatlands. Very different landscapes, almost within a stone's throw of each other. Within a few hours' walking, you can start at the Menai Strait shore in the far north of the National Park, go through the ancient community of Abergwyngregyn, home of the princes of Gwynedd, and take a leisurely stroll through the Coedydd Aber National Nature Reserve to the foot of Rhaeadr Fawr (Aber Falls). After the oak woodland, where you can enjoy a carpet of bluebells in the spring, and watch migratory birds such as the pied flycatcher, wood warbler and redstart, you can climb through areas of *ffridd* – a patchwork of rough grass and bracken with thorn bushes here and there – and on to the heathery moorland, and onward further to the Carneddau mountains. There you will see areas of Alpine heath, a very rare habitat in Wales, and hardy plants such as heather, crowberry, moss and lichen, scratching a living in the teeth of the wind, barely raising their heads higher than the rocky ground that sustains them.

Facing the Carneddau, on the other side of the A5 road, is the first Welsh National Nature Reserve: Cwm Idwal. This designation was made in 1954, three years after the creation of the Eryri National Park, to acknowledge the immense

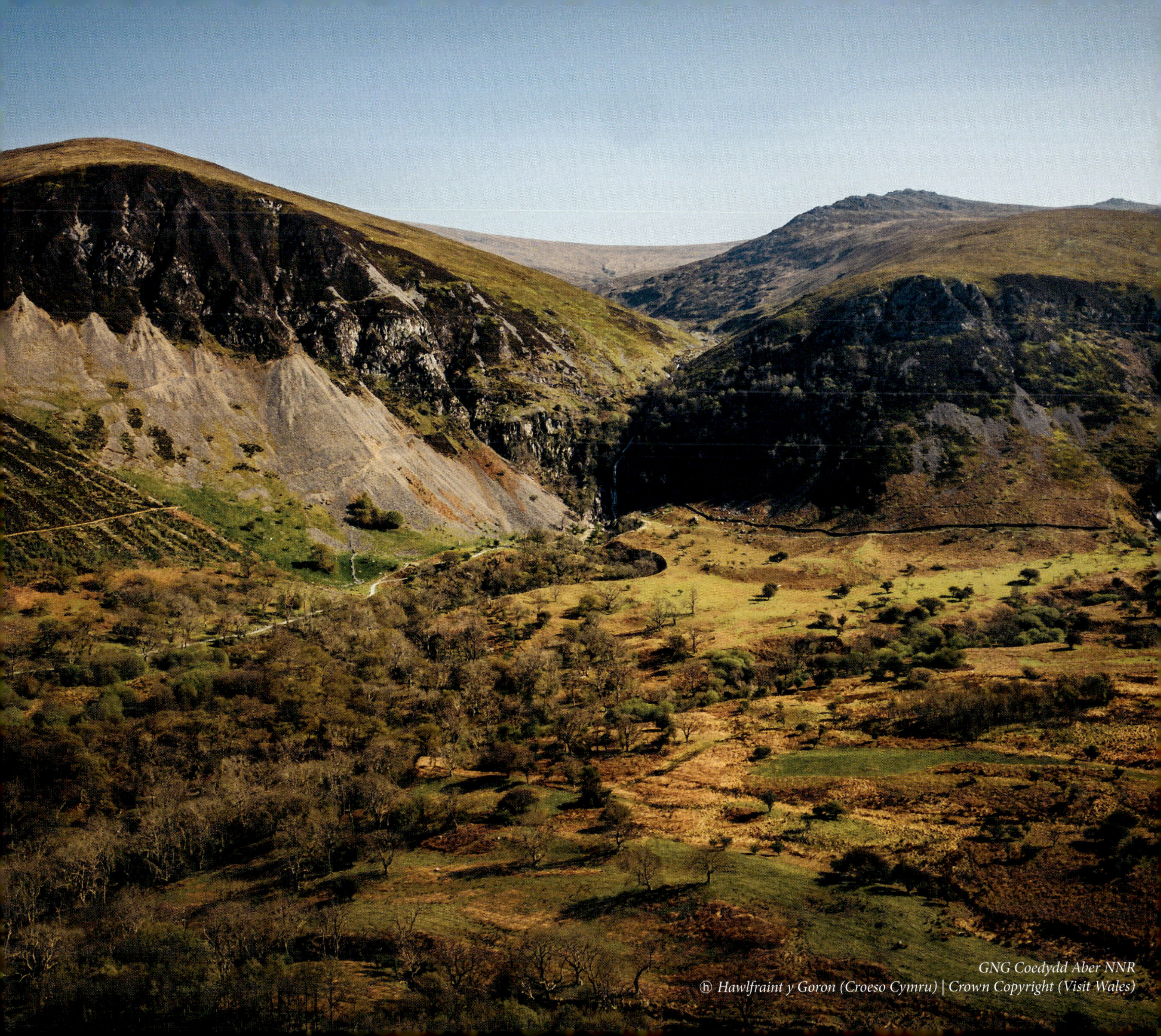

GNG Coedydd Aber NNR

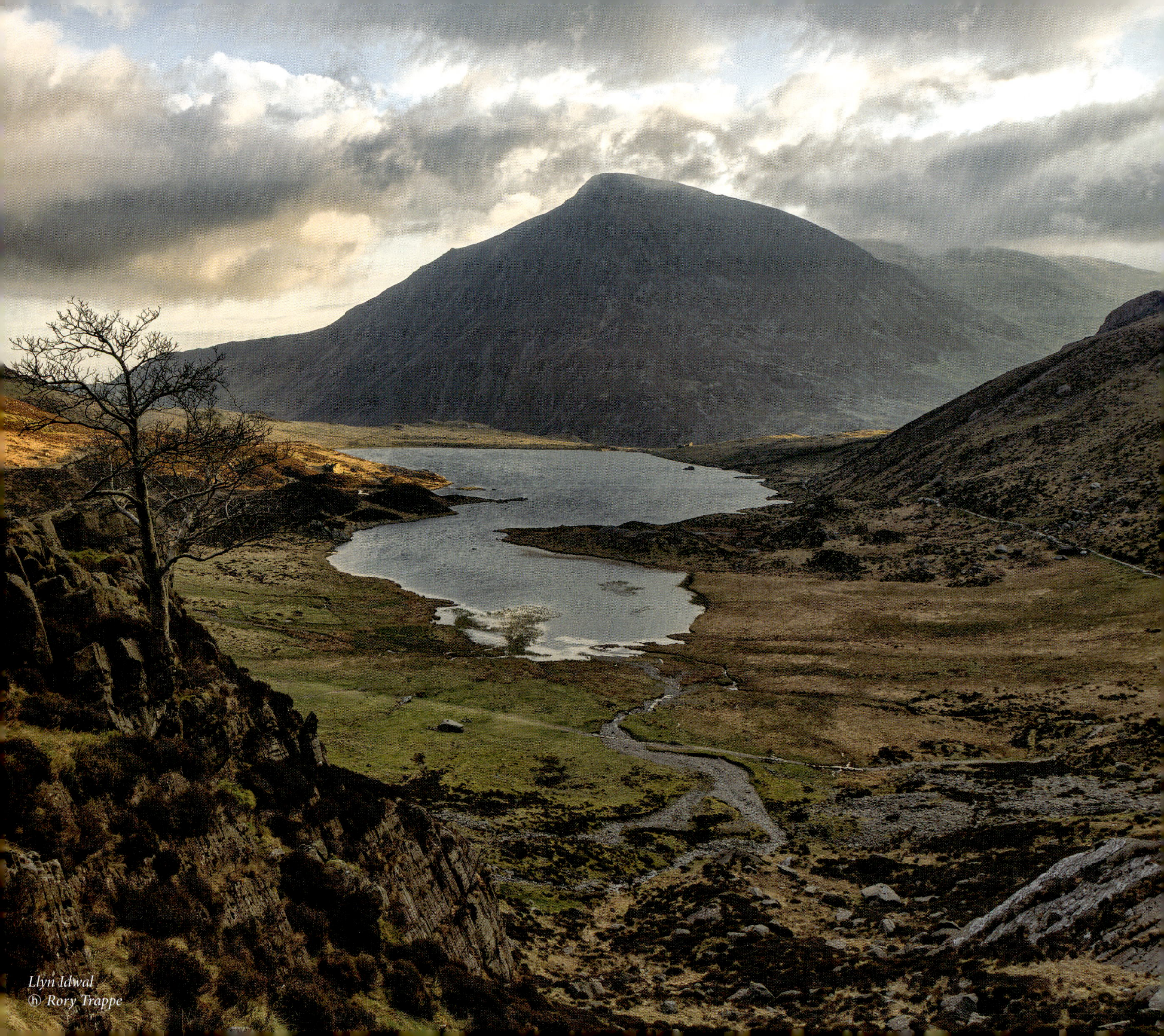

Llyn Idwal
Ⓗ Rory Trappe

botanegwyr a daearegwyr, dringwyr a cherddwyr fel ei gilydd. Dywedir bod Edward Llwyd wedi dod yma i astudio brwynddail y mynydd a blodau prin eraill y clogwyni. Lili'r Wyddfa ydy'r enw mwy cyffredin am y brwynddail; blodyn a gafodd yr enw gwyddonol *Lloydia serotina* ar ôl y naturiaethwr disglair, nes i dacsonomegwyr ei roi yn nheulu'r *Gagea* yn y ganrif hon. Mae'n hysbys hefyd fod Charles Darwin wedi astudio'r creigiau yma gan nodi fod ffosiliau cregyn yn dystiolaeth fod rhai o'r haenau wedi eu creu ar wely'r môr filiynau o flynyddoedd yn ôl, a disgrifiodd yn ddiweddarach sut y crëwyd y cwm a sut y newidiwyd y tirlun rhyfeddol yma gan rewlifoedd. Dyma, heb os, un o leoliadau mwyaf trawiadol Eryri, a rheolir y Warchodfa heddiw er budd pawb ddaw yno, gan bartneriaeth rhwng Awdurdod Parc Cenedlaethol Eryri, yr Ymddiriedolaeth Genedlaethol a Chyfoeth Naturiol Cymru.

Yn ne Eryri mae Gwarchodfa Natur Genedlaethol Cadair Idris, un arall o 'botiau mêl' prysur yr ymwelwyr, ac o ddilyn llwybr poblogaidd Minffordd, gallwch symud o gam i gam trwy gyfres o gynefinoedd gwych, o tua 90 metr uwch lefel y môr ar lawr gwlad yn nyffryn Tal-y-llyn, i gopa Penygadair ar uchder o 893m. Ar y ffordd mae crochan rhyfeddol Cwm Cau – rhywle arall a ddenodd fotanegwyr a daearegwyr amlwg eu dydd. Mae Llyn Cau yn un o lynnoedd dyfnaf Cymru a'i ddyfroedd oer, du yn ddiwaelod medd rhai (mae Cowlyd yn ddyfnach, ond y llyn naturiol wedi'i helaethu'n gronfa), ac fel Cwm Cowlyd, mae Llyn Cau a Chader Idris yn gyforiog o chwedlau am gewri a thylwyth teg a bwystfilod. Aran Fawddwy ydy copa uchaf de Eryri, ond mae'n anodd iawn curo'r olygfa banoramig o Benygadair: Bae Ceredigion yn agor o'ch blaen, o Ynys Enlli i Dyddewi; ac o fynyddoedd Wicklow i fryniau Swydd Amwythig ar ddyddiau clir.

Distawach a llai prysur o lawer ydy cadwyn y Rhinogydd,

value of the *cwm* (deep valley) for the conservation of Arctic-Alpine plants and our understanding of Eryri's geology and geography. If Yr Wyddfa attracts the thousands who wish to stand on the summit of the highest peak in Wales, Cwm Idwal attracts students and schoolchildren, botanists and geologists, climbers and walkers alike. It is said that Edward Llwyd came here to study the mountain spiderwort and other rare cliff-dwelling flowers. Mountain spiderwort is more commonly known as Snowdon lily. This flower used to have the scientific name *Lloydia serotina* – named after Llwyd, a brilliant naturalist – but taxonomists in this century placed it in the *Gagea* family. It is also well known that Charles Darwin studied these rocks, noting that fossilised shells were proof that some of the strata had been formed on the sea bed millions of years ago. He later described how the *cwm* was created and how this landscape was incredibly changed by glaciers. Here, without doubt, is one of the most striking landscapes in Eryri, and the Reserve is run by a partnership of the Eryri National Park Authority, the National Trust, and Natural Resources Wales for the benefit of all who visit.

In the south of Eryri lies Cadair Idris National Nature Reserve, another busy 'honey pot' for visitors. By following the popular footpath from Minffordd you can travel step by step through a series of wonderful landscapes, from around 90 metres above sea level in the Tal-y-llyn valley bottom to the summit of Penygadair, the highest part of Cader Idris at 893 metres. On the way there is the amazing bowl of Cwm Cau – another location that has attracted the foremost botanists and geologists of their times. Llyn Cau is one of the deepest lakes in Wales and some say its black depths are bottomless (Cowlyd is deeper, but there the natural lake has been expanded into a reservoir). Like Cwm Cowlyd, Llyn Cau and Cader Idris are rich in legends about giants and fairy

y peth agosaf sydd gennym yng Nghymru i 'wilderness'. Tydi'r gair ddim yn cyfieithu'n hawdd i'r Gymraeg – nid diffeithwch nac anialdir sydd yma, yn ystyr modern y geiriau hyn. Amhosib cyfeirio at rywle lle gwelwch chi gudyll bach a thylluan glustiog, cacynen y llus a'r caineirian bach fel lle diffaith. Mae'n ardal wyllt, a dylanwad pobl ar ei ysgafnaf yma. Gwarchodfa Natur Genedlaethol y Rhinog yw'r unig dir yng Nghymru gyfan sydd wedi'i ddynodi'n Warchodfa Biogenetig, a'r fraint ryngwladol honno'n dod am mai dyma'r ardal fwyaf o rostir sych aeddfed mewn cyflwr da sydd gennym.

Mae'n debyg fod Gerallt Gymro wedi disgrifio'r cyffiniau fel y mwyaf garw o holl dir Cymru ar ei deithiau yn y ddeuddegfed ganrif. Wyth gant o flynyddoedd yn ddiweddarach disgrifiodd y naturiaethwr Bill Condry dir y Rhinogydd fel 'ankle-testing riot of heather and rocks'! Dau brif lwybr y Rhinogydd ydy'r rhai trwy Fwlch Drws Ardudwy a Bwlch Tyddiad, llwybrau masnach a chyfathrebu hanesyddol bwysig yn cysylltu arfordir Ardudwy a phlwyf Trawsfynydd a thu hwnt. Mentrwch oddi ar y llwybrau yma, a buan iawn y gwelwch be' oedd ganddyn nhw dan sylw.

Ychydig dros 70 Gwarchodfa Natur Genedlaethol sydd trwy Gymru – pob un yn Safle o Ddiddordeb Gwyddonol Arbennig, yn cynrychioli'r enghreifftiau gorau o gynefinoedd a bywyd gwyllt ein gwlad. Safleoedd sydd â chadwraeth natur yn brif bwrpas eu bodolaeth, i'w cynnal yn ôl y safonau uchaf a dulliau gorau'r byd rheoli cadwraeth. Lle bo hynny'n briodol, maen nhw'n cynnig safleoedd addas ar gyfer mynediad cyhoeddus a mwynhad o gefn gwlad, a chyfleoedd i addysgu ac annog gweithgaredd cymunedol, ac ymchwil wyddonol. Ond gwarchod bywyd gwyllt ydy'r flaenoriaeth. O'r 70 trwy Gymru, mae 21 Gwarchodfa Natur Genedlaethol o fewn ffiniau Parc Cenedlaethol Eryri, a

folk and magical beasts. Aran Fawddwy is the highest peak in south Eryri, but it's hard to beat the panoramic view from Penygadair: Cardigan Bay opens up before you, from Ynys Enlli to St Davids, and on a clear day you can see from the Wicklow mountains to the hills of Shropshire.

The Rhinogydd chain of mountains is far less visited, the nearest thing we have in Wales to 'wilderness'. The terms for wilderness in Welsh do not translate well into the modern meaning of the word. The Welsh words for 'wilderness' – 'diffeithwch' and 'anialdir' – meaning desert-type wildernesses, have connotations of barrenness, desolation and solitude. It would be impossible to refer to a place where you can see merlin and short-eared owl, the bilberry bumblebee and lesser twayblade as a barren place. It is a wild area, with minimal human influence. The Rhinog National Nature Reserve is the only land in Wales that has been designated as a Biogenetic Reserve, and that international status is because this is the largest mature dry heath area in good condition that we have.

Gerallt Gymro (Gerald of Wales) described the vicinity as the wildest of all of Wales on his twelfth-century travels. Eight hundred years later the naturalist Bill Condry described Rhinogydd country as an 'ankle-testing riot of heather and rocks'! The two main Rhinogydd paths are through Bwlch Drws Ardudwy and Bwlch Tyddiad (Roman Steps), important historical commercial and communication routes connecting the Ardudwy coast with the Trawsfynydd area and beyond. Step off these paths and you'll see what those two writers meant.

There are a little over 70 National Nature Reserves throughout Wales – each one a Site of Special Scientific Interest – representing the best examples of our country's habitats and wildlife. These sites have nature conservation as

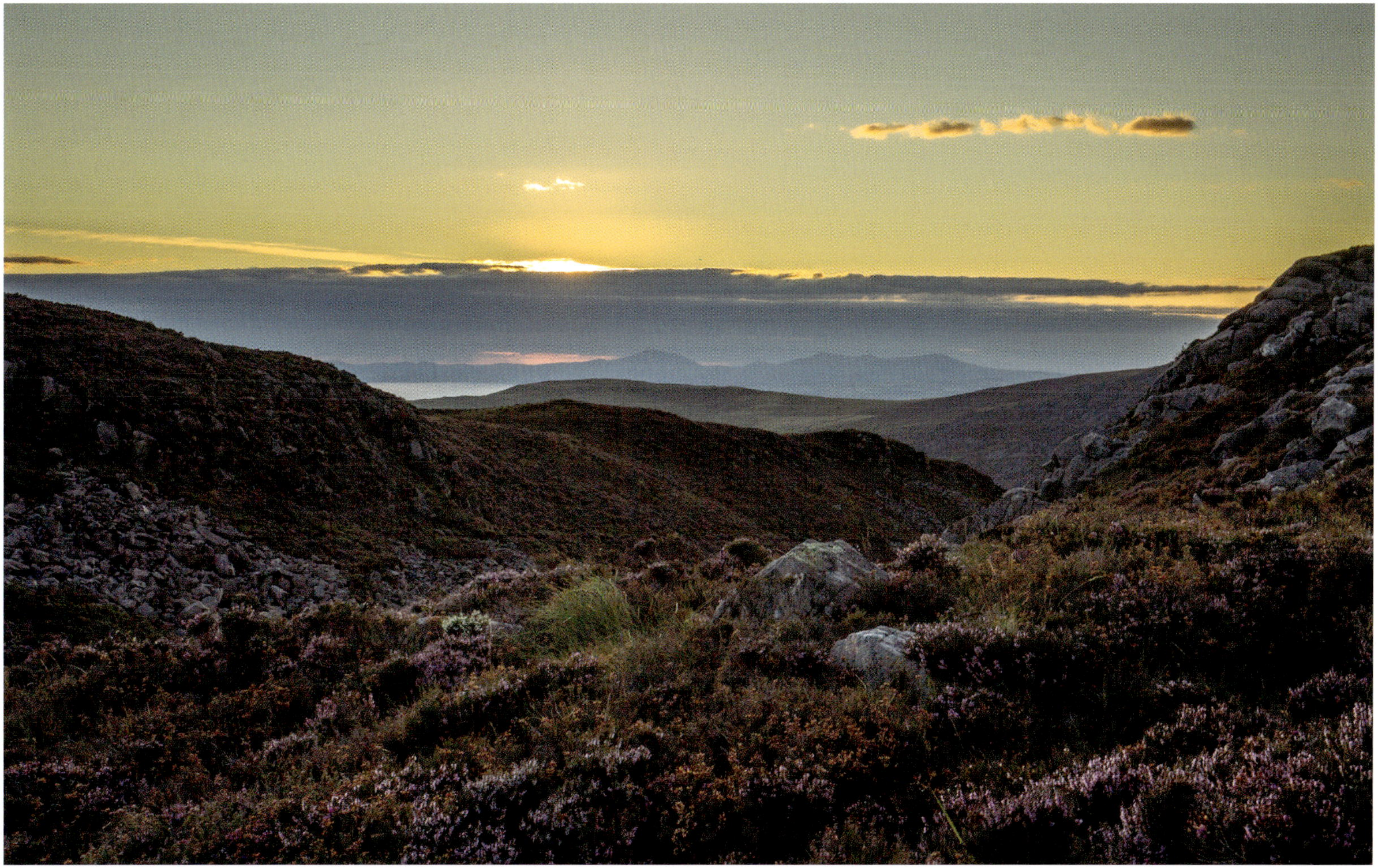

Cwmhosan, Rhinog Fach

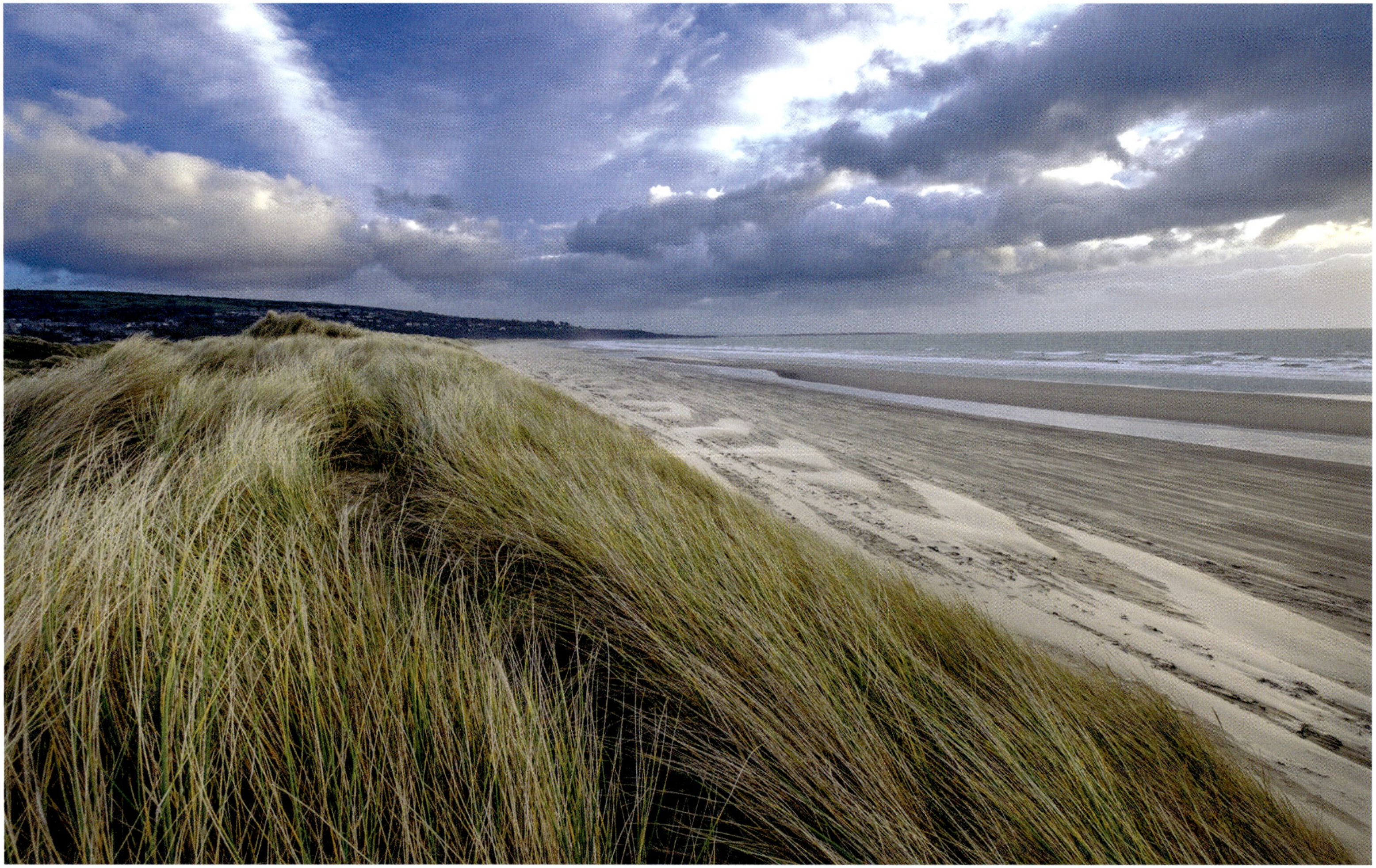

Twyni tywod Harlech sand dunes
ⓗ *Iwan Jones*

rhyngddynt yn cynrychioli elfennau gwahanol o'r tirlun amrywiol.

Ym Morfa Harlech a Morfa Dyffryn ar arfordir Ardudwy, gwelwn ecosystemau unigryw, yn newid yn barhaus wrth i wyntoedd a'r llanw symud y tywod, gan adeiladu neu erydu'r twyni a newid lleoliad banciau tywod y Traeth Bach a chwrs y ffrydiau dŵr yn aber Afon Ddwyryd, a'r torlannau mwdlyd ar y Glastraeth. Tu cefn i'r twyni deinamig, a'u moresg yn siglo fel tonnau yn yr awel, mae glaswelltir mwy sefydlog; cynefin lliwgar a chyfoethog, yn llawn blodau, gwenyn a gloÿnnod byw amrywiol, rhai ohonyn nhw i'w gweld yn unman arall yn y Parc. Disgrifir y tirlun arfordirol trawiadol hwn fel un o'n trysorau naturiol hyfrytaf, a gallwch ei fwynhau trwy ddilyn Llwybr Arfordir Cymru ar hyd blaendwyni Dyffryn ac ar gyrion Morfa Harlech.

Cynefin arall a gynrychiolir yn hael gan warchodfeydd Eryri ydy coedwigoedd derw – ein coedwigoedd glaw cynhenid ni – yr hyn sydd ar ôl o'r goedwig hynafol ehangach y mae Tylluan Cwm Cawlwyd yn ein hatgoffa ni amdani. Mae llawer o'r coedwigoedd llydanddail sydd wedi goroesi i'w cael mewn ceunentydd cul, serth, fel Ceunant Llennyrch a Cheunant Cynfal yn Nyffryn Maentwrog; ac oherwydd canopi trwchus y coed derw, y lleithder sy'n codi o fwrlwm y rhaeadrau, a glaw Eryri, mae'r rhain heddiw yn gadarnle i nifer o fwsoglau prin iawn.

Tu hwnt i warchodfeydd, mae tirluniau a chynefinoedd eraill pwysig iawn yn Eryri. Corsydd y Migneint er enghraifft, tir eang agored; lle arall a ddisgrifir weithiau fel anialdir, ond sy'n cyfrannu llawer at yr ymdrech i adfer a gwarchod mawndiroedd. Trwy'r Rhaglen Weithredu Genedlaethol ar Fawndiroedd, mae llawer o waith gwerthfawr yn mynd rhagddo er mwyn dal a storio carbon, rheoli llifogydd a gwarchod bywyd gwyllt.

their primary purpose, maintained according to the highest standards and global best practices of nature management. Where appropriate, they offer suitable locations for public access and enjoyment of the countryside, and opportunities to educate and encourage community activity, and for scientific research. But protecting wildlife is the priority. Of the 70 or so throughout Wales, 21 National Nature Reserves are within the boundaries of Eryri National Park, and between them they represent different elements of the varied landscape.

In the Reserves at Morfa Harlech and Morfa Dyffryn on Eryri's Ardudwy coast, we see unique ecosystems, constantly changing as the winds and tide move the sand – building or eroding the dunes and moving the location of the Traeth Bach sandbanks, the channels in Afon Dwyryd, and the muddy creeks on the Glastraeth. Behind the dynamic dunes, with their marram grass billowing like waves in the breeze, there is more stable grassland, a rich and colourful habitat, full of different flowers, bees and butterflies, some of which can be seen nowhere else in the Park. This striking coastal landscape is described as one of our most delightful natural treasures, and you can enjoy it by following the Wales Coast Path along the outer dunes of Dyffryn and along the inner border of Morfa Harlech.

Another habitat abundantly represented by the Reserves in Eryri is oak woodland – our native rainforests – the remains of the wider ancient woodland about which the Owl of Cwm Cawlwyd reminds us. Many of the broadleaved woodlands that have survived are found in narrow, steep gorges, such as Ceunant Llennyrch and Ceunant Cynfal in Dyffryn Maentwrog. The oak's thick canopy, the moisture that rises from the rushing waterfalls, and Eryri's rain, make these strongholds of some extremely rare mosses.

Yr amlycaf o haenau Eryri erbyn hyn efallai – yn groen uwchben yr archeoleg, y dreftadaeth a'r diwylliant, ac ati – ydy prydferthwch y tirluniau amrywiol sy'n denu pobl, o bell ac agos, i'w mwynhau a'u gwerthfawrogi, boed hynny o ffenest trên bach Stiniog neu ar droed o gopa'r Cnicht.

> Hen Gymru fynyddig, paradwys y bardd,
> Pob dyffryn, pob clogwyn i'm golwg sydd hardd.

Nid pawb sy'n gyfarwydd ag ail bennill ein hanthem genedlaethol, ond byddai'n hawdd cyfnewid 'Hen Gymru' am 'Eryri' yn y geiriau uchod, a chytuno hefyd –

> mor swynol yw si
> Ei nentydd, afonydd i mi!

Beyond the Reserves, there are other very important landscapes and habitats in Eryri. For example, the bogs on the Migneint's wide, open land which is another place sometimes described as 'anialdir' – a desert place – but which contribute so much to the work of restoring and protecting peatlands. Through the National Peatland Action Programme, there is much valuable work being done to capture and store carbon, control flooding and protect wildlife.

Like a skin above the archaeology, the heritage, and the culture, perhaps the most obvious of Eryri's layers is the beauty of the diverse landscapes that these days draws people from near and far to enjoy and appreciate them, be that through the window of a little Ffestiniog Railway train or on foot from the summit of Cnicht.

> *Hen Gymru fynyddig, paradwys y bardd,*
> *Pob dyffryn, pob clogwyn i'm golwg sydd hardd.*

> Dear mountainous Wales, a poet's paradise,
> Every valley, every crag is beautiful to my sight.

Not everyone is familiar with the second verse of our national anthem, but it would be easy to swap the words 'Hen Gymru' for 'Eryri' and then agree that –

> *mor swynol yw si*
> *Ei nentydd, afonydd i mi!*

> so enchanting is the murmur
> Of her streams, rivers to me!

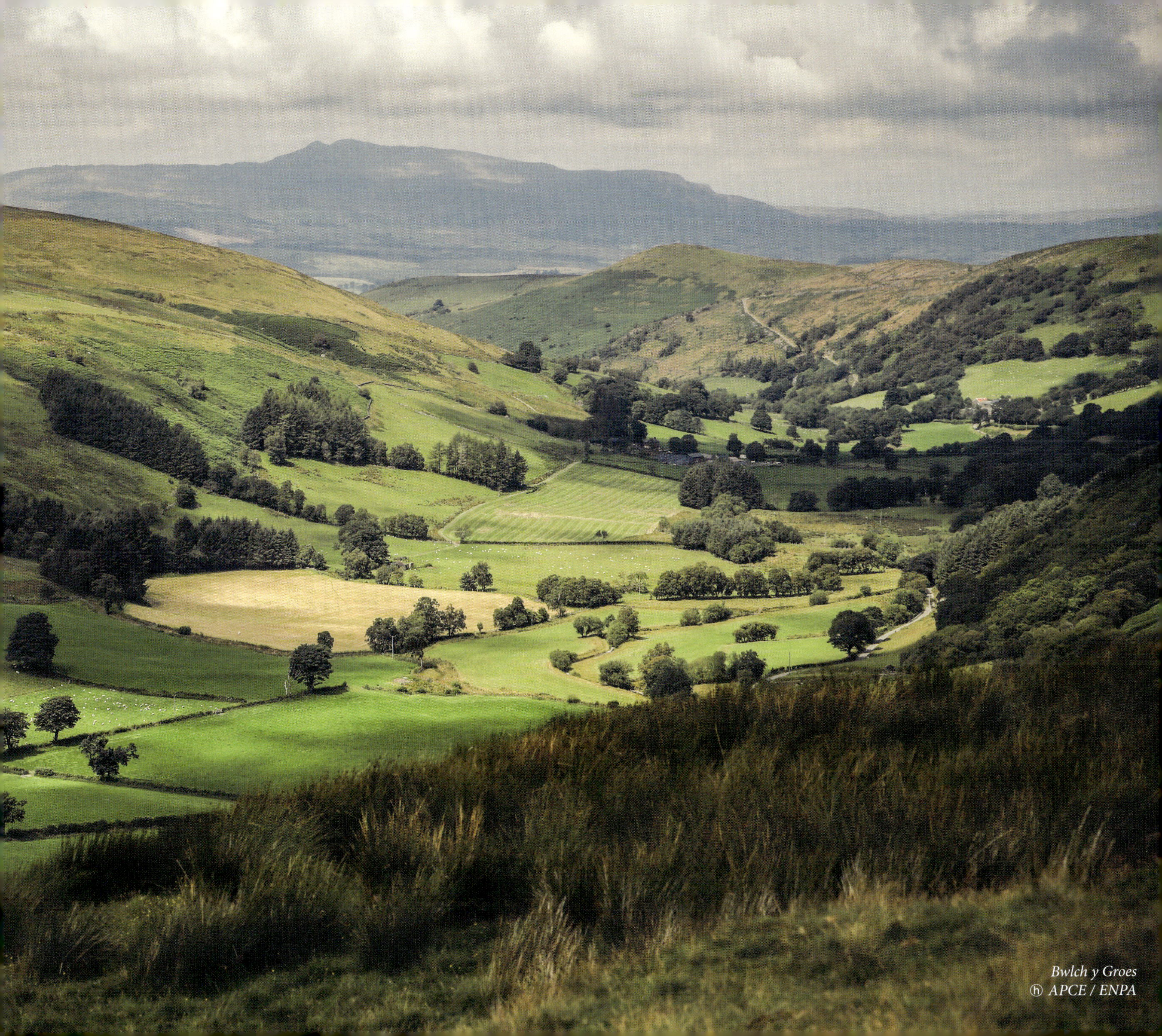

Bwlch y Groes
Ⓗ *APCE / ENPA*

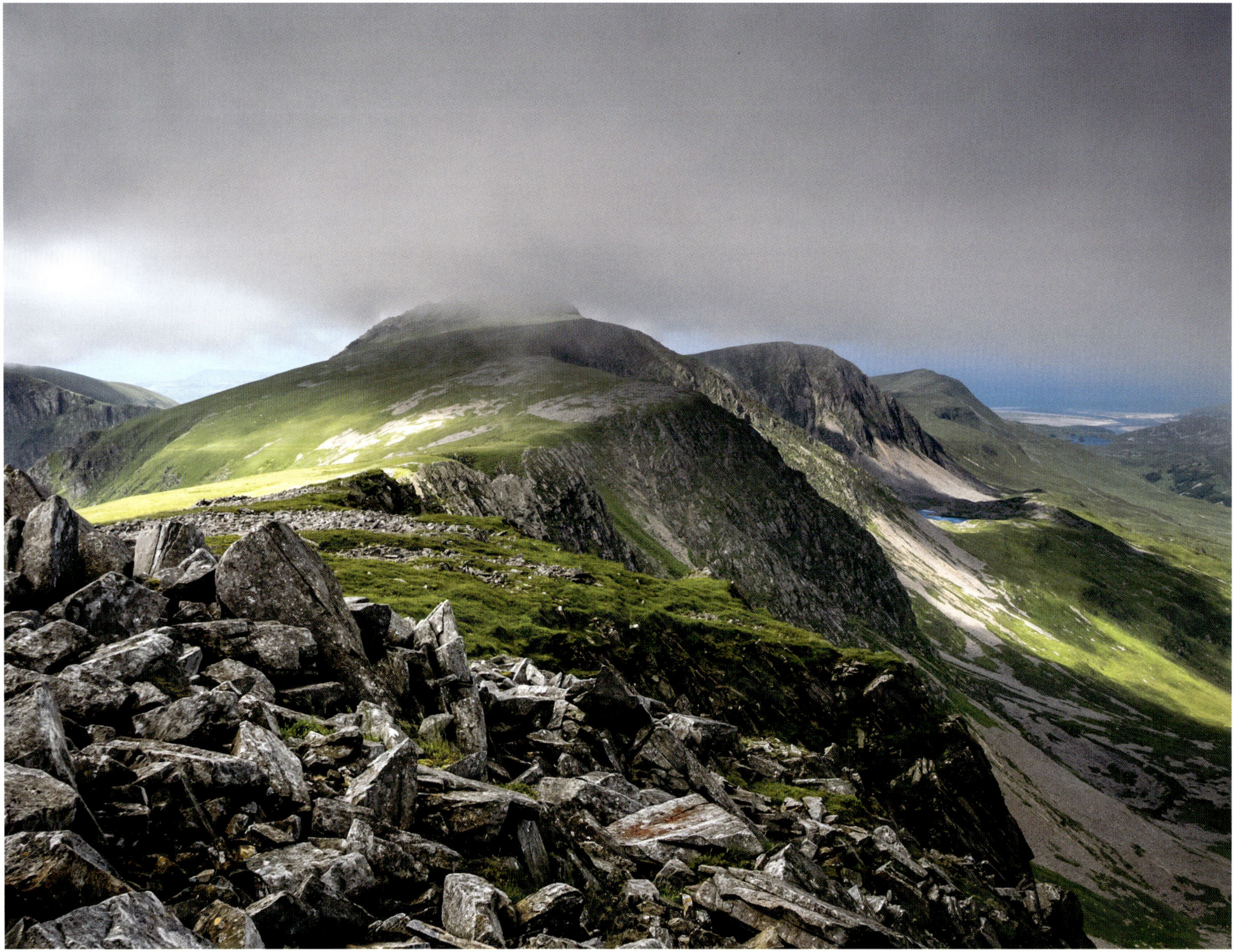

Cader Idris o/from Mynydd Moel
ⓗ *Myfyr Tomos*

Noddfa i rywogaethau

A sanctuary for wildlife

Ben Porter

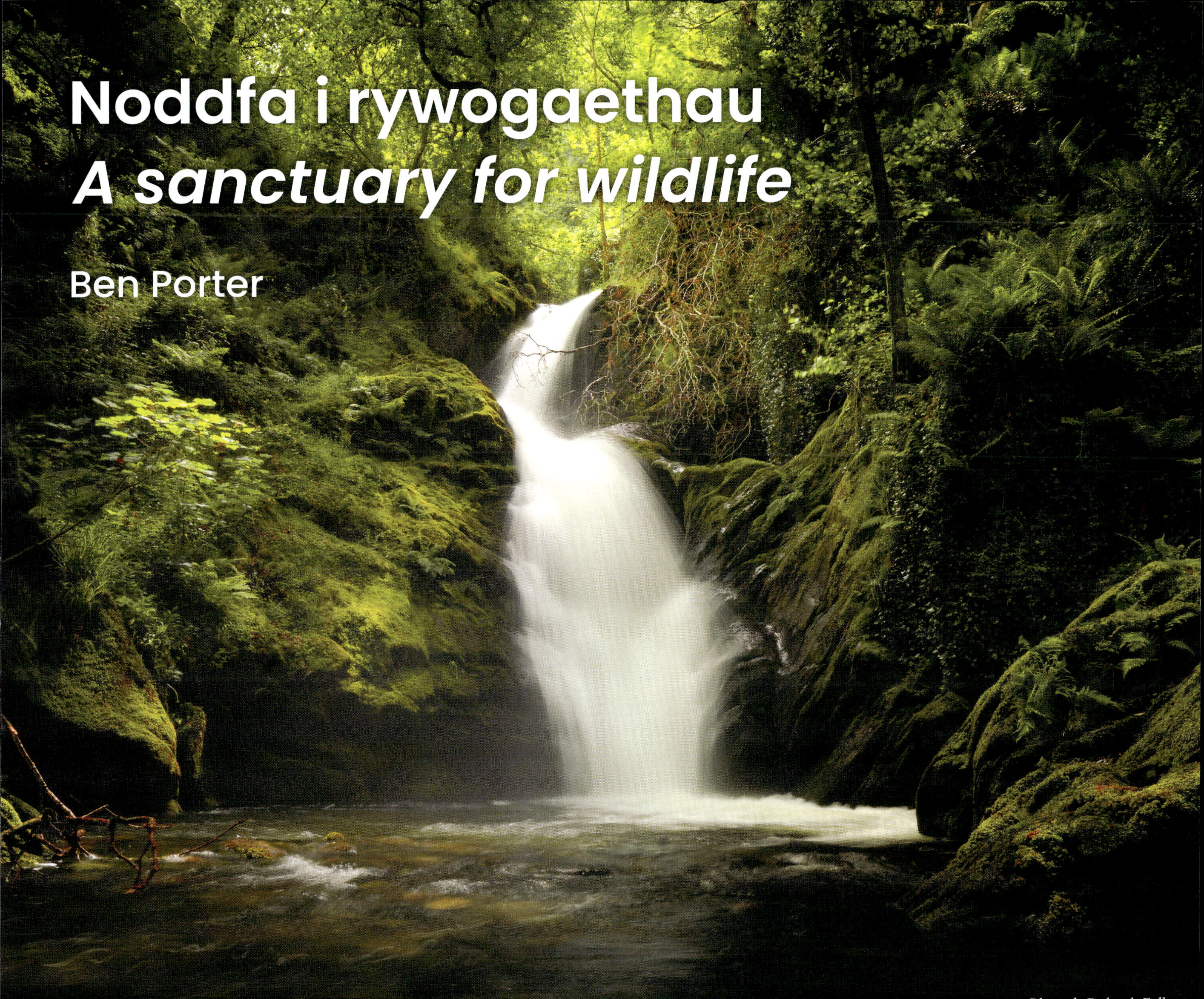

Mae'n ddiwedd Ebrill a'r wawr yn torri wrth droed Cader Idris. Uwch eich pen, mae caer aruthrol Cyfrwy a'i chreigiau igneaidd llyfn yn dal haul cynta'r bore, a chlywir cri drist Mwyalchen y Mynydd yn atseinio o'i chlwyd rywle ar wyneb y graig. Gerllaw, mae gwythïen o graig dywyllach yn dal gafael fel crafanc ym mlodau piws llachar y Tormaen Porffor – gwreichion o liw ar wyneb craig foel. Yma wrth droed y mynydd mawr hwn, mae clytwaith amrywiol o gynefinoedd ffridd o'ch cwmpas: amrywiaeth o goed bychain ar wasgar, clytiau prysglog o eithin, carped o rostir meddal a phorfa agored lle mae defaid mynydd Cymreig a gwartheg duon Cymreig yn pori.

Ar un o'r waliau cerrig niferus sy'n croesi'r bryniau saif y Gog, newydd gyrraedd o Affrica lle bu'n bwydo dros y gaeaf, a chlywir ei deunod clir. Prin fod ton yn torri ar wyneb Llyn Gafr yn llonyddwch y wawr, ac mae dyfroedd oer, clir y ffrwd sy'n rhedeg ohono'n byrlymu i lawr ochr y bryn dros feini blith draphlith. Llifa'r ffrwd hon drwy'r cynefin coedwig law Geltaidd dymherus o Dderw, Bedw ac Onnen sy'n tyfu drwy'i gilydd dan garped o fwsogl, llysiau'r afu a chen, nes cyrraedd aber Afon Mawddach ac ymuno â Bae Ceredigion ymhellach draw.

Anadlwch ac edrych o'ch cwmpas: o'ch blaen mae Parc Cenedlaethol Eryri'n ymestyn draw gan ffurfio gorwel garw o gopaon mynyddig, ceunentydd coediog dwfn a throedfryniau brith, gyda chaeau glas llachar a lleiniau melynllwyd o gorstir rhyngddynt. Dros filoedd o flynyddoedd mae'r dopograffeg amrywiol, amodau hinsoddol deinamig ac ymwneud clòs pobl â'r tir wedi llunio'r dirwedd hon ynghyd â'r rhywogaethau a'r cynefinoedd sy'n cartrefu yma. Bydd sut y gwnawn ni ofalu am y lle ysblennydd hwn yn y blynyddoedd a ddaw yn pennu dyfodol bywyd gwyllt a thirweddau'r Parc am genedlaethau i ddod.

* * *

It's late April in Eryri, and dawn is just breaking on the foothills of Cader Idris. Above you, the towering fortress of Cyfrwy and its smooth, igneous rock is just catching the first of the morning sun, and the melancholy cry of a Ring Ouzel echoes out from its perch somewhere amidst the rock face. Not far away, a darker vein of rock holds the vivid, purple flowers of the Purple Saxifrage – sparks of colour amidst the otherwise barren cliff face. Standing in the foothills of this expansive mountain, you are surrounded by the varied tapestry of *ffridd* habitat: a mosaic of small, scattered trees, scrubby patches of gorse, springy carpets of heathland, and open pastureland grazed by Welsh mountain sheep and Welsh black cattle.

Fresh from its wintering grounds in Africa, a Cuckoo lets out its distinctive call, perched atop one of the many dry-stone walls that criss-cross the undulating landscape. The surface of Llyn y Gafr is barely rippling in the stillness of dawn, and the cool, clear waters of its outflowing stream tumble off down the hillside through jumbled boulders. This stream travels down through the temperate rainforest habitat of tangled Oak, Birch and Ash woodland, carpeted in mosses, liverworts and lichens, before entering the estuary of the Afon Mawddach and leaving into Bae Ceredigion beyond.

You catch your breath and take in the scene: before you, the Eryri National Park stretches off into a jagged horizon of mountainous peaks, deep-cut wooded gorges and speckled foothills, with bright green fields and fawn-coloured stretches of wet boglands in between. The varied topography, dynamic climatic conditions and intimate involvement of people over the millennia have shaped this landscape and the species and habitats which call this place home. How we care for this spectacular place in the coming years will dictate the future of the Park's inspiring wildlife and landscapes for generations to come.

* * *

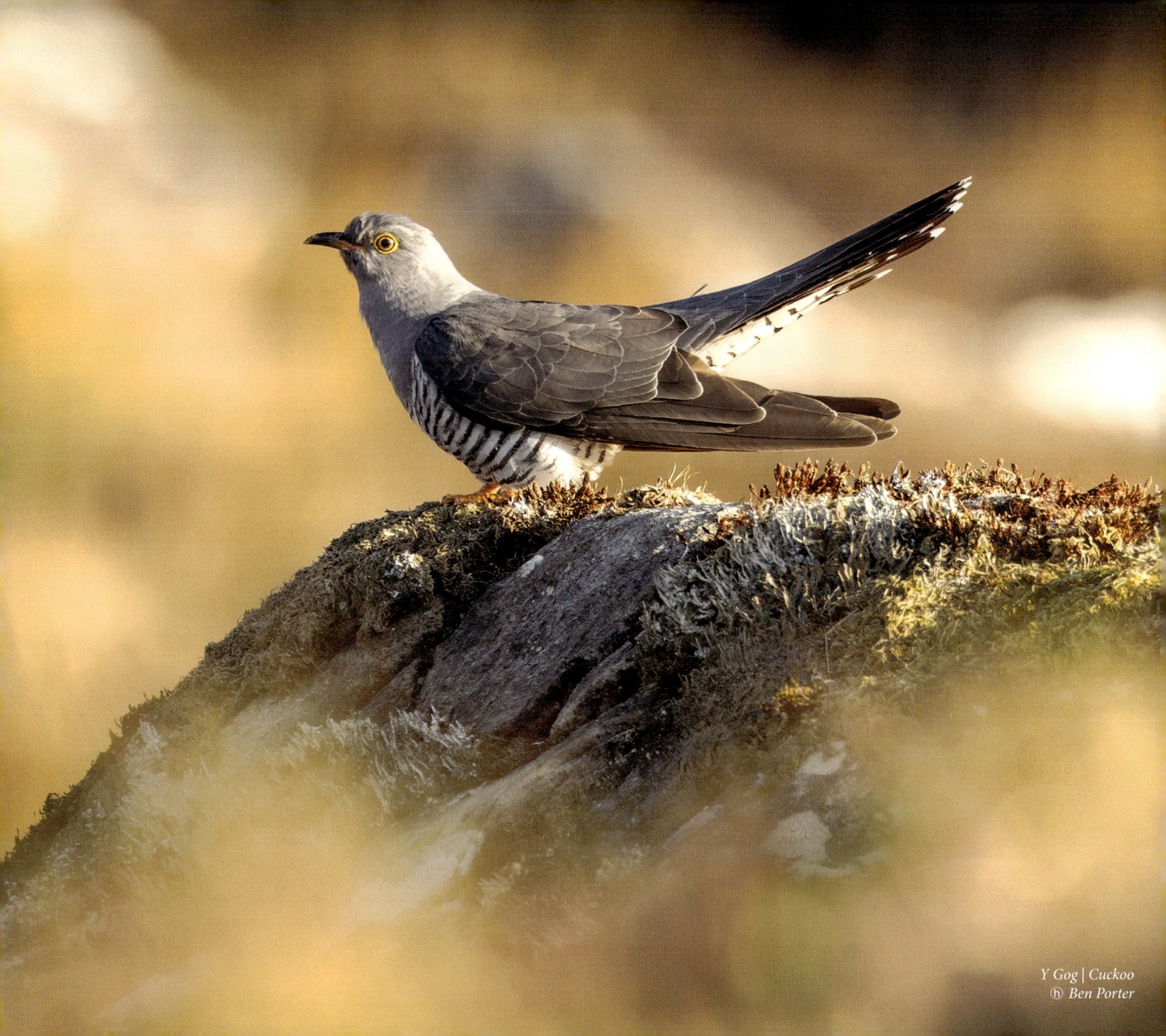

Y Gog | Cuckoo
ⓗ Ben Porter

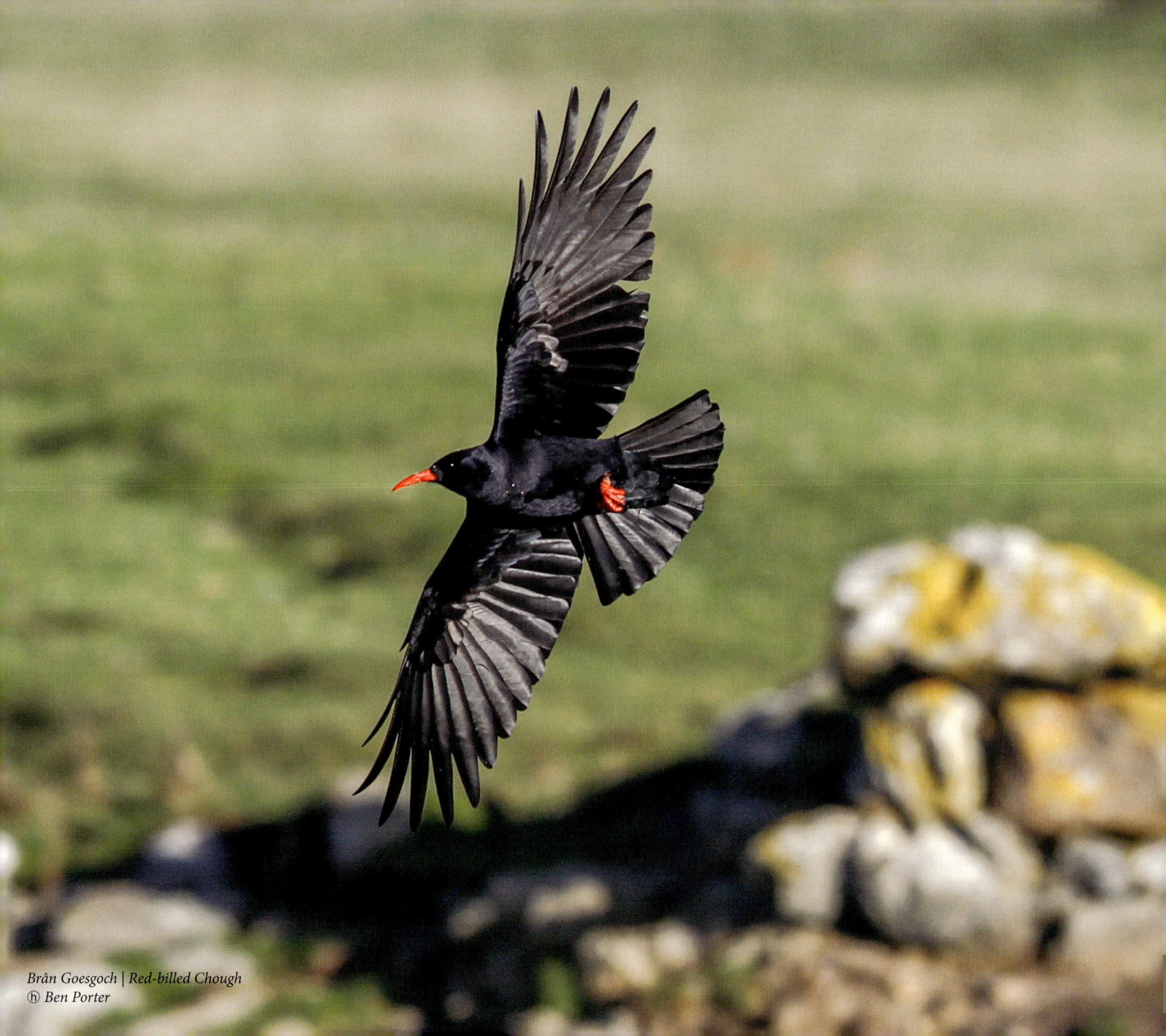

Brân Goesgoch | Red-billed Chough
ⓗ Ben Porter

Nod y bennod hon yw crynhoi rhai o rywogaethau allweddol Eryri a'r cynefinoedd sy'n eu cynnal. Ni honnir bod hon yn rhestr gyflawn o gwbl, ac fe fydd yna bob amser anifeiliaid a phlanhigion yn aros i gael eu darganfod yng nghorneli cudd y lle unigryw a rhyfeddol hwn.

Cynefinoedd y mynydd

Yn sicr, mynyddoedd Eryri yw nodwedd amlycaf y Parc – o lwyfandir eang y Carneddau i derasau grugog gwyllt y Rhinogydd – a dyma ble down ni o hyd i beth o'n bywyd gwyllt mwyaf enigmatig. Mae tri chwarter poblogaeth Brân Goesgoch y Deyrnas Unedig yn byw yng Nghymru; Eryri yw un o'r prif gadarnleoedd, lle maen nhw'n nythu mewn ogofâu a hen weithfeydd ac yn bwydo ar infertebrata yng nglaswelltir y mynyddoedd. Mae adar eraill fel Mwyalchen y Mynydd, y Cudyll Bach a Llinos y Mynydd yr un mor ddibynnol ar yr ardaloedd mynyddig hyn, er bod eu niferoedd ar i lawr yn anffodus a'u bod yn wynebu dyfodol ansicr yma. Mae clogwyni agored, agennau a llethrau creigiog mynyddoedd Eryri'n gartref i gasgliad unigryw o blanhigion 'Arctig-Alpaidd' prin, sydd wedi addasu mewn modd cwbl arbennig i'r amodau oer a garw. Gweddillion o'r cyfnod ôl-rewlifol yw'r planhigion hyn, a gytrefodd yn y dirwedd gerfiedig, ddiffrwyth wrth i'r Cap Iâ Cymreig ddechrau cilio tua 21,000 o flynyddoedd yn ôl. Mae'r rhain yn cynnwys Lili'r Wyddfa, a gafodd ei disgrifio gyntaf i fyd gwyddoniaeth o Eryri (yr unig fan lle mae'n tyfu ym Mhrydain hyd y gwyddom); Heboglys yr Wyddfa brodorol (nad yw'n tyfu yn unman arall yn y byd), a thrysorau fel y Tormaen Siobynnog a Thormaen yr Eira, rhedyn fel y Rhedynen-Woodsia Hirgul, y Rhedynen-Woodsia Alpaidd a'r Rhedyn Celyn, a'r Derig a'i ddail llygaid-rhaffau. Gerllaw'r planhigion gwydn hyn ceir casgliad o blanhigion eraill prin, cymuned 'llysiau tal' sy'n tyfu ar silffoedd mynyddig yn cynnwys y Gronnell, Lliflys y Mynydd, y Pabi Cymreig ac Effros Cymreig.

This chapter aims to summarise some of Eryri's key species and the habitats that support them, although this is by no means an exhaustive list and there are always animals and plants still awaiting discovery in the hidden corners of this unique and wonderful place.

The mountain habitats

The mountains of Eryri are without doubt the Park's foremost defining feature, from the rolling plateau of the Carneddau to the wild, heathery terraces of the Rhinogydd; and it is here that we find some of our most enigmatic wildlife. Over 75% of Britain's Red-billed Choughs are found in Wales, and a key stronghold is in the mountains of Eryri where they nest in caves and old mines and feed on invertebrates in the montane grasslands. Other birds such as Ring Ouzel, Merlin and Twite are similarly dependent on these mountainous areas, although are sadly in decline and face an uncertain future here. The exposed cliffs, crevices and rocky slopes of Eryri's mountains support a unique assemblage of rare 'Arctic-Alpine' plants, uniquely adapted for cold, harsh conditions. These plants are relics of immediate post-glacial times, colonising the scoured, barren landscape as the Welsh Ice Cap receded from *c.* 21,000 years ago onwards. They include the Snowdon Lily, first described to science from Eryri and only known from this location in Britain; the endemic Snowdon Hawkweed (found nowhere else in the world), and wonderful gems such as Tufted and Alpine Saxifrages, ferns such as Oblong Woodsia, Alpine Woodsia and Holly Fern, and the cringle-leaved Mountain Avens. Close to these hardy characters is another assemblage of rare plants, a 'tall herb' community found on the more luscious mountain ledges that includes Globeflower, Alpine Saw-wort, Welsh Poppy and Welsh Eyebright.

Eryri's montane rock screes are nationally important as

Mae llethrau sgri mynyddoedd Eryri'n gynefin pwysig yn genedlaethol, yn cynnal mwsoglau fel y *Dicranodontium asperulum* prin, llysiau'r afu'r mynydd fel y Rhydlys Deifiog, a chen fel *Cornicularia normoerica*; y cyfan ohonynt yn dibynnu ar yr aer glân, llaith sy'n cario draw o Fôr Iwerydd. Ceir cymuned yr un mor unigryw o fryoffytau arbenigol ar gynefinoedd gwely eira bregus yn uchel ar wastadeddau'r Glyderau a'r Carneddau, gan gynnwys y *Pohila ludwigii* prin, Rhydlys Stabler a *Philonotis seriata*. Er na cheir cymaint â hynny o bryfetach yn yr ardaloedd mynyddig agored, gwyddom fod y Chwilen yr Wyddfa hynod brin i'w chael ar lethrau deheuol Yr Wyddfa (yr unig le ym Mhrydain), tra bo gwyfynod prin, brodorol, gan gynnwys y Gwladwr Cymreig, yn byw ar sgri mynydd creigiog, a Thon Gwynedd ar rai gelltydd lle mae Grug a Chreiglus yn tyfu.

Islaw'r clogwyni a'r cribau agored ceir amryw o lynnoedd mynyddig mewn ceudodau a gerfiwyd yn y dirwedd gan rewlifoedd. Mae'r rhain yn cynnal cymuned bwysig o blanhigion y dŵr yn eu dyfroedd clir, croyw fel Gwair Merllyn, Pelenllys Gronynnog a Bidoglys y Dŵr, ynghyd â Llyriad-y-Dŵr Arnofiol prin mewn rhai ardaloedd. Mae unig boblogaethau Cymru o Dorgoch yr Arctig, a elwir yn Torgoch yn lleol, yn byw yn llynnoedd dyfnach Eryri, megis Llyn Padarn a Llyn Cwellyn. Mewn un llyn yn unig yn yr holl fyd y ceir pysgodyn gwyn brodorol o'r enw Gwyniad, sef Llyn Tegid ger y Bala. Llyn Tegid yw'r unig fan drwy Brydain lle ceir y Falwen Ludiog hynod brin hefyd, sydd angen dŵr clir anllygredig.

Coedwigoedd glaw Celtaidd tymherus a choetiroedd hynafol

Ar y ffordd i lawr o fynyddoedd garw Eryri, mae'r ffrydiau a'r afonydd sy'n draenio'r ucheldir yn byrlymu drwy geunentydd,

a habitat, supporting mosses such as the rare Orange Mow-moss, montane liverworts such as Scorched Rustwort, and lichens such as the Mountain Bootstrap Lichen; all of which depend on the clean, moist air drifting in from the Atlantic to exist here. A similarly unique community of specialist bryophytes exist on the fragile snow-bed habitats high on the plateaus of the Glyderau and Carneddau, including the rare Ludwig's Thread-moss, Stabler's Rustwort and Spiral Apple-moss. Although insects are not abundant in the exposed mountain regions, the incredibly rare Snowdon Leaf Beetle is known on some of the south-facing slopes of Yr Wyddfa (its only British location), whilst rare and endemic moths include the Ashworth's Rustic, inhabiting areas of rocky mountain scree, and the Weaver's Wave on some hillsides where Ling Heather and Crowberry grow.

Below the cliffs and exposed ridges is an array of mountain lakes occupying hollows carved out of the landscape by glaciers. These support an important community of aquatic plants in their clear unpolluted waters, such as Quillwort, Pillwort and Water Lobelia, along with the scarce Floating Water-plantain in some areas. Eryri's deeper lakes like Llyn Padarn and Llyn Cwellyn support Wales's only populations of Arctic Charr, known locally as Torgoch, whilst an endemic whitefish called Gwyniad is known from just a single lake in the entire world, in Llyn Tegid near Bala. With similar requirements for clear, pollution-free water is the critically endangered Glutinous Snail, also found solely in Llyn Tegid within Britain.

Temperate rainforests and ancient woodlands

Descending from Eryri's rugged mountains, the streams and rivers draining its uplands tumble through ravines, gorges and wider lowland valleys on their journey seaward. In these

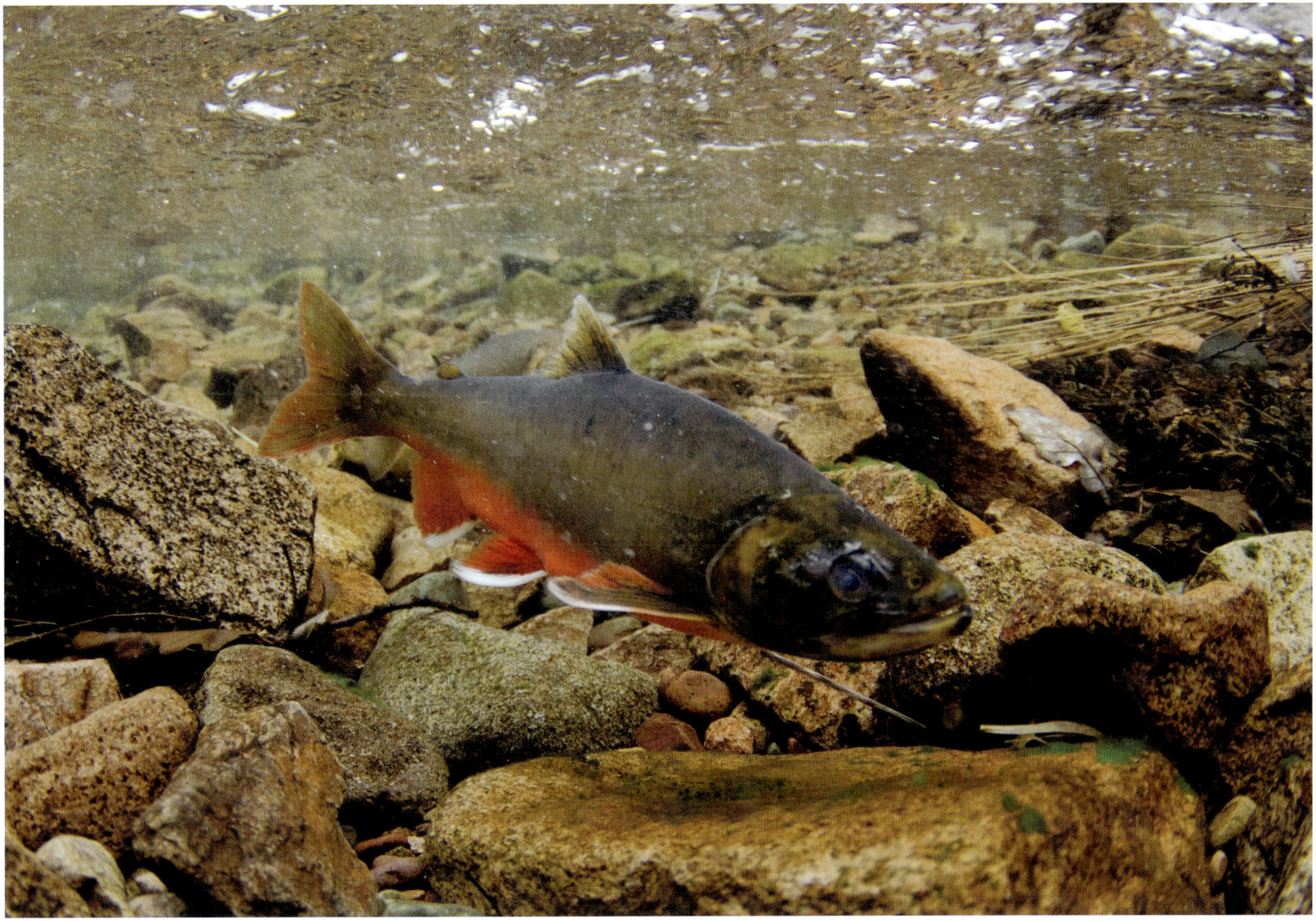

Torgoch | Arctic Charr
ⓗ *Jack Perks*

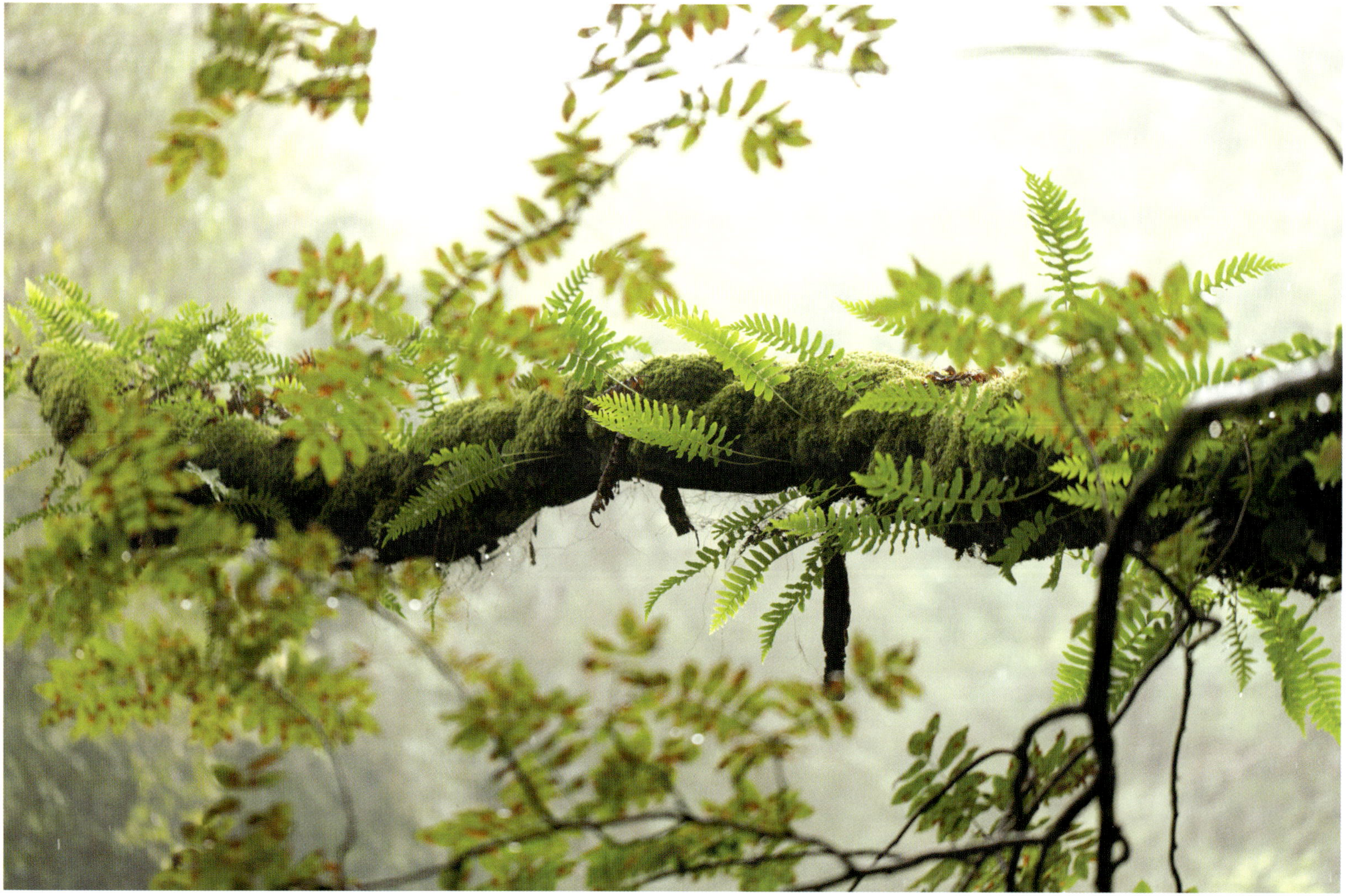

Canghennau addurnedig | Festooned branches
ⓗ Ben Porter

hafnau a dyffrynnoedd ehangach yr iseldir wrth ymdroelli tua'r môr. Yn y bryniau isel agennog hyn, mae un o ecosystemau mwyaf hudolus a lledrithiol y Parc: y goedwig law Geltaidd, fel y'i gelwir ar lafar. Mae'r deyrnas goediog hon yn cynnwys sawl cynefin penodol nad ydynt ond i'w cael mewn ychydig iawn o leoedd eraill ledled y byd, o geunentydd afon llawn mwsogl Coedydd Maentwrog, i goedwigoedd Derw'r Fawddach a choed Cyll dan orchudd o gen ar lethrau isaf y Rhinogydd. Y tywydd gwlyb rydym ni yng Nghymru mor enwog amdano sy'n rhoi'r cynefin hwn i ni: yn drwm dan ddylanwad Môr Iwerydd gerllaw sy'n creu llawer o leithder a glaw cyson drwy'r flwyddyn, ynghyd â gaeafau gweddol gynnes a hafau heb fod yn rhy boeth. Mae'r cyfuniad hwn yn creu amodau perffaith i gen, mwsoglau, llysiau'r afu a rhedyn – nodwedd amlycaf cynefinoedd coedwigoedd glaw Celtaidd – ffynnu gan addurno canghennau coed, meini ar lawr coetiroedd a wyneb creigiau ceunentydd afonydd.

Ardaloedd pwysicaf coedwigoedd Celtaidd Eryri yw'r rheini lle mae coetiroedd cynhenid, hynafol yn dal eu tir. Mae'r coed a'r coetiroedd hynafol hyn yn cynnal mwy o rywogaethau bregus a rhai dan fygythiad nag unrhyw gynefin arall yng Nghymru – mwsoglau, llysiau'r afu a chen yn bennaf. Mewn naw safle yn unig ym Mhrydain y mae *Sematophyllum demissum* i'w gael, y rhan fwyaf ohonynt o fewn coetiroedd cefnforol Eryri, ac mae'r cen prin *Pyrenula hibernica* wedi'i gyfyngu yng Nghymru i nifer fach o goed Cyll hynafol yn nyffrynnoedd llawn dŵr glaw Eryri. Ymhlith y llu rhywogaethau prin eraill y mae *Radula voluta*, y Llychlys Danheddog, a'r *Hageniella micans*.

Coed Derw Digoes yw'r brif rywogaeth yn llawer o goetiroedd cynhenid y Parc, a'r coedwigoedd Derw godidog hyn yw prif gadarnle Prydain ar gyfer yr Ystlum Pedol Lleiaf, sy'n clwydo yn yr hen weithfeydd ac ogofâu sy'n frith

fissured foothills, we find one of the Park's most enchanted and magical ecosystems: the temperate rainforest. Known colloquially as the Celtic rainforest, this wooded realm encompasses several distinct habitats found in few other places in the world, from the moss-laden river gorges of Coedydd Maentwrog woods to the Oakwoods of the Mawddach and lichen-clad Atlantic Hazelwoods of the Rhinogydd's lower hillsides. It is Wales's infamously wet weather that is responsible for this habitat: influenced so heavily by the nearby Atlantic, its oceanic climate produces high humidity and regular rainfall throughout the year, coupled with relatively warm winters and cool summers. This combination creates the perfect conditions for lichens, mosses, liverworts and ferns to flourish – the defining feature of temperate rainforest habitats – which festoon the branches of trees, the boulders of woodland floors and the rock faces of river gorges.

The most important areas of Eryri's rainforests are where ancient, native woodlands persist. It is these old trees and woodlands that support more threatened and vulnerable species than any other habitat in Wales, primarily in the form of mosses, liverworts and lichens: Prostrate Signal Moss is known from only nine sites in Britain, most of which are within Eryri's oceanic woodlands, and the rare lichen Blackberries in Custard is restricted within Wales to just a few ancient Hazel trees in the rain-soaked valleys of Eryri. A plethora of other rare species include Pale Scalewort, Toothed Pouncewort, Sparkling Signal Moss, as well as lichens with enigmatic and curious names such as Skeletal Fingers Lichen, Parchment Lichen, Textured Lungwort, Tumbling Kittens and Ragged Specklebelly.

Sessile Oak forms the main canopy species across many of the Park's native woodlands, and these magnificent Oakwoods are Britain's stronghold for Lesser Horseshoe Bats, which roost

drwy'r dirwedd. Mae'n ddigon posib y gallem ni gael cip ar y Bele swil yma, yn llercian ar hyd boncyffion coed sydd wedi cwympo yn y prysgwydd, gwirioni ar lesni Clychau'r Gog yn y gwanwyn, neu fod yn ddigon lwcus i weld Pathew tew ar gwlwm coesyn Gwyddfid ddiwedd yr haf. Pan ddaw'r gwanwyn, yr hen goed Derw cnotiog, crebachlyd hyn fydd yn atseinio i gân y Gwybedog Brith eto, ynghyd ag adar eraill sy'n byw o fewn y coetiroedd fel Telor y Coed, y Tingoch a'r Gylfinbraff.

Rhwng y coed Derw ceir clystyrau o goed Bedw (Cyffredin ac Arian); yn yr hydref gwelir ffwng trawiadol yn tyfu arnynt fel Amanita'r Gwybed (*Amanita muscaria*) a Boled Melyngoch y Bedw *(Leccinum versipelle)*, ynghyd â rhywogaethau prinnach fel y Cap Llaeth Barfog Melyn (*Lactarius chrysorrheus*). Mewn priddoedd dyfnach a mwy tamp deuwn ar draws clystyrau o goed Ynn, Gwern, Pisgwydd Dail Bach a'r Llwyfen Lydanddail. Coed a llwyni eraill sy'n chwarae rhan bwysig yn nhirwedd y goedwig Geltaidd hon yw Coed Afalau Surion, Criafol, Ysgaw, yr Helygen Lwyd, y Ddraenen Ddu a'r Ddraenen Wen, y Gelynnen ac ambell Aethnen. Ceir amrywiaeth o bryfetach ar draws y cynefinoedd micro hyn; gwelir gwyfynod prin fel y Cliradain Cymreig ar goed Bedw aeddfed ar lethrau agored, ac mae'r *Anania funebris* yn byw mewn dyrnaid o lennyrch coediog ger Dolgellau. Mae'r afonydd sy'n rhaeadru drwy rai o geunentydd a hafnau Eryri yn glir, claear ac anllygredig, ac yma, ar hyd Afon Eden, mae unig gadarnle'r Fisglen Berlog.

Corsydd a mawndir

Mae corsydd gorllewin Prydain yn hynod bwysig yn fyd-eang, o ran eu bywyd gwyllt unigryw a'u storfeydd carbon anferthol. Ceir ardaloedd mawr a thra phwysig o'r cynefin corslyd hwn yn Eryri, wedi ffurfio mewn hinsawdd lled oer gyda llawer o law, lle bo'r planhigion yn creu 'blanced' o fawn wrth bydru'n araf.

in the old mines and caves that pucker the landscape. It is here that we might also spot the elusive Pine Marten slinking along fallen beams in the understory, delight in the haze of Bluebell flowers in spring, or glimpse the rotund form of a Hazel Dormouse in late summer on a tangle of Honeysuckle vines. Come spring, it is these gnarled, wizened Oakwoods that will chime with the song of Pied Flycatchers once more, along with similarly restricted woodland specialist birds such as Wood Warblers, Redstarts and Hawfinches.

Amidst the Oakwoods are stands of Birch (both Downy and Silver), which can support spectacular flushes of fungi like Fly Agaric and Orange Birch Bolete in autumn, along with rarer species such as the Yellow Bearded Milkcap. In deeper, damper soils we find stands of Ash, Alder, Small-leaved Lime and Wych Elm, whilst Crab Apple, Rowan, Elder, Grey Willow, Blackthorn, Hawthorn, Holly and occasional Aspen are among the other trees and shrubs which play an important role within this rainforest landscape. Insect life is diverse and varied across these micro habitats, with scarce moths such as the Welsh Clearwing found on mature Birch trees on open hillsides, and the White-spotted Sable moth known from a handful of wooded glades near Dolgellau. The rivers tumbling through some of Eryri's gorges and ravines are clear, cool and unpolluted, and it is here that we find the only remaining stronghold for the rare Freshwater Pearl Mussel along the Afon Eden.

Blanket bogs and peatlands

The bogs of western Britain are of immense importance globally, both for their unique wildlife and immense stores of carbon. Eryri hosts some very important, large areas of this blanket bog habitat, which forms in cool climates with high rainfall, where the slow decay of plant material

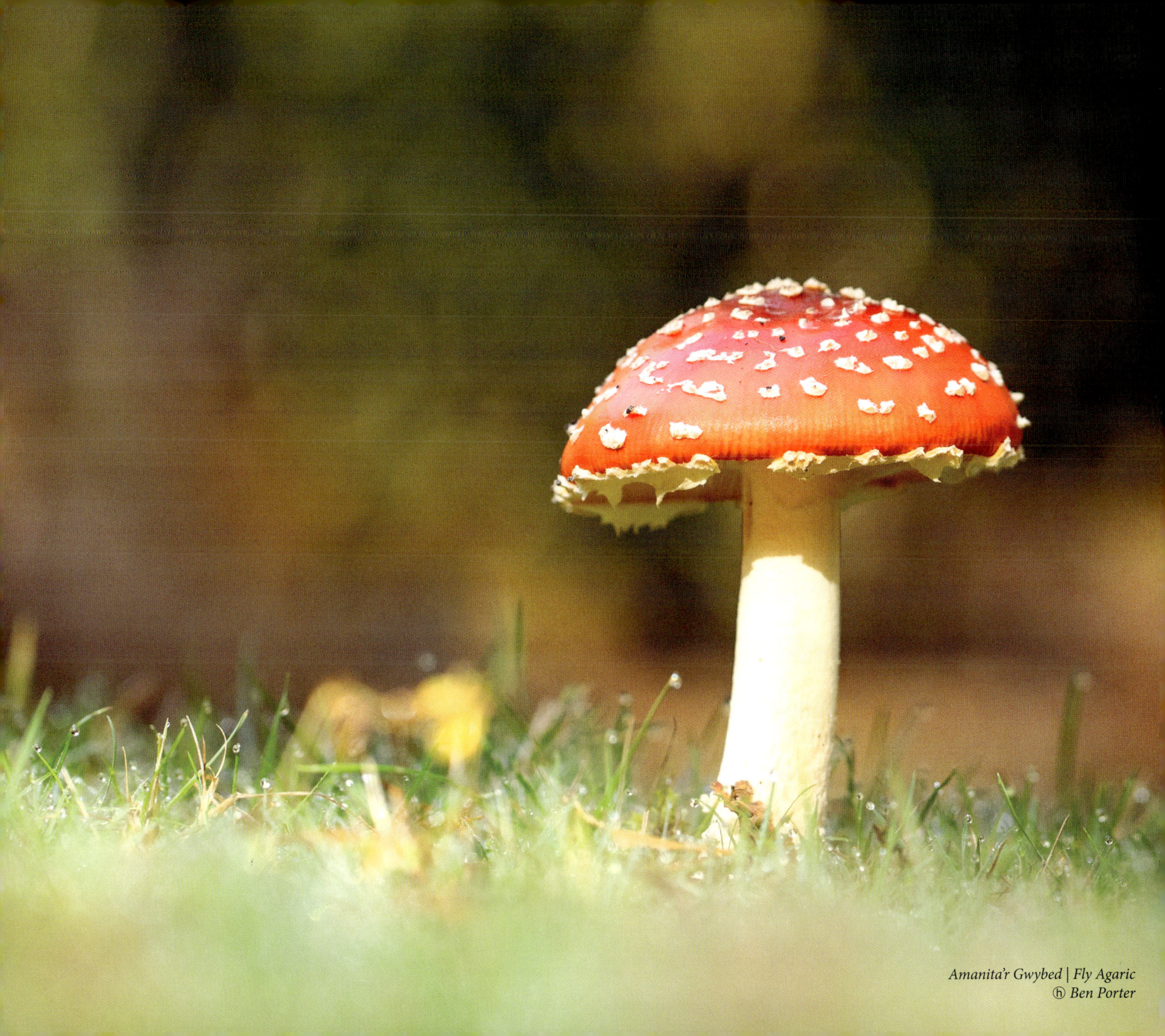

Amanita'r Gwybed | Fly Agaric
Ⓗ *Ben Porter*

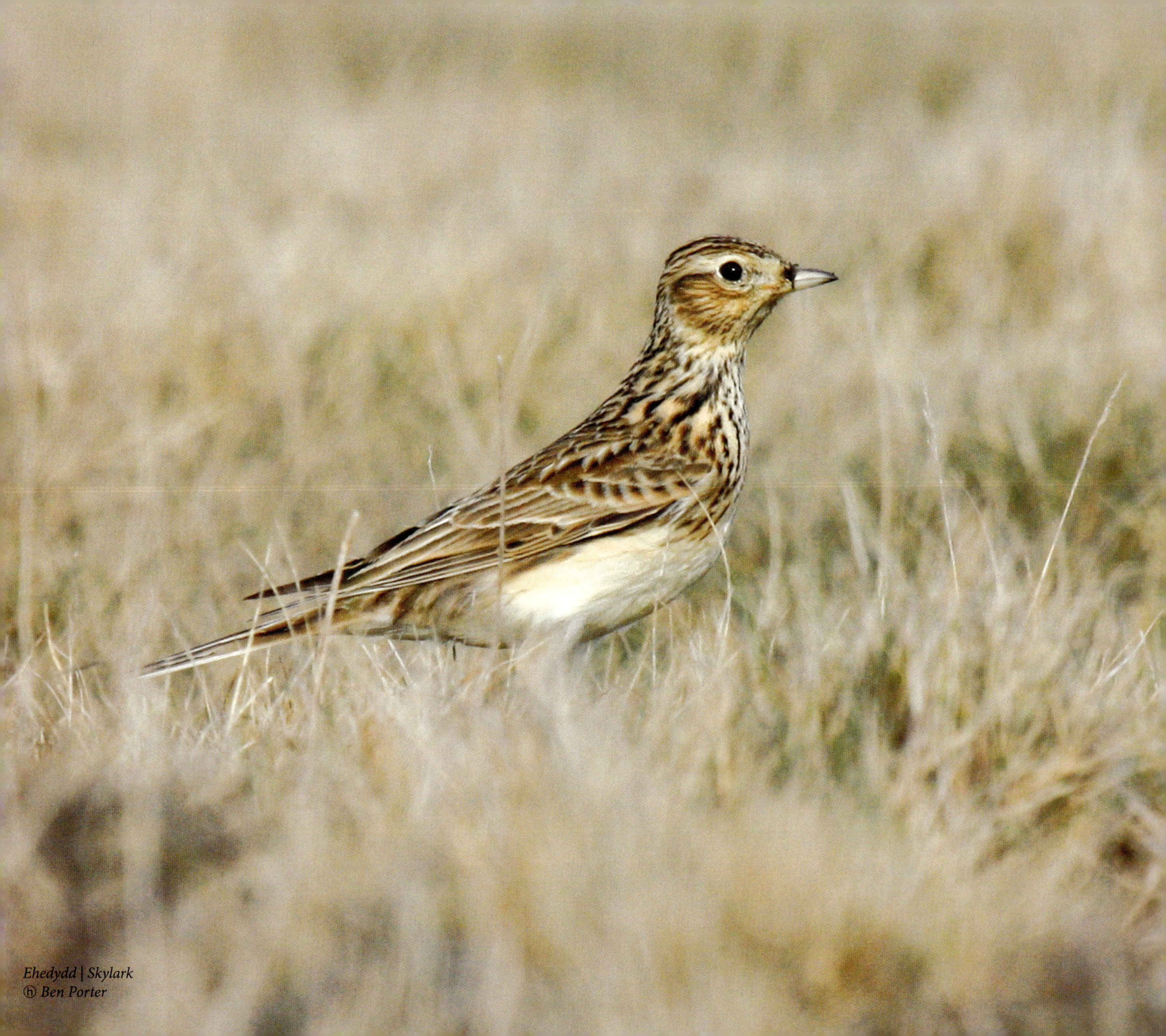

Ehedydd | Skylark
ⓗ *Ben Porter*

Ceir lefel trwythiad uchel, mwsoglau cors sbyngaidd a llystyfiant arwyneb unigryw yma fel Plu'r Gweunydd a grug. Un o'r golygfeydd hyfrytaf yn Eryri yn yr haf yw gweld pennau Plu'r Gweunydd yn cyhwfan a chlywed cân yr Ehedydd, sy'n codi calon yn ddi-feth.

Mae'r union gasgliad o rywogaethau a geir o fewn y corsydd hyn yn amrywio'n dibynnu ar y lleoliad, y dopograffeg leol, pa mor uchel yw'r safle a faint o ddŵr agored sydd yno. Ceir eangderau mawr o gorsydd mewn ardaloedd ucheldir mwy gwastad fel y Migneint; yno weithiau clywir cri hiraethus y Gylfinir, gwelir amlinell y Bod Tinwen fel ysbryd a'r Cwtiad Aur sy'n mynd yn brinnach bob gafael. Dro arall, nifer fach o rywogaethau a geir yn swatio rhwng cerrig brig a choetiroedd gwasgaredig mewn ardaloedd llai agored, lle gallem fod yn ddigon lwcus i weld glöyn byw prin, sef Britheg y Gors, ar ddyddiau braf yn yr haf.

Mae cymunedau llystyfiant amrywiol y cynefinoedd cors hyn yn gasgliad unigryw a gwydn. Mwsoglau'r Gors (genws *Sphagnum*) yw'r rhywogaeth allweddol; mae'r rhain yn gweithredu fel sbyngau gwlyb mewn pyllau a phantiau mawnog ac yn creu mawn wrth i'w gweddillion marw grynhoi dros gyfnod o filoedd o flynyddoedd. Ymhlith y cymunedau hesg, mwsoglau, llysiau a llwyni sy'n tyfu'n agos i'r ddaear mae'r Gwlithlys, Tafod y Gors a'r Chwysigenddail Bach sy'n bwyta pryfetach, Llygaeron ac Andromeda'r Gors cain, a rhywogaethau llawer prinnach fel Cnwp-fwsogl y Gors ar ymylon pyllau gwlyb, y Gorsfrwynen Wen mewn pantiau mawn bas, a'r Gylflys Cymreig sy'n brin drwy'r holl wlad mewn ardaloedd o rostir llaith. Bydd corsydd â phyllau agored ag ymylon gwlyb yn berwi o bryfetach yn yr haf, yn cynnwys creaduriaid fel y Gwas y Neidr Eurdorchog a Gweirlöyn Mawr y Waun.

creates a 'blanket' of peat. These exceedingly wet habitats are characterized by a high water table, spongy bog mosses, and unique surface vegetation like cotton-grasses and heathers. The vista of white, bobbing heads of Cottongrass and uplifting song of Skylarks come summer is one of the most joyous scenes to behold in Eryri.

The exact assemblage of species occurring within these blanket bogs varies depending on location, local topography, altitude and the degree of open water. They can form large expanses on flatter upland regions such as the Migneint, where the haunting cry of the Curlew might be heard alongside the ghostly silhouette of the Hen Harrier and the increasingly rare Golden Plover; or small deposits can be nestled between rocky outcrops and scattered woodland in less exposed areas, where we might find the scarce Marsh Fritillary butterfly on sunnier summer days.

The varied vegetation communities of these bog habitats are a unique and hardy assemblage: Bog Mosses (*Sphagnum* genus) are the keystone species, acting as wet sponges in pools and peaty depressions, and actively form peat through the build-up of their dead remains over millennia. Low-growing communities of sedges, mosses, herbs and shrubs include the insect-eating Sundews, Butterworts and Lesser Bladderwort, delicate Cranberry and Bog Rosemary, and much rarer species such as the Marsh Clubmoss in wet pool margins, White-beaked Sedge in shallow peat depressions and the nationally rare liverwort Welsh Notchwort in areas of humid heath. On blanket bogs where open pools and wet margins occur, an array of insect life proliferates during summer and includes the likes of Golden-ringed Dragonflies and the rare Large Heath butterfly.

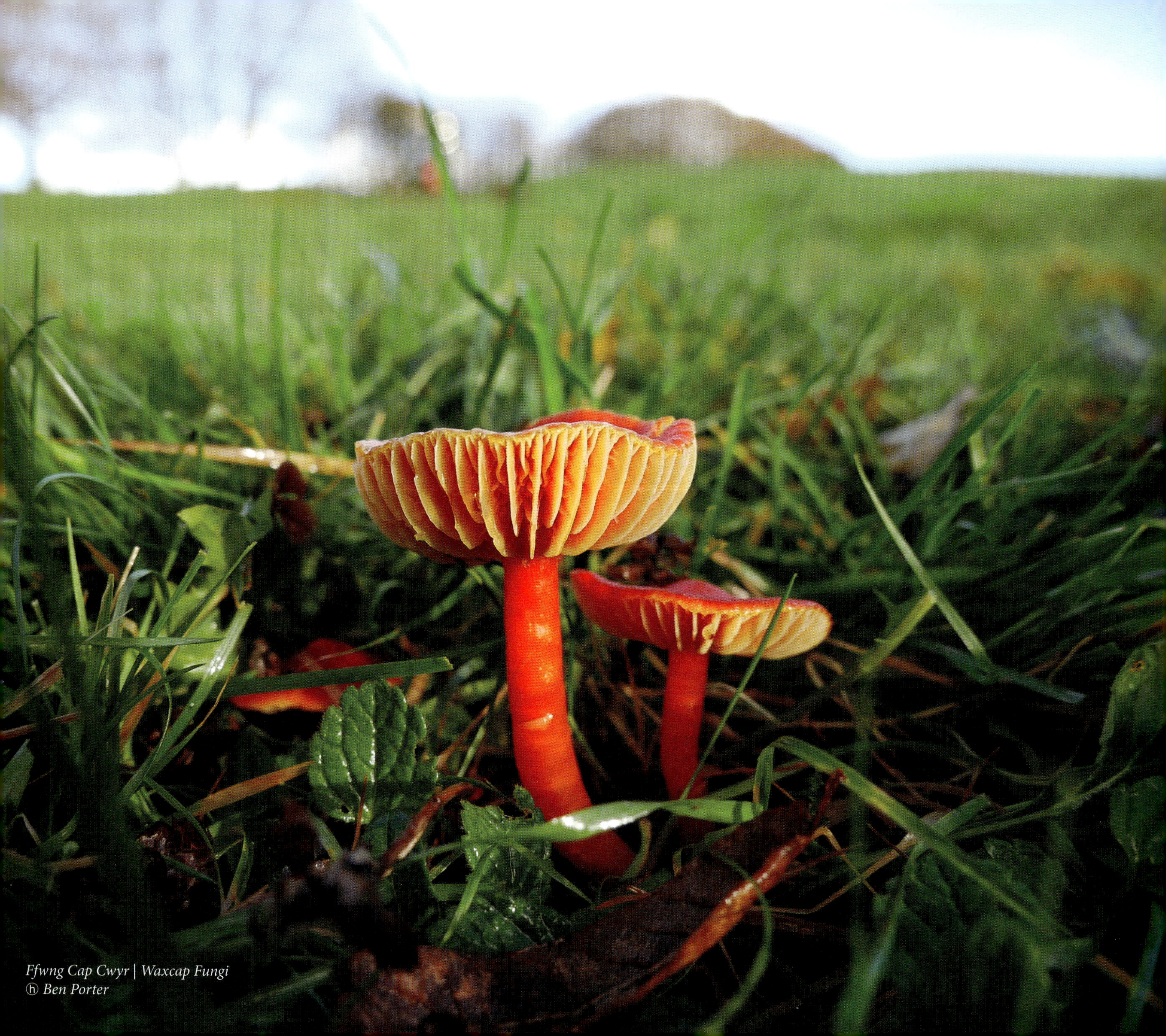

Ffwng Cap Cwyr | Waxcap Fungi
ⓗ *Ben Porter*

Twyni arfordirol, hen ddolydd a chynefinoedd diwydiannol

Er bod y tri chynefin allweddol a ddisgrifir uchod yn drysorau symbolaidd o Eryri, mae llu o gynefinoedd lled-naturiol eraill sy'n cynnal rhywogaethau prin yn y clytwaith tirwedd hwn. Mae ffin arfordirol Eryri yn cynnwys system dwyni Morfa Harlech a Morfa Dyffryn; cynefin symudol deinamig sy'n gartref i lysiau'r afu prin o'r enw Petal-lys a dyf mewn pantiau gwlyb o dywod llawn cregyn, Chwilen Deigr y Twyni sgrialog ynghyd â chyfoeth o rywogaethau tegeirianau fel Tegeirian y Gors digon prin a geir mewn llaciau twyni mwy tamp. Mae gwelltiroedd sydd heb eu gwella a hen ddolydd yn hynod werthfawr am eu cyfoeth o flodau gwylltion a ffwng capiau cwyr sy'n ddibynnol ar dir heb ei droi, yn cynnwys y Cap Cwyr Pinc a'r Cap Cwyr Brown neu Lwydfelyn. Ac wedyn dyna'r rhywogaethau hynny sydd wedi gwneud eu cartref yn nhirwedd ôl-ddiwydiannol gweithfeydd a chwareli Eryri, o Fwsogl y Plwm brodorol a geir yn fforest Gwydir yn unig, i lysiau'r afu Edeulys y Mwynbridd ac Edeulys y Copr mewn ardaloedd lle ceir hen weithfeydd copr, a phlanhigion prin eraill fel Codywasg y Mwynfeydd a'r Dduegredynen Fforchog.

Y gorffennol, y presennol a'r dyfodol

Ciplun sydyn yn unig a gafwyd drwy'r wibdaith hon ar fywyd gwyllt unigryw Eryri yn y dirwedd ddeinamig yma sy'n newid yn gyson. Ers sefydlu'r Parc rydym wedi gweld gostyngiad pryderus mewn nifer o rywogaethau a arferai fod yn gyffredin, ac mae llawer mwy yn wynebu dyfodol ansicr yn sgil effaith newid cyflym yn yr hinsawdd, gyda'i danau gwyllt, llifogydd, stormydd eithafol a thymhorau sy'n newid. Ar yr un pryd, rydym wedi gallu dathlu dychweliad sawl rhywogaeth oedd wedi darfod o'r tir neu'n agos at fynd i ddifancoll yn yr ardal

Coastal dunes, old meadows and the industrial past

Whilst the three key habitats featured above are emblematic jewels of Eryri, there are countless other semi-natural habitats that support rare species in this patchwork landscape. The coastal frontier of Eryri encompasses the sand dune system of Morfa Harlech and Morfa Dyffryn; a dynamic shifting habitat supporting the scarce liverwort called Petalwort in wet hollows of shell-rich sand, the scuttling Dune Tiger Beetle and a plethora of orchid species such as the scarcer Marsh Orchids in damper dune slacks. Unimproved grasslands and old meadows are of immense value for their wildflower richness and waxcap fungi which depend on undisturbed soils, and these include the Pink Meadow Waxcap and Date-coloured Waxcap. There are also those species that have colonised the post-industrial landscapes of Eryri's mines and quarries, from the endemic and highly restricted Lead-moss in the Gwydir forest, to the liverworts Greater and Lesser Copperwort in old copper mining regions, and other scarce plants such as Alpine Penny-cress and Forked Spleenwort.

Past, present and future

Taken together, this whistle-stop tour of Eryri's unique wildlife provides merely a snapshot in time amidst this ever changing, dynamic landscape. We have witnessed worrying declines in a host of once common species since the Park's founding years, and many more face uncertain futures under the effects of rapid climate change, with its wildfires, floods, extreme storms and shifting seasons. At the same time, we have celebrated the return of many species once extinct or close to being lost from this region; from Pine Martens and Ospreys to Red Kites and Otters. Recognition of historic damage to the landscape

hon; o'r Bele a Gwalch y Pysgod i'r Barcud Coch a'r Dyfrgi. Bu cydnabod y difrod hanesyddol i'r dirwedd yn gyfrwng i ysgogi gwaith adfer sylweddol ar gorsydd mawn a ddifethwyd; gwaredwyd coed Rhododendron o'r coedwigoedd, a chafwyd symudiad yn ôl at systemau ffermio cynaliadwy sy'n gweithio law yn llaw â natur. Yn union fel y mae pobl wedi llunio'r dirwedd hon a'r bywyd gwyllt y mae'n ei gynnal dros filoedd o flynyddoedd, mae cyfrifoldeb arnom ninnau i gyd yn y bennod nesaf hon yn hanes Eryri i sicrhau fod ei hecosystemau'n ffynnu a'i thir yn ddigon gwydn i wynebu pa heriau bynnag fydd o'i blaen yn y dyfodol.

has already galvanised the large-scale restoration of degraded peat bogs, the removal of suffocating Rhododendron from its woods, and the move back towards sustainable farming systems which work hand in hand with nature. Just as people have shaped this landscape and the wildlife it supports across millennia, we all have a responsibility in this next chapter of Eryri to ensure its ecosystems flourish and its land is resilient to whatever challenges the future has in store.

Pobl yn gadael eu hôl

People making their mark

Elin Tomos

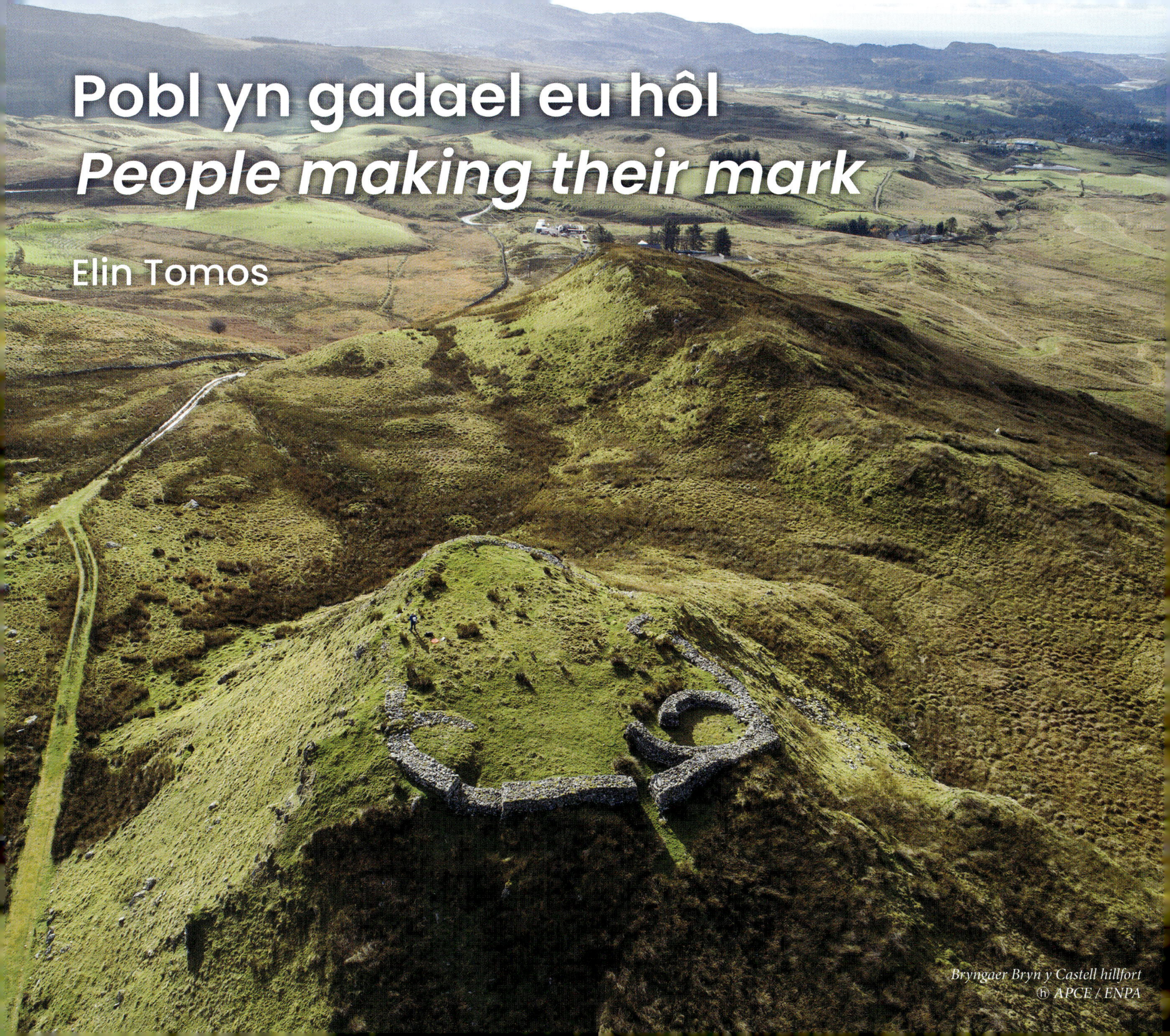

Bryngaer Bryn y Castell hillfort
Ⓗ APCE / ENPA

Nid yw stori Eryri'n un guddiedig, mae modd gweld a phrofi ei hanes o'n cwmpas heddiw. O garneddi ei chopaon i lwybrau ei llethrau, o adfeilion ei chestyll i dyrau ei haddoldai, o olion ei chloddfeydd i amlinelliad ei chaeau – yn Eryri, mae'r gorffennol yn fyw.

Ysmotyn yn unig yn hanes hir Eryri ydy'r pymtheg mlynedd a thrigain sydd wedi mynd heibio ers sefydlu'r ardal yn Barc Cenedlaethol yn 1951. Mae yma hen hanes ac mae'r dirwedd yn frith o olion hanesyddol sy'n datgelu stori ein gorffennol pell.

Mae pobl wedi crwydro mynyddoedd Eryri ers oes yr arth a'r blaidd. Ar gopaon fel y Garn, Elidir Fawr, Carnedd y Cribau, yn ogystal â Charnedd Dafydd a Charnedd Llywelyn, mae eu hoel i'w weld hyd heddiw ar ffurf carneddi swmpus – pentyrrau neu domenni o gerrig wedi eu codi yn y cyfnod cynhanesyddol fel cofebau, mannau claddu, neu at ddibenion seremonïol.

Yng ngarwedd mynyddoedd y Rhinogydd mae carnedd Oes Efydd Bryn Cader Faner, un o henebion rhyfeddaf Eryri. O bellter, gyda'i bileri miniog mae Bryn Cader Faner yn ffurfio silwét trawiadol yn erbyn yr awyr, ac mae'n debyg mai dyna oedd union fwriad y rheini a'i hadeiladodd dros 4,000 o flynyddoedd yn ôl.

Nid yw'r gorffennol yn datgelu ei gyfrinachau i gyd yn Eryri. Er bod Siambr Gladdu Capel Garmon wedi ei lleoli ar gyrion Betws-y-coed, mae'r beddrod Neolithig yn debyg i siambrau sy'n nodweddiadol o ardal y Cotswolds yn Lloegr. Mae'r ffaith bod siambr o'r fath wedi ei chanfod mor bell i'r gogledd ag Eryri yn ddirgelwch llwyr.

Er bod Siambr Gladdu Capel Garmon yn codi mwy o gwestiynau nag y mae'n eu hateb, ar draws Eryri mae nifer o henebion hynafol yn cynnig cipolwg i ni ar y gorffennol. Mae deg ar hugain o fryngaerau ym Mharc Cenedlaethol Eryri, rhai wedi'u hadeiladu at ddibenion amddiffynnol ac eraill at

The story of Eryri is not a hidden one; its history may be seen and experienced around us today. From the cairns on the peaks to the paths on the slopes; from the remains of castles to church towers, from abandoned quarries to field patterns – in Eryri, the past is alive.

In the history of Eryri, the seventy-five years since the National Park was established is just the blink of an eye. There is ancient history here, and the landscape is bristling with historical remains that reveal the story of our distant past.

People have wandered the mountains of Eryri since the days when bears and wolves roamed the land. On summits such as Y Garn, Elidir Fawr and Carnedd y Cribau, as well as Carnedd Dafydd and Carnedd Llywelyn, early people have left traces of massive cairns – stones heaped up in prehistoric times as memorials, burial places or for ceremonial purposes.

In the harsh Rhinogydd mountains lies the Bronze Age cairn of Bryn Cader Faner, one of Eryri's most amazing ancient monuments. From a distance, with its sharp uprights, Bryn Cader Faner forms a breathtaking silhouette against the sky, and it is likely that that was the intention of its builders over 4,000 years ago.

In Eryri the past does not reveal all its secrets. Although the Capel Garmon Burial Chamber is in the Betws-y-coed area, this Neolithic tomb is similar to chambers characteristic of the Cotswolds area in England. It is a total mystery why a chamber of this type is found as far north as Eryri.

Although Capel Garmon Burial Chamber raises more questions than it answers, throughout Eryri a number of ancient monuments offer us a glimpse of the past. There are thirty hillforts in Eryri National Park, some built for defensive purposes and others for religious reasons. Near Llanbedrycennin in Dyffryn Conwy, the Pen y Gaer hillfort dates from the Iron Age and includes the remains of defensive

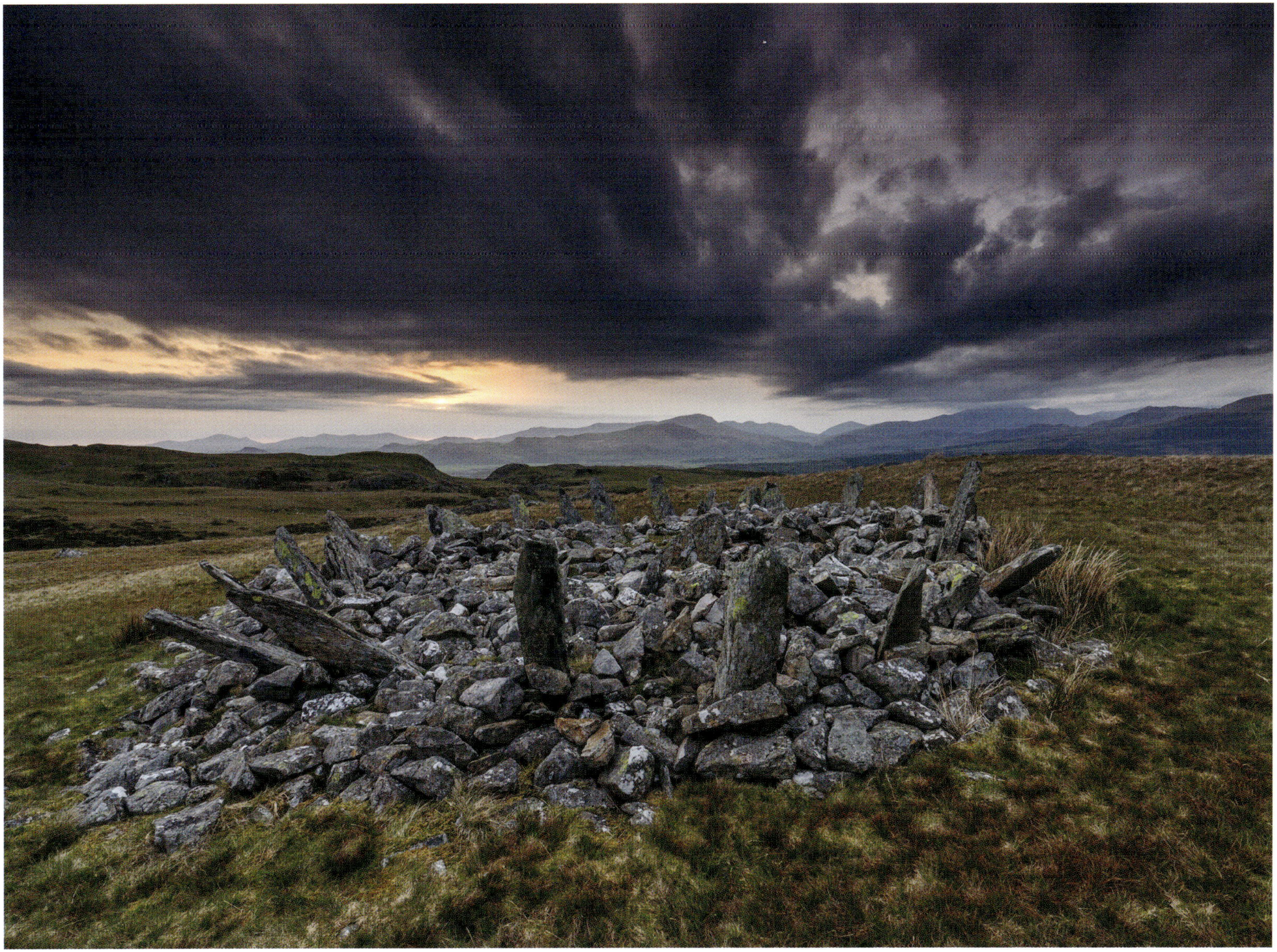

Bryn Cader Faner
ⓗ *Kris Williams*

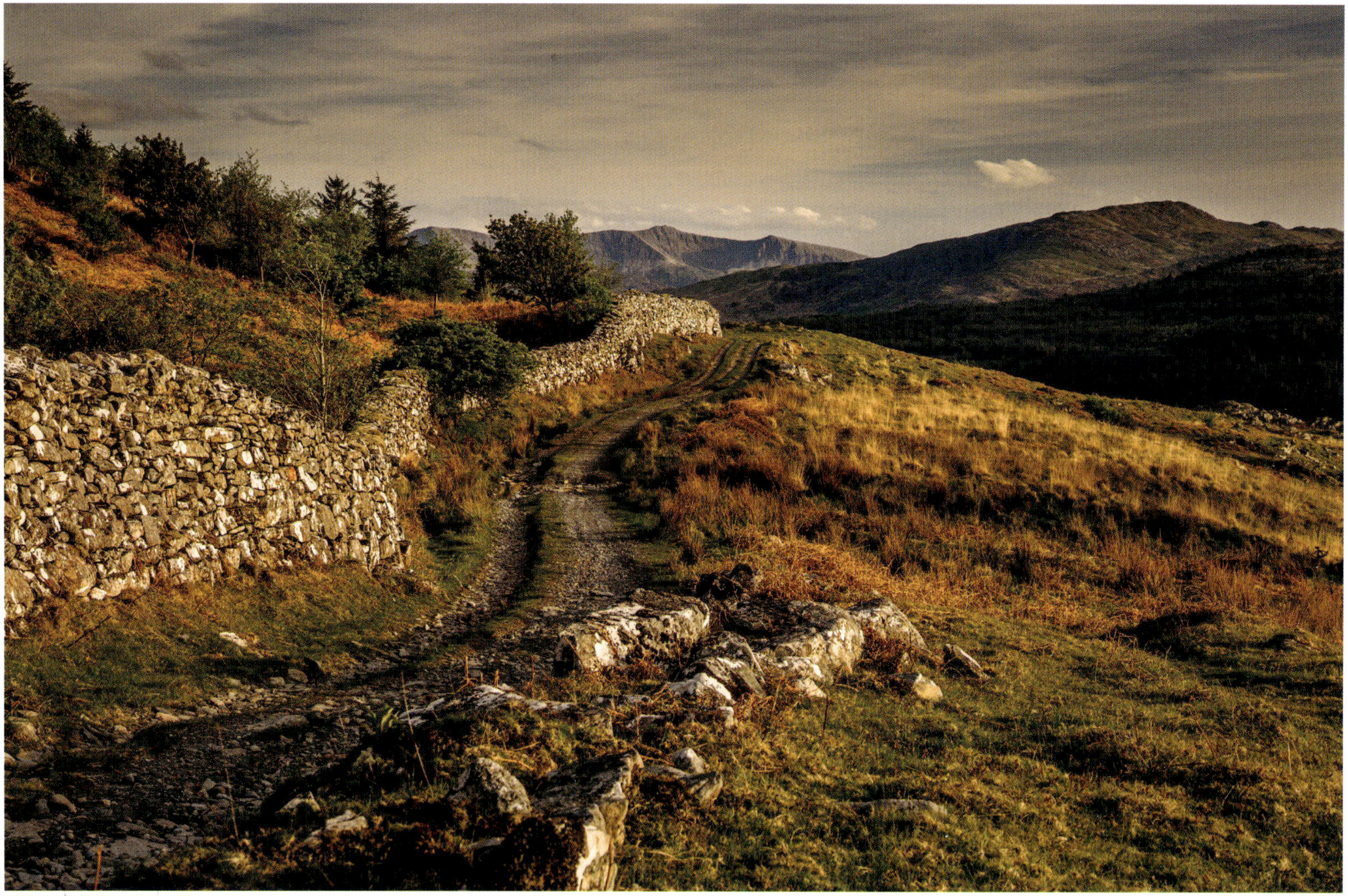

Sarn Helen
ⓗ *Myfyr Tomos*

ddibenion crefyddol. Ger Llanbedrycennin yn Nyffryn Conwy mae bryngaer Pen y Gaer, sy'n dyddio o'r Oes Haearn ac yn cynnwys olion sylfcini cytiau amddiffyn yn ogystal â *chevaux de frise* – casgliad o gerrig hirion byr, miniog a fyddai'n arafu ymdrechion ymosodwyr ac yn gwarchod y bobl a oedd wedi'u lleoli yno.

Gadawodd y Rhufeiniaid eu hoel ar Eryri hefyd. Mae Sarn Helen – ffordd Rufeinig 160 milltir o hyd – yn croesi trwy'r Parc ac i'w gweld yn amlwg mewn sawl man hyd heddiw gan gynnwys Bwlch y Ddcufacn yn y Carneddau. Teithiwch i'r de ar Sarn Helen a byddwch yn cyrraedd Tomen y Mur, caer Rufeinig gyfareddol ar gyrion Trawsfynydd sy'n cynnwys olion amffitheatr fechan, baddondy a *mansio* – gwesty ar gyfer teithwyr. Gyda golygfeydd diguro o fynyddoedd Eryri – gan gynnwys cadwyn yr Arenig, y Moelwynion a'r Rhinogydd – mae'n hawdd gweld pam y penderfynodd y Rhufeiniaid adeiladu caer yma. Nid yw'n syndod chwaith bod y Normaniaid wedi sefydlu eu hunain yn Nhomen y Mur yn ddiweddarach hefyd.

Mae'r dirwedd yn gartref i lu o gaerau a chestyll gwefreiddiol, pob un â'r gallu i ddweud rhywbeth wrthym am orffennol rhyfelgar Eryri a thu hwnt. Yn ystod yr Oesoedd Canol roedd Cymru wedi ei rhannu yn deyrnasoedd amrywiol, gyda phob teyrnas yn cael ei rheoli gan frenin neu dywysog gwahanol. Mewn ymdrech i ddal gafael ar eu grym ac amddiffyn eu teyrnasoedd, aeth sawl arweinydd ati i godi cestyll cerrig.

Yn Eryri, yr adeiladwr cestyll mwyaf toreithiog oedd Llywelyn ab Iorwerth neu Llywelyn Fawr (*c.* 1173–1240), Tywysog Gwynedd ac Arglwydd Eryri. Yn ystod ei deyrnasiad, adeiladodd Llywelyn gadwyn o gestyll mawreddog yng nghalon Eryri. I amddiffyn Bwlch Llanberis a'r ffordd o Gaernarfon i Gonwy adeiladodd Gastell Dolbadarn,

hut foundations as well as a *chevaux de frise* – a set of short, sharp stones sticking out of the ground which would have slowed the efforts of attackers and protected the people inside.

The Romans also left their mark on Eryri. Sarn Helen – a 160-mile Roman road – passes through the Park and may still be seen clearly in several places, including at Bwlch y Ddeufaen in the Carneddau. If you travel southwards on Sarn Helen, you reach Tomen y Mur, a Roman fort in the Trawsfynydd area that includes the remains of a small amphitheatre, a bath house and a *mansio* – accommodation for travellers. With superb lines of sight to the Eryri mountains – including the Arenig chain, the Moelwynion and the Rhinogydd – it's easy to see why the Romans decided to build a fort here. It's no surprise either that later the Normans established themselves at Tomen y Mur.

Eryri is the location of a great number of fascinating forts and castles, every one of which can tell us something about the turbulent past. During the Middle Ages Wales was divided into various realms, each ruled by a different king or prince. In an effort to solidify their power and defend their realm, several of these leaders built stone castles.

In Eryri, the most prolific castle-builder was Llywelyn ab Iorwerth – Llywelyn Fawr – (*c.* 1173–1240), Prince of Gwynedd and Lord of Eryri. During his reign, Llywelyn built a chain of huge castles in the heart of Eryri. He built Castell Dolbadarn on the outskirts of present-day Llanberis to protect Bwlch Llanberis (Llanberis Pass) and the route from Caernarfon to Conwy. To secure his authority in Meirionnydd he built Castell y Bere in Dyffryn Dysynni. To guard the mountainous pass between Bala and Dolgellau he built Castell Carndochan near Llanuwchllyn, and to safeguard his lands in Conwy he built Castell Dolwyddelan.

Following the fall of Llywelyn ap Gruffudd – Llywelyn Fawr's grandson – change was afoot in Eryri that left an

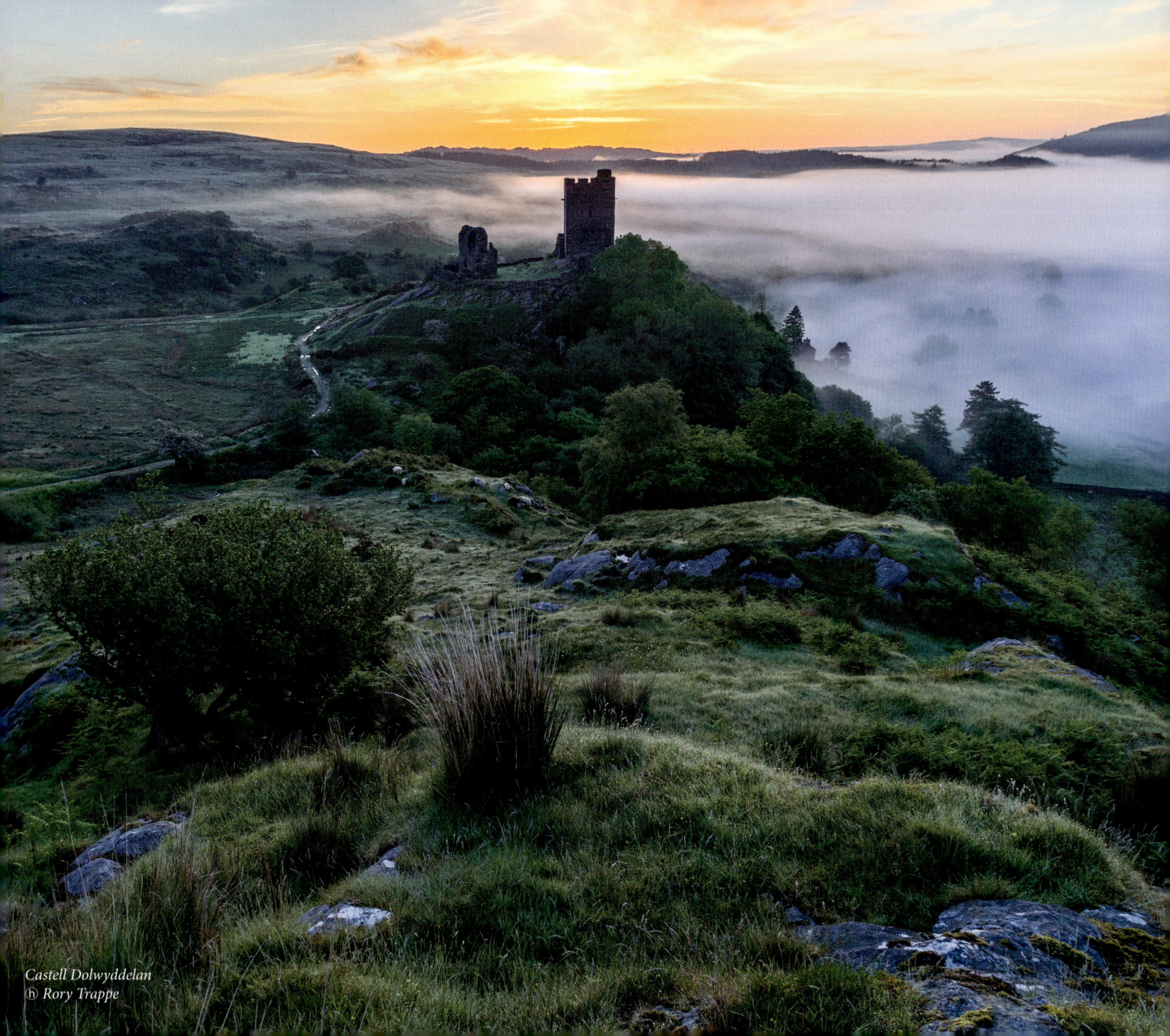

Castell Dolwyddelan
ⓗ Rory Trappe

sydd heddiw ar gyrion Llanberis. I sicrhau ei awdurdod ym Meirionnydd adeiladodd Gastell y Bere yn Nyffryn Dysynni. I warchod y bwlch mynyddig rhwng y Bala a Dolgellau adeiladodd Gastell Carndochan ger Llanuwchllyn, ac i ddiogelu ei diroedd yng Nghonwy adeiladodd Gastell Dolwyddelan.

Yn dilyn cwymp Llywelyn ap Gruffudd – ŵyr Llywelyn Fawr – roedd newid ar droed yn Eryri unwaith yn rhagor gyda'r dirwedd yn dwyn baich y gost. Yn dilyn y Goncwest Edwardaidd aeth Edward I, brenin Lloegr rhwng 1272 ac 1307, ati i adeiladu ei rwydwaith ei hun o gestyll ar draws gogledd-orllewin Cymru. Yn Eryri, adeiladwyd Castell Harlech sydd ymhlith yr enghreifftiau mwyaf trawiadol o bensaernïaeth filwrol y cyfnod canoloesol yn y byd. Erbyn heddiw, mae'n rhan o Safle Treftadaeth y Byd UNESCO – dynodiad sy'n profi gwerth y safle ar lwyfan lleol a rhyngwladol.

Y tu hwnt i furiau'r cestyll mawreddog, roedd trigolion Eryri yn prysur drin y tir. Er bod tirwedd wyllt yr ardal yn amgylchedd heriol i'w ffermio, mae olion yn dangos bod pobl wedi ceisio gwneud y gorau o'r tir ers dros 2,000 o flynyddoedd. O adfeilion tai a chytiau lloches i waliau cerrig coeth i ffurfio caeau, ar draws dyffrynnoedd ac ucheldiroedd Eryri mae treftadaeth amaethyddol yr ardal yn bur amlwg.

Ar y cyfan, nid yw tiroedd Eryri yn addas ar gyfer tyfu llawer o gnydau gan olygu mai magu da byw oedd yr arfer. Fel rheol, roedd y tir pori gorau yn y dyffrynnoedd, ac yno y byddai'r brif fferm neu'r 'hendre'. Yn ystod misoedd yr haf, roedd hi'n bosib defnyddio'r ucheldir fel tir pori. Byddai ffermwyr a'u teuluoedd yn gyrru eu da byw i'r mynyddoedd ac yn aros yn eu llety haf, neu'r 'hafod'. Adlais o'r gorffennol a theyrnged i'r arfer yma oedd y penderfyniad i alw'r caffi a'r ganolfan ymwelwyr newydd a agorodd ar gopa'r Wyddfa yn 2009 yn 'Hafod Eryri'.

indelible mark on the landscape. Following the Edwardian Conquest, Edward I, king of England between 1272 and 1307, started building his own network of castles across north-west Wales. In Eryri, Castell Harlech was built. It is one of the most stunning examples of medieval military architecture in the world. Today it is part of the Castles and Town Walls of King Edward I in Gwynedd UNESCO World Heritage Site – a designation that demonstrates the site's value on both local and world stages.

Beyond the castles' massive walls the residents of Eryri were busy cultivating the land. Despite the wild landscape and an environment that makes farming challenging, traces show that people have tried to make the best of the land for over 2,000 years. From the ruins of houses and hut shelters to beautiful stone-wall field boundaries, across the valleys and uplands of Eryri the area's agricultural heritage is plainly obvious.

On the whole, the lands of Eryri are not suitable for growing much in the way of crops, meaning that raising livestock was the custom. The best grazing land was in the valleys, and the main farm – the 'hendre' (*hen* + *tref*, meaning old + dwelling place) – would be there. During the summer months the uplands could be used for grazing. The farmers and their families would drive their livestock up to the mountains and stay in their summer accommodation, or 'hafod' (*haf* + *bod*, meaning summer + abode). The decision to call the new cafe and visitors' centre that opened on the summit of Yr Wyddfa in 2009 'Hafod Eryri' is a nod to the past and a tribute to this tradition.

Faith was an inextricable part of life in Eryri and there are several remote churches still standing – evidence of the devotion of the area's residents in establishing these special holy places. A notable example is the old Llangelynnin church which sits above Dyffryn Conwy. Although the present

Roedd ffydd yn rhan annatod o fywyd yn Eryri ac mae sawl eglwys bellennig yn sefyll hyd heddiw mewn mannau diarffordd – prawf o ymroddiad trigolion yr ardal i sefydlu mannau sanctaidd arbennig. Enghraifft nodedig ydy hen eglwys Llangelynnin sydd wedi'i lleoli uwchben Dyffryn Conwy. Er bod corff yr adeilad presennol wedi ei adeiladu yn y ddeuddegfed ganrif, mae'n debyg bod pobl wedi addoli ar y safle ers y chweched ganrif.

Yn Llandanwg ger Harlech mae eglwys fechan Sant Tanwg, a sefydlwyd, yn ôl y traddodiad, yn y bumed ganrif gan ei gwneud yn un o'r sefydliadau Cristnogol hynaf yng ngwledydd Prydain. Ailadeiladwyd yr eglwys yn y drydedd ganrif ar ddeg ac ehangwyd y gangell yn gynnar yn y bymthegfed ganrif, gyda ffenestr ddwyreiniol anarferol o uchel. Wedi'i lleoli rhwng y môr a'r mynydd, mae hi'n heneb fyw sy'n ein hatgoffa o'r cysylltiad dwfn rhwng pobl, tir a chred yn Eryri.

Yn cuddio ym mynyddoedd Eryri mae cyfoeth o fwynau, yn cynnwys copr, plwm, sinc, haearn, aur a manganîs – pob un wedi ei fwyngloddio ar ryw adeg neu'i gilydd. Darganfuwyd aur yn ardal Dolgellau yn ystod y 1840au. Mae 'Llain Aur Dolgellau' yn fwa cul, pymtheg milltir sy'n ymestyn o'r Bermo ac yn dilyn glan ogleddol Afon Mawddach i Lanelltyd. Mae rhagor o fwyngloddiau aur ar fynydd y Garn, ger y Ganllwyd, ac ar lan Afon Mawddach yng nghoedwig Coed y Brenin. Ar ddechrau'r 1860au daethpwyd o hyd i aur yng Nghlogau yn y Bont-ddu. Does dim dwywaith mai Clogau oedd mwynglawdd mwyaf llewyrchus yr ardal; yn 1899 yn unig cloddiwyd gwerth £60,000 o aur – swm sydd gyfwerth â thros £8 miliwn yn ein harian ni heddiw.

Yn ddiamau, y diwydiant mwyngloddio pwysicaf yn Eryri oedd y diwydiant llechi. Mae creithiau'r diwydiant hwn i'w gweld yn amlwg ar dirwedd Llanberis, Bethesda a Blaenau Ffestiniog, trefi sydd dafliad carreg o derfyn y Parc Cenedlaethol.

building was built in the twelfth century, it's likely that people have worshipped on the site since the sixth century.

According to tradition, the tiny church of Saint Tanwg, situated at Llandanwg near Harlech, was established in the fifth century, making it one of the oldest Christian institutions in Britain. The church building was erected in the thirteenth century and the early-fifteenth-century extension to the chancel has an unusually tall eastern window. Situated between the sea and the mountain, it is an ancient site that reminds us of the deep connection between people, land and belief in Eryri.

Concealed within Eryri's mountains is a rich bounty of minerals, including copper, lead, zinc, iron, gold and manganese – every one of which has been mined at some time or other. Gold was discovered in the Dolgellau area in the 1840s. The 'Dolgellau Gold Belt' is a narrow fifteen-mile arc which stretches from Barmouth and follows the northern bank of the Afon Mawddach to Llanelltyd. There are more gold mines on the Garn mountain, near Ganllwyd, and along the banks of the Afon Mawddach in the Coed y Brenin forest. At the start of the 1860s gold was found in Clogau at Bont-ddu. Clogau was without a doubt the most successful mine in the area: in 1899 alone gold worth £60,000 was excavated – a sum equivalent to over £8 million in today's money.

Without doubt, the most important extractive industry in Eryri was the slate industry. This industry's scars are still prominent in the landscapes of Llanberis, Bethesda and Blaenau Ffestiniog, towns that are a stone's throw from the Park boundary.

Several slate quarries were located within the Park boundary too. By 1859 there were 200 workers earning their daily bread in the Gorseddau Slate Quarry in Cwmystradllyn. Although the work had ended by the start of the 1870s, there is a wealth

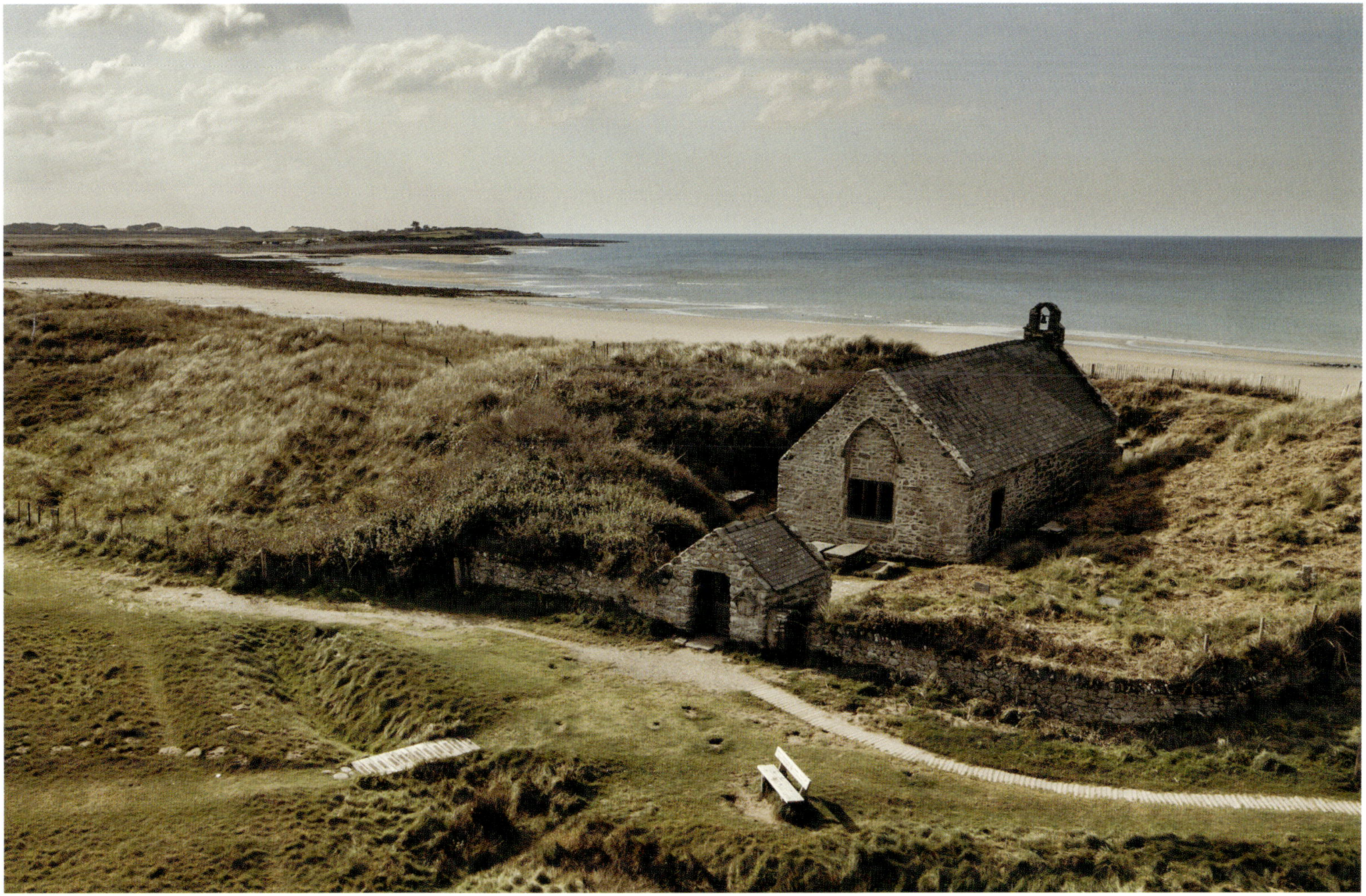

Eglwys Llandanwg
ⓗ Ffotograffiaeth Mari Lloyd

Roedd sawl chwarel lechi wedi'i lleoli o fewn ffiniau'r Parc hefyd. Erbyn 1859 roedd 200 o weithwyr yn ennill eu bara menyn yn Chwarel Lechi Gorseddau yng Nghwmystradllyn. Er i'r gwaith ddod i ben erbyn dechrau'r 1870au mae llu o olion diwydiannol hynod i'w gweld yno hyd heddiw, gan gynnwys adfail melin lechi Ynysypandy, murddunnod tai'r gweithwyr a llwybr yr hen reilffordd gul a adeiladwyd i gludo llechi i Borthmadog. Tysteb o'u pwysigrwydd yn hanes Eryri a thu hwnt yw eu dynodiad fel rhan o un arall o Safleoedd Treftadaeth y Byd UNESCO. Man arall sy'n perthyn i'r dynodiad yw Chwarel Bwlch y Ddwy Elor neu'r Prince of Wales, yng Nghwm Pennant. Erbyn 1873 roedd 200 o chwarelwyr yn cloddio yma, ond bu'n rhaid i'r safle gau yn 1883 yn dilyn cwymp craig sylweddol.

Diwydiant arall sydd wedi, ac sy'n parhau i siapio Eryri ydy twristiaeth. Yn ystod y ddeunawfed ganrif yn sgil ymdrechion damcaniaethwyr, artistiaid ac awduron, datblygodd Eryri yn gyrchfan gwyliau ffasiynol ymhlith Saeson cefnog. O 1750 ymlaen dechreuodd ymwelwyr deithio i bob cwr o'r ardal er mwyn profi rhai o'i rhyfeddodau; o raeadrau bywiog Betws-y-coed i weddillion hynafol Abaty Cymer ger Dolgellau, fe ddaeth crwydro Eryri yn weithgaredd hanfodol i unrhyw fonheddwr gwerth ei halen. Yn y bedwaredd ganrif ar bymtheg, daeth y rheilffyrdd â thyrfaoedd newydd o ymwelwyr, gan drawsnewid pentrefi fel Beddgelert yn ganolfannau bywiog.

Yr un mor bwerus â'r olion sydd ar y tir yw'r hen enwau sy'n gysylltiedig ag ef. Mae Eryri yn drysorfa o enwau lleoedd sy'n cofio ac yn dathlu nodweddion arbennig y dirwedd. Mewn man lle ceir ceg afon defnyddir y gair 'aber', fel Aberdyfi ac Abergwyngregyn, ar gyfer ardal ag afon fechan yn rhedeg drwyddi defnyddir y gair 'nant', fel Nantperis a Nantgwynant, tra bo 'cwm' yn cael ei ddefnyddio i ddisgrifio darn o dir isel rhwng mynyddoedd, fel Cwm Oerddwr a Chwm Pennant.

of striking industrial remains to be seen to this day, including the ruin of the Ynysypandy slate mill, the remains of workers' houses and the bed of the old narrow-gauge railway built to transport the slates to Porthmadog. Their designation within The Slate Landscape of Northwest Wales, another UNESCO World Heritage Site, is a testament to their importance in the history of Eryri and beyond. Another part of this designation is the Bwlch y Ddwy Elor / Prince of Wales Quarry in Cwm Pennant. By 1873 there were 200 quarrymen working here, but the site had to close in 1883 following a substantial rock collapse.

Another industry that has shaped Eryri – and continues to do so – is tourism. During the eighteenth century, as a result of efforts by progressive thinkers, artists and authors, Eryri developed into a fashionable holiday destination among the well-to-do English. From 1750 onwards sightseers started to travel to every corner of the area to experience the wonders; from the gushing waterfalls of Betws-y-coed to the ancient remains of Cymer Abbey near Dolgellau, roaming Eryri became an essential activity for any gentleman worth his salt. In the nineteenth century, the railways brought new crowds of visitors, in the process transforming villages like Beddgelert into lively centres.

Just as important as the remains on the land are the old names associated with it. Eryri is a treasure trove of place names that recall and celebrate special features of the landscape. In places where there are river mouths, the word 'aber' (river mouth) is used, as in Aberdyfi and Abergwyngregyn; for land which has a small river running through it, the word 'nant' (stream) is used, as in Nantperis and Nantgwynant, while 'cwm' (deep valley) is used to describe a piece of low land between mountains, such as Cwm Oerddwr and Cwm Pennant.

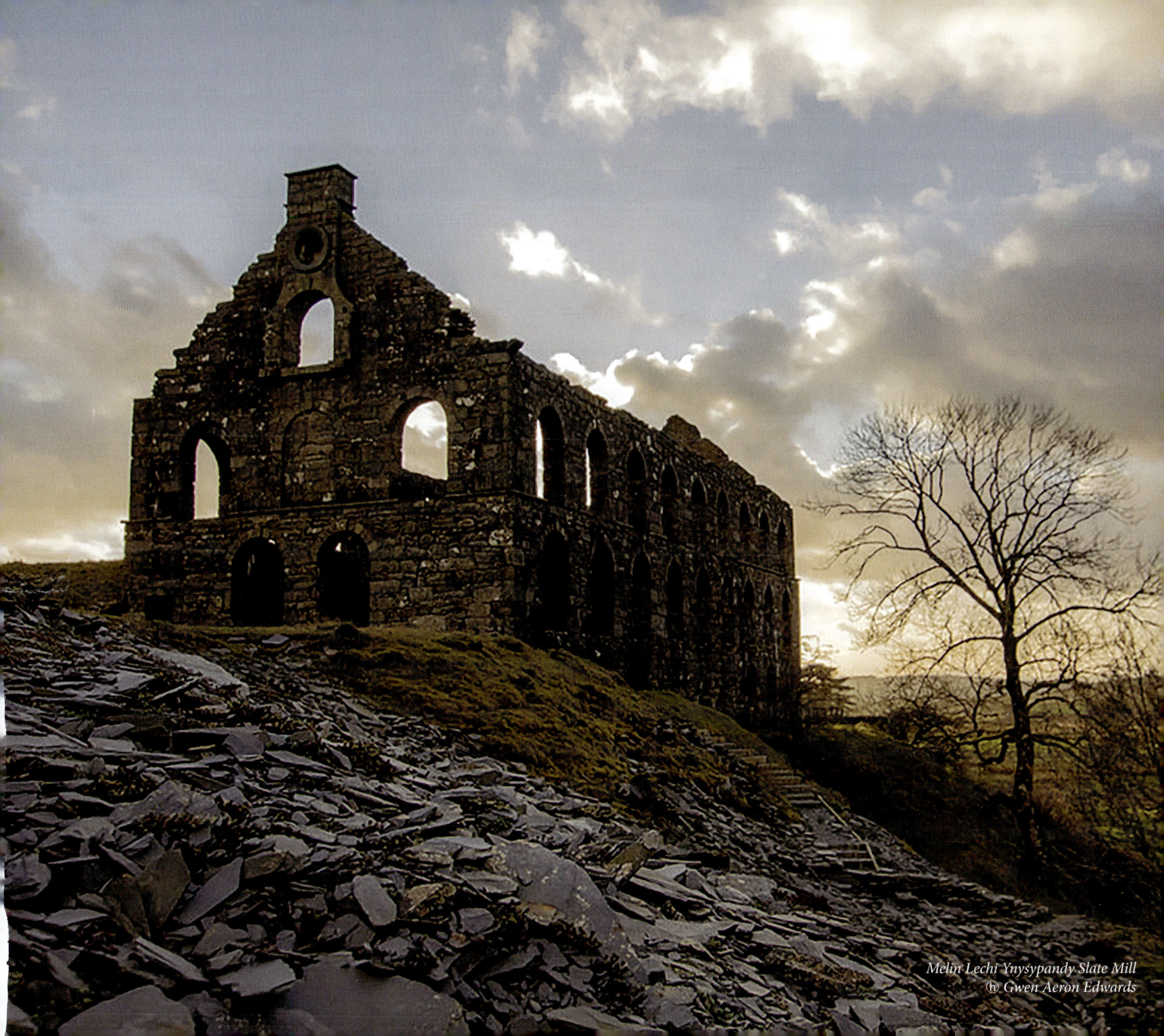

Melin Lechi Ynysypandy Slate Mill
ⓗ Gwen Aeron Edwards

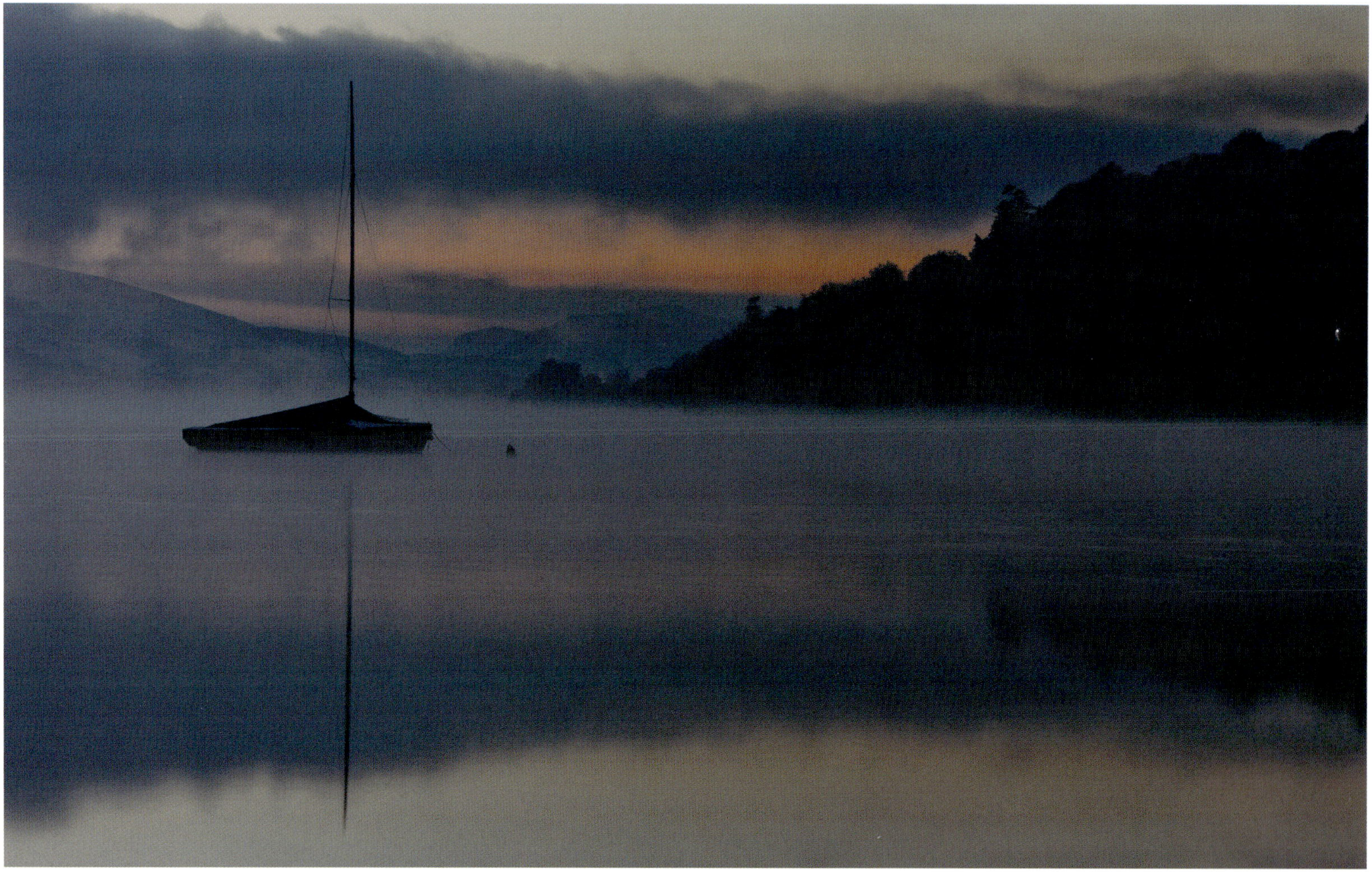

Llyn Tegid
ⓗ *Rory Trappe*

Mae dyffrynnoedd ac ucheldiroedd Eryri hefyd yn drwch o enwau sy'n dwyn i gof rai o'r creaduriaid a fu'n byw yn yr ardal ar hyd y canrifoedd. Yn hanesyddol, roedd Eryri yn gartref i eryrod a bleiddiaid, ac mae hi'n bosib teimlo eu presenoldeb hyd heddiw mewn enwau lleoedd fel Coed y Bleiddiau yn ardal Maentwrog a Chlogwyn yr Eryr ger Llyn Eigiau ar gyrion y Carneddau. Mae enwau lleoedd hefyd yn dangos i ni'r amrywiaeth o eiriau Cymraeg i ddisgrifio rhywogaethau. Mae Bwlch Ewigod ger Dolwyddelan, Gwastadanas yn Nantgwynant a Phant yr Hyddod yn ardal Betws-y-coed i gyd yn cynnwys cyfeiriad at y ceirw a arferai grwydro'r dirwedd – ystyr 'ewigod' ydy criw o geirw benywaidd tra bo 'danas' a 'hydd' yn dermau ar gyfer ceirw gwrywaidd.

Yn Eryri, mae chwedl a hanes yn mynd law yn llaw, ac nid oes unman lle mae hyn yn fwy amlwg nag yn enwau lleoedd yr ardal. Islaw copa'r Wyddfa mae Bwlch y Saethau, enw sy'n coffáu'r fan lle anafwyd y Brenin Arthur yn angheuol. Bu'n rhaid i'w filwyr ffoi i ogof gerllaw ac yno maent hyd heddiw yn disgwyl yr alwad i godi unwaith yn rhagor. Yn ôl y traddodiad, mae Llyn Tegid yn y Bala wedi'i enwi ar ôl y brenin chwedlonol Tegid Foel. Roedd Tegid yn arweinydd creulon, ac fel cosb am ei ymddygiad drygionus boddwyd ei deyrnas gan ffurfio llyn. Prin fod mynydd, afon neu lyn yn Eryri nad oes ganddo gysylltiad â chwedloniaeth neu lên gwerin.

Dros filoedd o flynyddoedd mae natur a phobl wedi gadael eu hoel ar dirwedd Eryri. Yma, mae cenedlaethau wedi gweithio'r tir, ac wedi troedio'r ucheldiroedd a'r dyffrynnoedd gan adael olion eu llafur diwyd. O garneddi hynafol a thomenni claddu Neolithig i gestyll canoloesol, eglwysi hanesyddol, a'r clytwaith celfydd o furiau a chaeau, nid yw'n bosibl edmygu tirwedd Eryri heb gydnabod ei gorffennol syfrdanol.

The valleys and uplands of Eryri are also rich in names that bring to mind some of the creatures that have lived in the area over the centuries. Historically, Eryri was home to eagles and wolves, and it is possible to feel their presence today in names such as Coed y Bleiddiau (wood of wolves) in the Maentwrog area and Clogwyn yr Eryr (cliff of the eagle) near Llyn Eigiau on the edge of the Carneddau. Place names also show us the variety of words in Welsh to describe species. Bwlch Ewigod near Dolwyddelan, Gwastadanas in Nantgwynant, and Pant yr Hyddod in the Betws-y-coed area all refer to deer that used to wander the land – the meaning of 'ewigod' is a group of female deer, while 'danas' and 'hydd' are terms for male deer.

In Eryri, legends and history are intertwined and this is nowhere more obvious than in the area's place names. Below the summit of Yr Wyddfa is Bwlch y Saethau (pass of the arrows), a name that is a reminder of the place where King Arthur was mortally wounded. His soldiers had to flee to a nearby cave and from then until the present day they await the call to rise once again. According to tradition, Llyn Tegid in Bala is named after the legendary king Tegid Foel. Tegid was a cruel leader and as a punishment for his wicked behaviour his realm was drowned, forming a lake. There is hardly a mountain, river or lake in Eryri without a link to legend or folklore.

Over thousands of years, nature and people have left their mark on the landscape of Eryri. Here, the generations have worked the land, have travelled the mountains, moors and valleys, leaving traces of their diligent work. From ancient cairns and Neolithic burial mounds to medieval castles, ancient churches, and the skilful patchwork of walls and fields, it is impossible to admire the Eryri landscape without acknowledging its amazing past.

Roedd sefydlu Parc Cenedlaethol Eryri bymtheg mlynedd a thrigain yn ôl yn cynrychioli pennod newydd yn y stori hon; yn ymdrech i amddiffyn, dathlu a chynnal treftadaeth naturiol a diwylliannol yr ardal. Heddiw, mae cerddwyr, ymwelwyr a chymunedau lleol yn parhau i werthfawrogi'r dirwedd hon, yn union fel y rheini a ddaeth o'u blaenau.

Yn Eryri, mae'r gorffennol yn fyw – a'r stori'n parhau.

The establishment of the Eryri National Park seventy-five years ago represented a new chapter in this story: an effort to protect, celebrate, and sustain the area's natural and cultural heritage. Today, walkers, visitors and local communities continue to value this landscape, exactly as did those who came before them.

In Eryri, the past is alive – and the story continues.

Tir sy'n cynnal
A land that sustains

Meleri Davies

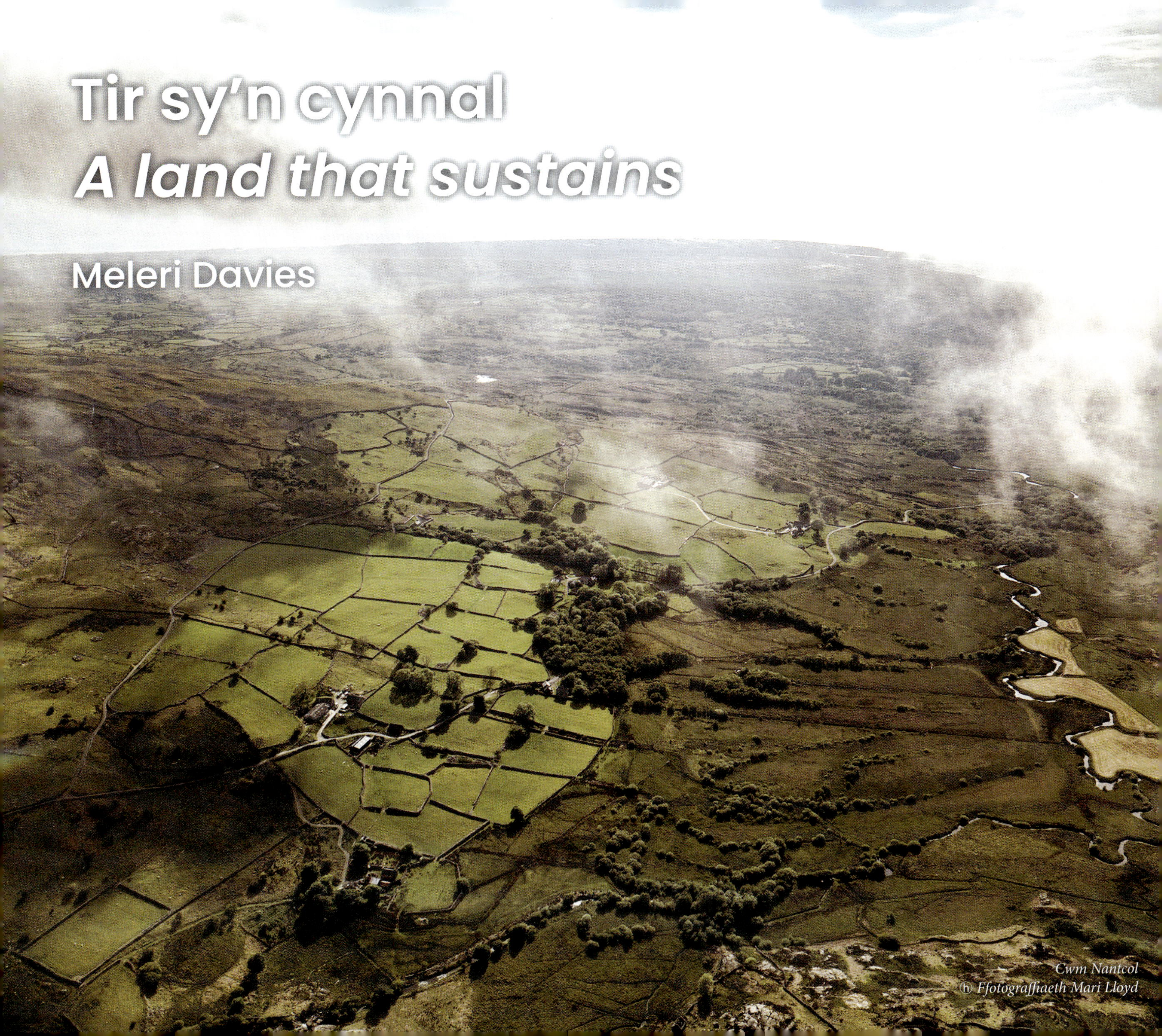

Cwm Nantcol
Ⓗ Ffotograffiaeth Mari Lloyd

Yn anad dim, cartref yw Eryri. Darn o dir wedi ei hawlio a'i siapio dros ganrifoedd a'i alw'n adra. Carnedd wrth garnedd a charreg wrth garreg, gosodwyd sylfeini ar lannau'r afonydd, yng nghysgod ein mynyddoedd ac ar lechweddau ffrwythlon ein dyffrynnoedd. Ffurfiwyd cartrefi a chymdogaethau. Ffurfiwyd bröydd, ac er bod yr Eryri gyfoes yn wahanol iawn i'r hyn a fu, mae teimlad oesol i'r gwreiddiau cymunedol sy'n bodoli yma. Gwreiddiau sy'n dal i gydio yn y tir dan ein traed ac yn clymu ein pobl at ei gilydd.

Ac wrth gwrs, mae'r ymlyniad wrth dir wedi siapio'r dirwedd, ond hefyd y bobl sy'n byw ym mröydd hardd Eryri. Dros ganrifoedd, datblygodd y dull o fyw mewn undod gyda chynefin. Darn bach o dir yn cynnal ac yn rhoi. Tyddynnod yn tyfu'n ffermydd a masnach leol yn canoli yn y pentrefi a'r trefi cyfagos. Ym mhob cornel o'r Parc mae'r amaethwyr yn parhau i fraenaru a throi'r tir, a chenhedlaeth ar ôl cenhedlaeth yn llwyddo i gynnal ffermydd er yr heriau cynyddol. Hyd heddiw, mae'r tir yn cynnig cynhaliaeth a galwedigaeth ac mae dros 1,000 o ffermydd o fewn ffiniau'r Parc. Tu hwnt i gloddiau'r ffermydd eu hunain, mae'r diwydiant amaeth hefyd yn cynnig cymdeithas Gymraeg naturiol ble daw pobl at ei gilydd i fart neu i Glwb Ffermwyr Ifanc, i hel mynydd agored neu i Sioe Amaethyddol leol. Ac wrth gwrs, nid amaethwyr yn unig sy'n tyrru i sioeau bach y dalgylch. Daw'r digwyddiadau hyn â phob carfan o'n cymdeithas at ei gilydd i ddathlu cynnyrch, ond hefyd i gael peint a sgwrs neu hufen iâ wrth wylio'r cneifio gwellaif neu edmygu safon y cacennau yn yr ardal cynnyrch bwyd.

Ond nid amaeth yn unig fu'n tynnu pobl i fyw yn nhiriogaeth y rhan hon o'r wlad. O fewn ac ar gyrion ffiniau'r Parc, rhwygwyd llechfaen o'r ddaear gan filoedd o chwarelwyr a hynny ar ran y meistri tir bonheddig. Gwelwyd symudiad poblogaeth a arweiniodd at dwf trefi a phentrefi

First and foremost, Eryri is a home. A piece of land that has been claimed and shaped over centuries to be called home. Mound by mound and stone by stone, foundations were laid on river banks, in the shelter of our mountains and on the fertile slopes of our valleys. Homes and neighbourhoods were formed. Wider networks of neighbourhoods developed, and despite the Eryri of today being a very different place from how it used to be, there is an age-old feel to the community roots that continue here. Roots that still grip the land under our feet and bind our people together.

Of course, a close relationship with the land has shaped both the landscape and the people of Eryri. Over centuries, a harmonious way of living with their surroundings developed. A little patch of land sustained and provided. Smallholdings grew into farms and local trade was concentrated in nearby towns and villages. In every corner of the Park the farmers treat and plough the land, and generation after generation manage to keep farms going, despite mounting challenges. Even today the land provides a living and a vocation, and there are over 1,000 farms within the Park. Beyond the farmer's fields, the agricultural industry also offers a naturally Welsh-speaking community where people come together to attend the mart or a Young Farmers' Club, to gather the flocks from the open mountain pastures or to enjoy the local agricultural show. And, of course, it's not just farmers who flock to the little local shows. Events such as these bring all sections of our community together to celebrate the produce and to savour a pint and a chat, or to enjoy an ice cream while watching the hand-shearing competition or admiring the standard of cakes in the produce marquee.

But it is not only agriculture that drew people to live in this part of the world. Around its fringes and within the Park, thousands of quarrymen hacked slate from the land for the aristocratic, landowning masters. The influx of population

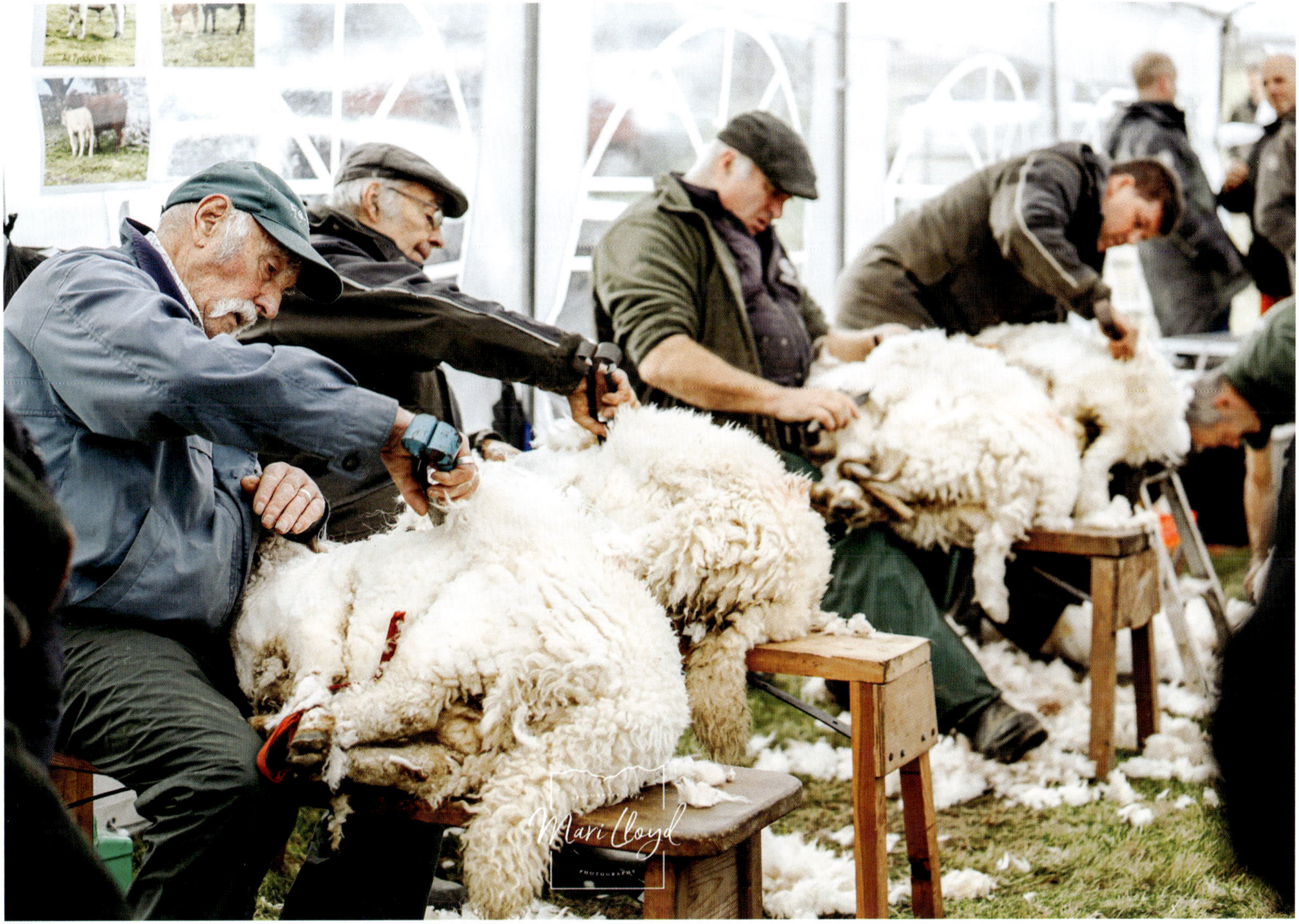

Cneifio gwellaif | Hand shearing
ⓗ Ffotograffiaeth Mari Lloyd

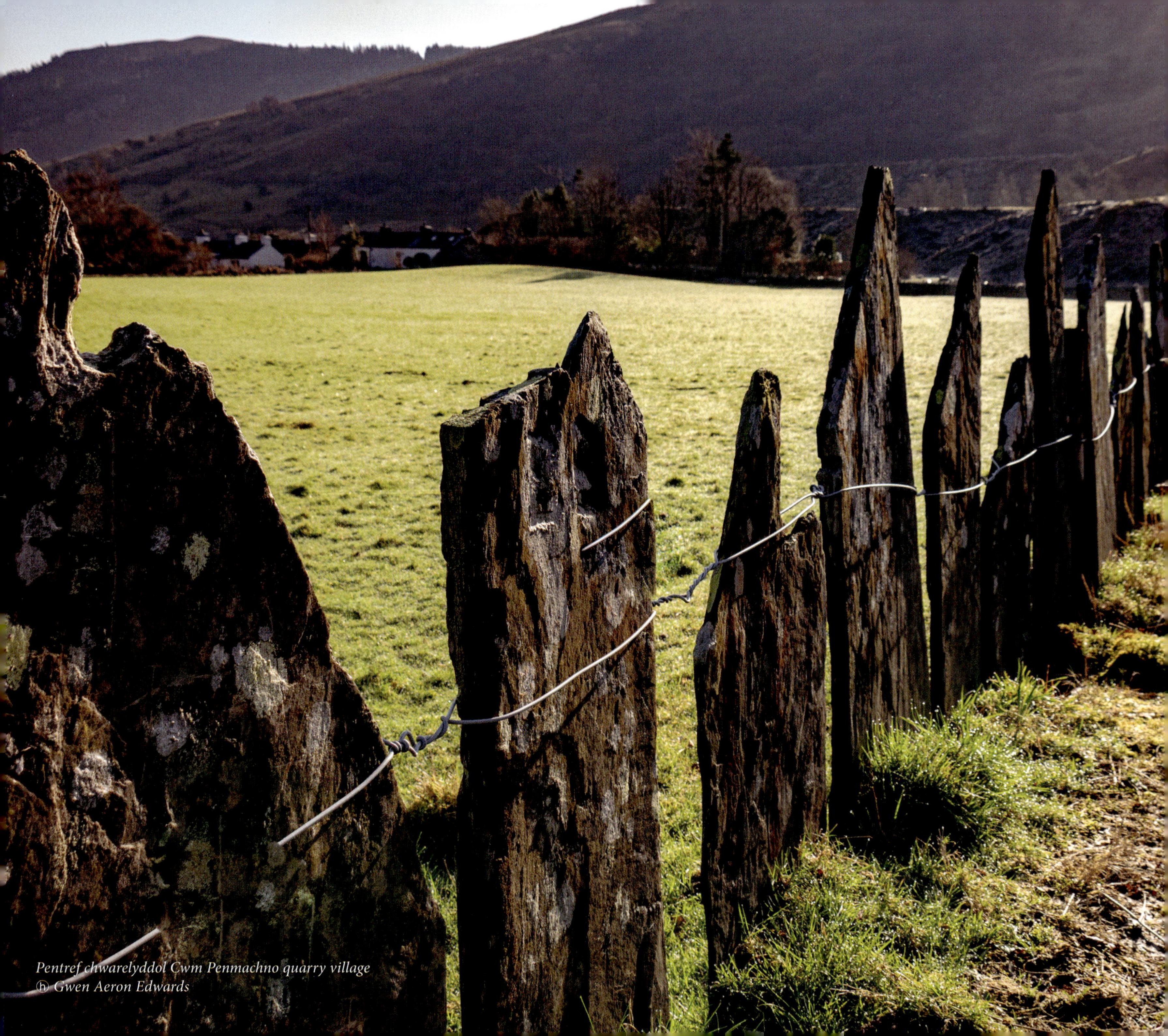

Pentref chwarelyddol Cwm Penmachno quarry village
© Gwen Aeron Edwards

fel Blaenau Ffestiniog, Llanberis, Penygroes a Bethesda, heb anghofio'r pentrefi a ffurfiwyd yng nghysgod chwareli llai fel Corris ac Abergynolwyn yn ne'r Parc. Roedd y diwydiant llechi yn gyflogwr pwysig i drigolion Eryri ond bu hefyd yn gyfrifol am greu cymunedau diwylliedig a byrlymus, ac er mai Saesneg oedd iaith perchnogion y chwarel, llwyddodd y chwareli i gynnal gweithle cynhenid Gymraeg lle'r oedd ymddiddan a gwaith yn digwydd yn naturiol trwy gyfrwng y famiaith. O'r Caban i'r gymuned, daeth addysg a diwylliant yn rhan bwysig o fywyd y chwarelwr gydag eisteddfodau'n cael eu cynnal, a barddoniaeth a gwleidyddiaeth yn cael eu trafod yng nghrombil y graig ond hefyd yn y cymunedau a dyfodd yn sgil y diwydiant. Yn wir, cyfraniad ariannol gan y chwarelwyr a'r gweithwyr tir fu'n rhannol gyfrifol am sefydlu Prifysgol Bangor yn ail hanner y bedwaredd ganrif ar bymtheg ac yn yr un modd, cyfraniad gan bobl leol fu'n gyfrifol am atgyfodi'r hen farchnad ar safle Neuadd Ogwen ym Methesda yn 1909 ar ôl i'r adeilad losgi i'r llawr. Yn ogystal ag adeiladau cymunedol, roedd cymunedau yn frith o gapeli a ddaeth yn ganolfannau pwysig o safbwynt Cristnogaeth ond hefyd fel lleoliadau i ddod â phobl ynghyd. Nid addoldai yn unig oedd yma, ond yn hytrach cannoedd o adeiladau oedd yn cynnig canolfannau addysgol a chymunedol i'r gymdeithas – llawer ohonynt wedi eu hadeiladu gyda bôn braich a chyfraniadau ariannol gan bobl leol. Grym ewyllys gymdeithasol yn dod â phobl at ei gilydd i geisio byd gwell mewn cyfnod o galedi eithriadol.

Dyma'r ysbryd cymunedol sy'n parhau yn Eryri a thu hwnt – cymunedau sydd hyd heddiw yn fwrlwm o Gymreictod a chreadigrwydd ond hefyd o fentergarwch cymunedol. Ac fel yn y bedwaredd ganrif ar bymtheg, mae cynnal adeiladau cymunedol yn parhau yn nodwedd bwysig o waith datblygu cymunedol ein bröydd. Rhyw angen

led to the growth of towns and villages such as Blaenau Ffestiniog, Llanberis, Penygroes and Bethesda, not forgetting the villages that sprang up in the shadow of smaller quarries, such as Corris and Abergynolwyn in the south of the Park. The slate industry was an important employer for Eryri inhabitants, but it was also responsible for creating cultured and lively communities. Although English was the language of the quarry owners, the quarries managed to maintain a Welsh-speaking workplace where everyday chat and work conversation happened naturally in their mother tongue. From the *caban* to the broader community, education and culture were an important part of the quarrymen's life. (The *caban* was the room in which the quarrymen ate together and where they discussed politics and the issues of the day, as well as being a place of learning, poetry and song – and even eisteddfodau.) In fact, the financial contribution of quarrymen and farm workers was partially responsible for establishing Bangor University in the second half of the nineteenth century. Likewise, contributions from local people were responsible for resurrecting the old market on the site of Neuadd Ogwen in Bethesda in 1909 after the building had burned down. These communities were thickly dotted with chapels that became important centres, not only as houses of prayer, but also as places to bring people together, as educational and social centres for the community. Many of them were built with contributions from local people, both physical and financial; in a period of extreme hardship the strength of social compassion will bring people together to seek a better world.

This is the community spirit that continues in Eryri and beyond – communities that to this day are bustling with Welshness and creativity, as well as community enterprise. And, as in the nineteenth century, supporting community buildings continues to be an important feature of community

greddfol i gynnal canolbwynt i ddod â phobl ynghyd. Yn ardal Ffestiniog, mae Antur Stiniog wedi perchnogi rhan o'r hen chwarel i ddatblygu traciau beic, gyda chyfran o elw'r fenter honno bellach yn ariannu pryniant adeiladau ar y stryd fawr, yn cynnwys hen siopau a hefyd hen Aelwyd yr Urdd. Yn Nyffryn Nantlle, mae'r gymuned wedi llwyddo i brynu adeiladau ar stryd fawr Penygroes gan ddatblygu prosiectau cymunedol ac amgylcheddol o'r gofodau hyn. Wrth gwrs, mae hyn yn adeiladu ar draddodiad hir o weithredu cydweithredol yn y Gymru wledig, ac mae geiriau englyn enwog R. Williams Parry yn adleisio wrth i fwy a mwy o fentrau cymunedol gael eu sefydlu yn ein bröydd gyda'r bwriad o warchod neu adfer adeilad o bwys cymunedol. Meddai'r bardd o Dal-y-sarn am adeilad Neuadd Mynytho a sefydlwyd yn 1934:

Adeiladwyd gan dlodi – nid cerrig
Ond cariad yw'r meini;
Cyd-ernes yw'r coed arni,
Cyd-ddyheu a'i cododd hi.

Ac mae'r cyd-ernes a'r cyd-ddyheu yn gryf. Dyhead i greu gofodau cymunedol caredig a chadarnhaol i godi hyder ein cymunedau. Gofodau sy'n estyn croeso cynnes a chynhwysol mewn oes unigolyddol o lobaleiddio eithriadol a thwf technoleg sy'n gyrru pobl ar wahân. Nid gosod sylfeini o frics a mortar yn unig a wneir wrth atgyfodi'r adeiladau hyn. Garreg wrth garreg, gosodir sylfeini hyder cymunedol i'r genhedlaeth nesaf. Sylfeini sy'n adleisio egwyddorion cydweithredol cadarn ein cyn-neiniau a'n cyndeidiau ar hyd y canrifoedd.

Un o'r mentrau diweddaraf i arwain y gad yn hyn o beth yw Menter y Ring yn y Garreg, Llanfrothen. Fel mewn nifer o bentrefi a threfi ar draws y Parc, mae

development work through some instinct to maintain a central place to bring people together. In the Ffestiniog area, Antur Stiniog has taken ownership of part of the former quarry to develop bike tracks. Some of the profit from this venture is now funding the purchase of buildings on the high street, including former shops and the old building where Urdd Gobaith Cymru (a Welsh and Welsh-language voluntary youth organisation) meetings were held. In Dyffryn Nantlle, the community has succeeded in buying buildings on the high street in Penygroes, and developing community and environmental projects from these spaces. Of course, this builds on a long tradition of working co-operatively in rural Wales, and words from a well-known *englyn* (a traditional short poem) by R. Williams Parry resonate more and more as community enterprises are established with the aim of protecting or saving a building that has community significance. R. Williams Parry's words on Mynytho village hall, erected in 1934, are:

Adeiladwyd gan dlodi – nid cerrig
Ond cariad yw'r meini;
Cyd-ernes yw'r coed arni,
Cyd-ddyheu a'i cododd hi.

Built from poverty – not stones
But love is the foundation stone;
A joint pledge is the timbering,
A joint aspiration raised it up.

And the '*cyd-ernes*' (joint pledge) and the '*cyd-ddyheu*' (joint aspiration) are powerful. The aspiration to create loving and supportive community spaces to raise the confidence of our communities. Spaces that extend a warm and inclusive welcome in an age of extreme individualism and globalism

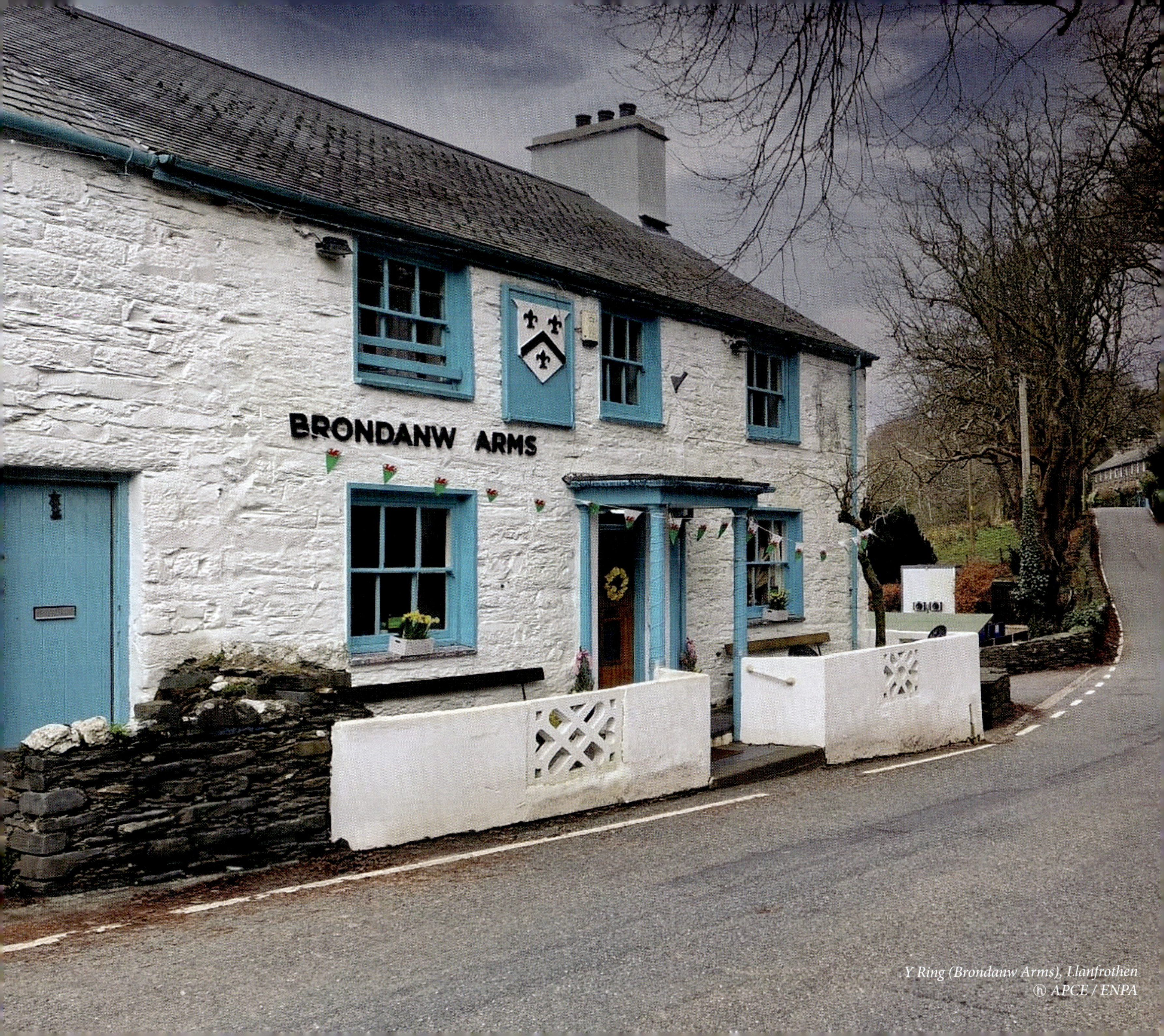

Y Ring (Brondanw Arms), Llanfrothen
ⓗ *APCE / ENPA*

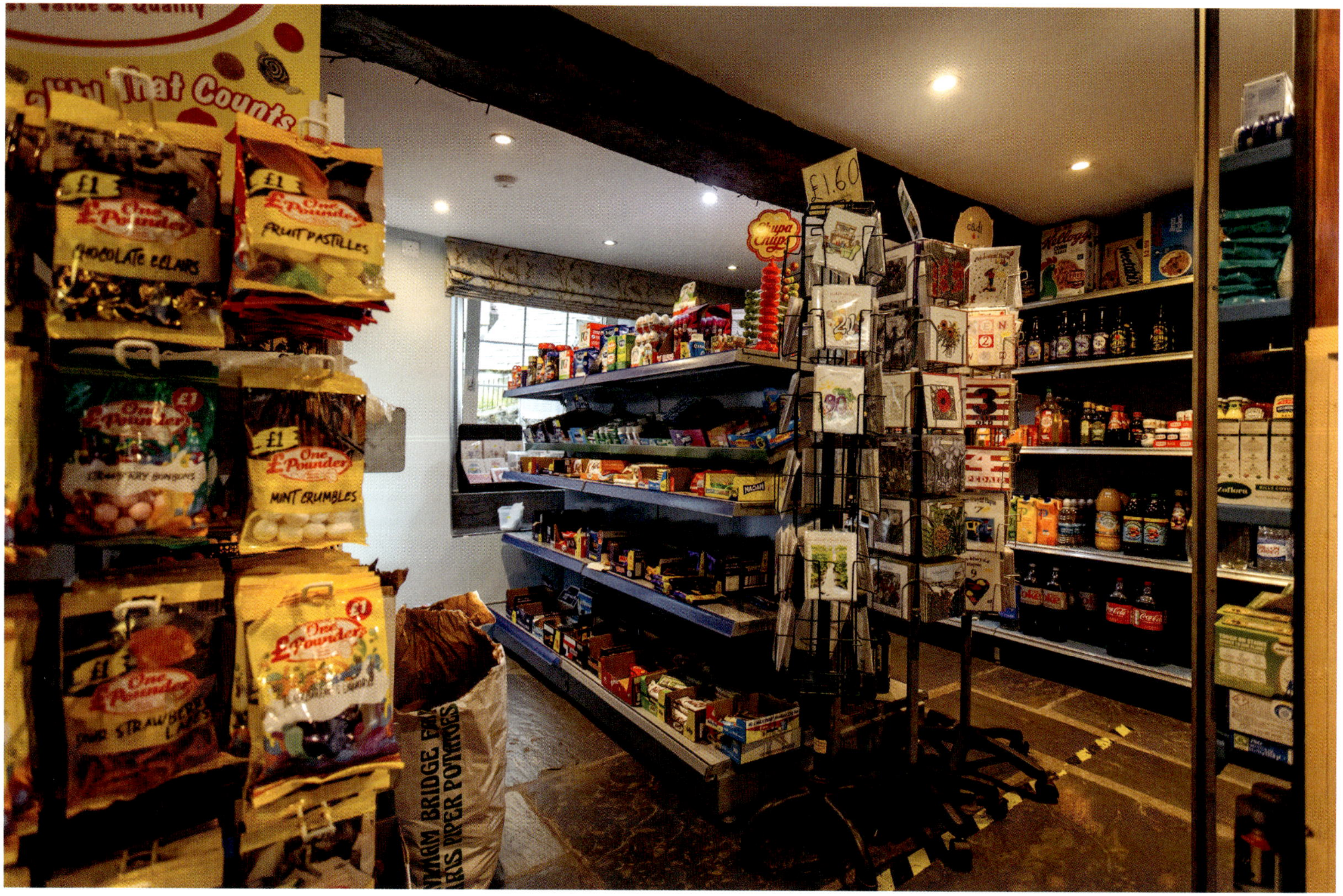

Siop Menter Yr Eagles
ⓗ *ffotoNant*

tafarndai traddodiadol yn cau gan adael bwlch sylweddol yn yr economi ond hefyd ym mywyd cymdeithasol ein cymunedau. I nifer o bentrefi, mae'r dafarn yn ganolbwynt cymdeithasol a diwylliannol ac yn ofod naturiol Gymraeg i bobl ddod at ei gilydd. Yn achos Menter y Ring, roedd pryniant prydles y dafarn gan y gymuned yn ymateb uniongyrchol i'r bwlch a adawyd yn sgil cau'r dafarn. Roedd calon y pentref yn wag ac yn nhraddodiad cydweithredol cymunedau'r Parc, llwyddwyd i godi £200,000 trwy gynllun cyfranddaliadau cymunedol i achub y dafarn a'i hailagor yn 2025. Ac nid ymdrech unigryw yw hon. Ar draws Eryri a thu hwnt, mae mentrau cymdeithasol newydd yn cael eu sefydlu i achub adeiladau cymunedol yn gyson – o'r Pengwern yn Llan Ffestiniog i Dafarn Ty'n Llan yn Llandwrog i dafarn Yr Eagles yn Llanuwchllyn, a llawer mwy. Yr hyn sy'n nodweddu'r datblygiadau yw'r awydd cynyddol i ysgogi ysbryd cymunedol. Mae'r tirlun cymdeithasol wedi newid yn llwyr dros y canrifoedd diwethaf gyda chapeli ac eglwysi yn cau, strydoedd mawr yn edwino a newidiadau economaidd wrth i ddiwydiannau mawr gau. Mewn nifer o gymunedau, mae'r gwasanaethau lleol, nifer o'r siopau, capeli a hyd yn oed ysgolion yn cau gan adael pentrefi heb ganolbwynt cymdeithasol a hyn yn ei dro yn gadael dadrithiad, apathi a diymadferthedd cymdeithasol. Gall mentrau cymunedol lenwi'r bwlch hwnnw a dyna a welir mewn nifer o gymunedau ar draws y Parc Cenedlaethol. Yn achos tafarn Yr Eagles yn Llanuwchllyn, mae'r dafarn yn fwy na darparwr diod. Yma mae pentrefwyr yn dod i gynnal digwyddiadau a nosweithiau cymdeithasol. Yma hefyd, am rai blynyddoedd, bu siop y pentref – gyda phob cenhedlaeth yn croesi'r trothwy i brynu torth neu fwynhau peint o gwrw lleol. Enghraifft o fentrau'n arloesi i gynnal gwasanaethau i'w cymuned.

and a growth in technology that is driving people apart. Foundations are more than bricks and mortar. Stone by stone, confident foundations for the next generation are laid. Foundations that are a reminder of the strong co-operative principles of our forebears down the centuries.

One of the latest community enterprises leading the way is Menter y Ring in Garreg, Llanfrothen. As with many towns and villages throughout the Park, traditional pubs are closing, leaving a gaping hole in the economy and also in the social life of our communities. For many villages the pub is the social and cultural hub and a naturally Welsh-speaking space. In the case of Menter y Ring, the purchase of the pub lease by the community is a direct response to the gap left by the pub's closure. The heart of the village was empty and in the co-operative tradition of the Park's communities, £200,000 was raised through a community share offer to save the pub and reopen it in 2025. And this is by no means a unique effort. Throughout Eryri and beyond new social enterprises are constantly being set up to save community buildings – from the Pengwern in Llan Ffestiniog to Tafarn Ty'n Llan in Llandwrog to Yr Eagles in Llanuwchllyn, and many more. What characterises these developments is the growing enthusiasm to excite the community spirit. The social landscape has changed dramatically, with chapels and churches closing, high streets dwindling, and economic upheavals as large-scale industries close. In many communities the local services, many shops, and even schools are closing, leaving villages without a social core, and this in turn leaves social disillusion, apathy and inertia. Community enterprises can fill that gap and that is what is seen in many communities throughout the National Park. In the case of Yr Eagles in Llanuwchllyn, the pub is more than a dispenser of drink. This is where the villagers come to support social events, and

Ac nid adeiladau yn unig sy'n cael eu perchnogi gan ein cymunedau. O fewn ac ar gyrion y Parc, mae cymdeithasau budd cymunedol newydd wedi eu sefydlu i ddatblygu prosiectau ynni cymunedol. Cynlluniau sy'n creu budd amgylcheddol ond hefyd fudd ariannol i'w cymunedau. Un enghraifft yn Eryri yw cynllun Ynni Anafon yn Abergwyngregyn, cynllun hydro wedi ei leoli uwchlaw rhaeadr enwog Rhaeadr Fawr ar fynydd-dir y Carneddau a chynllun sy'n cynhyrchu oddeutu 957MWh o drydan adnewyddadwy yn flynyddol. Yn nhermau pobl, mae hyn yn ddigon i gyflenwi trydan i tua 230 o gartrefi ac yn ddigon i wrthbwyso tua 19,000 tunnell fetrig o allyriadau carbon dros 40 mlynedd. Yr hyn sy'n arbennig yw mai arian pobl leol, a godwyd trwy gynllun cyfranddaliadau cymunedol, fu'n gyfrifol am sefydlu'r cynllun hwn ac mai pobl leol hefyd sy'n elwa wrth i bob ceiniog aros yn nalgylch Abergwyngregyn. Yn fuan wedi datblygiad cynllun Ynni Anafon, dilynodd Ynni Ogwen yr un patrwm draw yn Nyffryn Ogwen a hefyd Ynni Padarn Peris, sy'n cynhyrchu trydan dan berchnogaeth leol o ddŵr yr Afon Goch ger Llanberis. Datblygwyd y tri chynllun gan wirfoddolwyr lleol a gyda chyfraniadau ariannol gan bobl leol. Yn bwysicach, mae pob ceiniog o elw yn cael ei hailfuddsoddi yn y cymunedau lleol. Mae'r cynlluniau hyn yn dangos arloesedd cymunedol mewn maes amgylcheddol fyddai'n hanesyddol wedi ei arwain gan gwmnïau preifat. Mae'r cynlluniau hefyd wedi bod yn ysgogiad sylweddol i symbylu gweithredu amgylcheddol ehangach yn yr ardaloedd hyn, yn cynnwys datblygu cynlluniau cludiant gwyrdd cymunedol, gerddi cymunedol a sefydlu cynulliadau cymunedol i drafod newid hinsawdd.

Mae'n deg nodi nad yw'r dechnoleg wreiddiol i gynhyrchu trydan o rym afonydd yn ddim byd newydd yn Eryri, gyda phwerdy hydro Cwm Dyli ar odre'r Wyddfa yn cynhyrchu ac allforio trydan i'r Grid Cenedlaethol ers 1905.

it also served as the village shop for a number of years, with all generations calling to buy a loaf or enjoy a pint of local beer. An example of community enterprises safeguarding community services.

And it is not just buildings that are being acquired by our communities. Within the Park and in surrounding areas, community benefit societies have been established to develop community energy projects. These are schemes that create environmental benefit and which also create financial benefit for our communities. One example in Eryri is the Ynni Anafon scheme in Abergwyngregyn. This hydro scheme, located above the famous Rhaeadr Fawr (Aber Falls) on the mountain land of the Carneddau, is producing about 957MWh of renewable electricity a year. That is enough to supply about 230 homes and offset around 19,000 tonnes of carbon emissions over 40 years. It is special in that local money, raised through a community share offer, was responsible for setting up this scheme and it is local people also who are benefitting, because every penny stays in the Abergwyngregyn area. Shortly after the Ynni Anafon scheme was developed, Ynni Ogwen in Dyffryn Ogwen followed the same pattern, as did Ynni Padarn Peris, which produces electricity under local ownership from the water of the Afon Goch near Llanberis. All three schemes were developed by local volunteers and with financial contributions from local people. More importantly, every penny of profit gets reinvested in local communities. These schemes demonstrate community innovation in an environmental field that would historically have been led by private companies. The schemes have also been a significant impetus to broader environmental action, including developing green community transport, community gardens and establishing community forums to discuss and tackle climate change. Technology to produce electricity from the force of rivers is nothing new in Eryri. The Cwm Dyli hydro

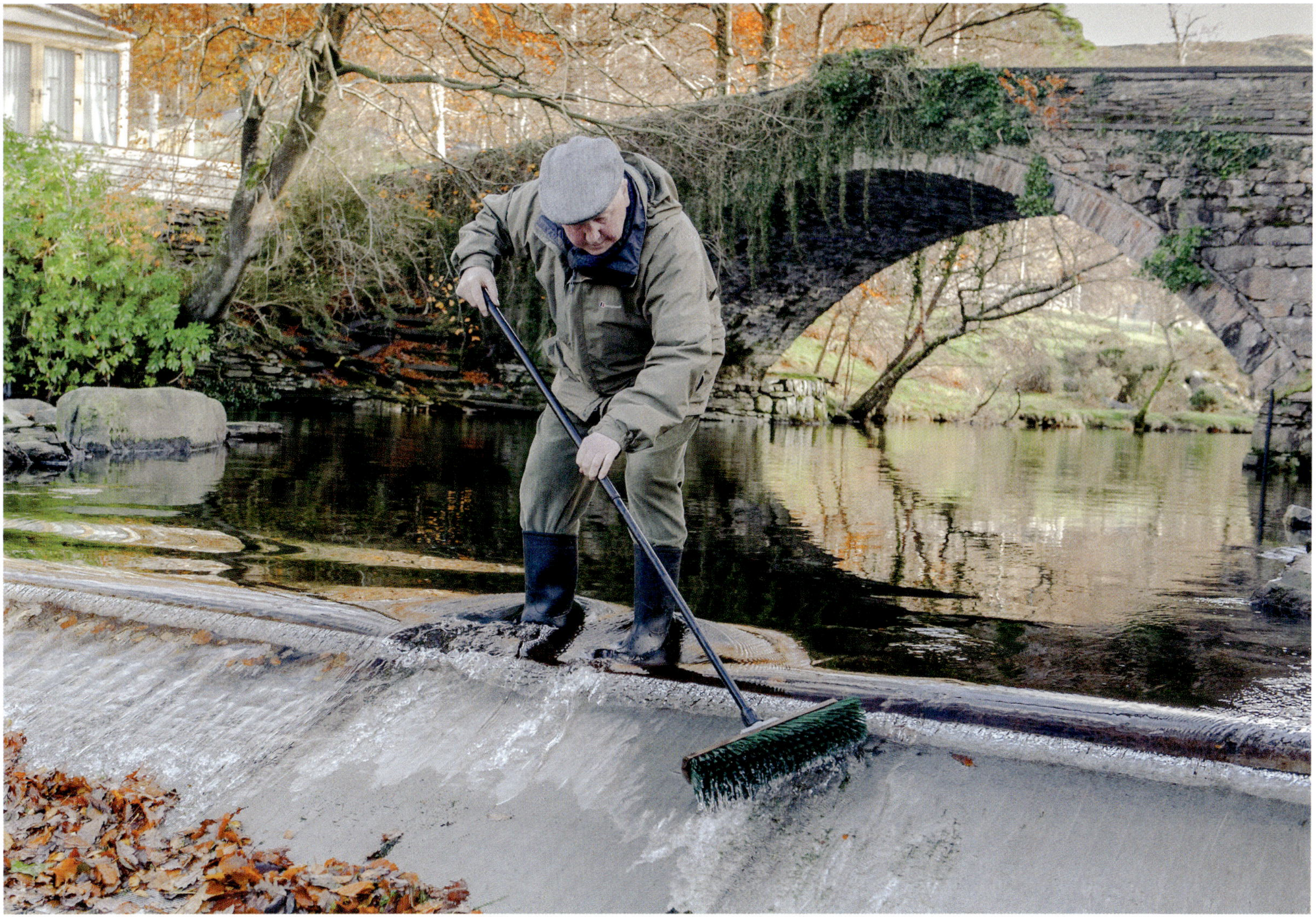

Cynnal a chadw'r cynllun hydro | Hydro scheme maintenance
ⓗ Nick Pipe

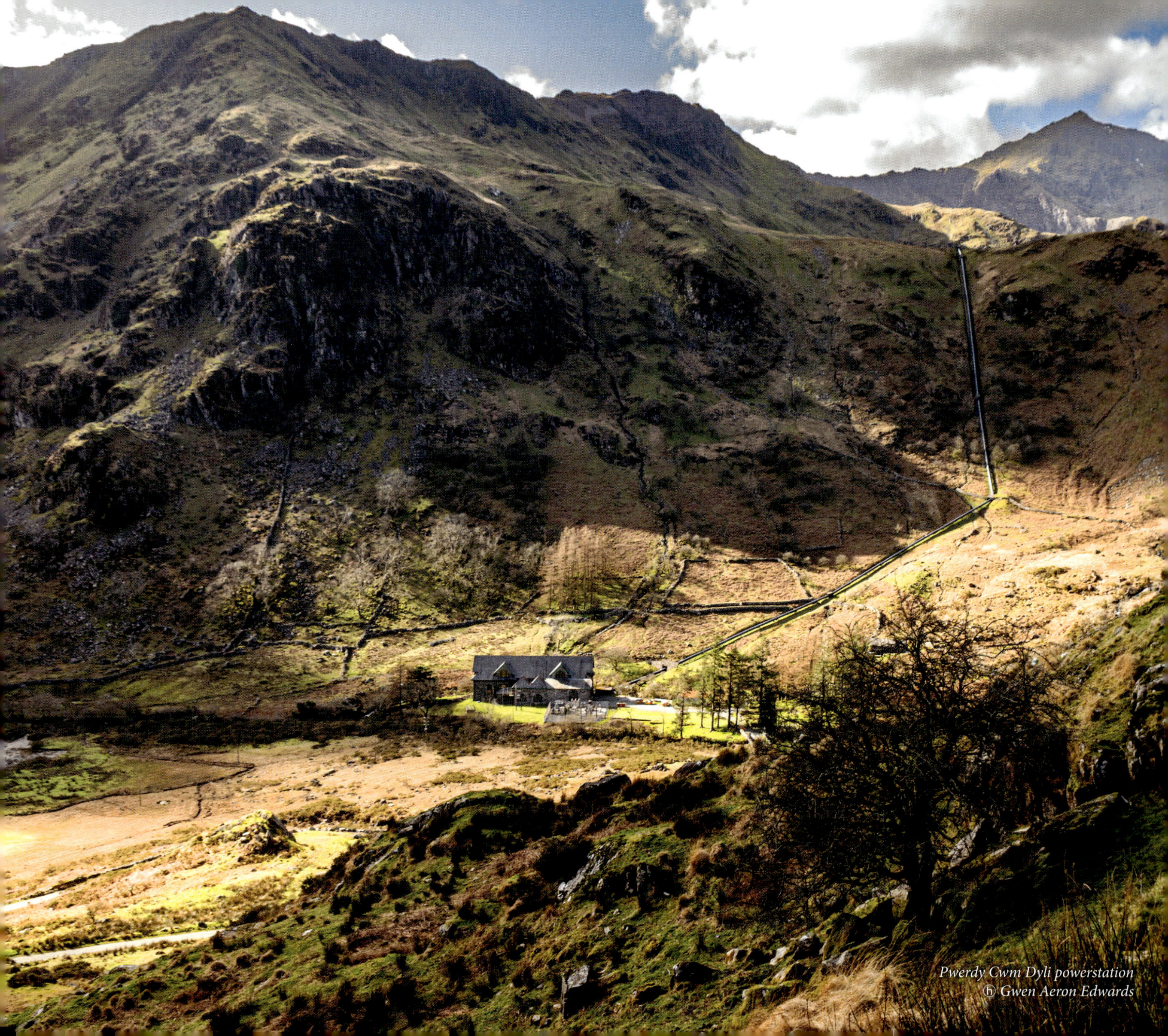

Pwerdy Cwm Dyli powerstation
Ⓗ Gwen Aeron Edwards

Ar lefel leol hefyd, Llanuwchllyn oedd y pentref cyntaf yng Nghymru i gael trydan i gartrefi a hynny oherwydd mentergarwch un o'r trigolion lleol. O 1910 hyd 1963, system drydanu Richard Edwards – melinwr cyffredin wnaeth ei addysgu ei hun i fod yn beiriannwr trydan – oedd yn pweru pentref gwledig Llanuwchllyn, a hynny am hanner canrif cyn i'r Grid Cenedlaethol gyrraedd y pentref. Mae cyflenwi trydan yn lleol bellach yn anodd, ond mae'r egni a'r brwdfrydedd sydd wedi codi o amgylch y cynlluniau cymunedol diweddar yn arwydd o hyder ac awydd cynyddol ymysg ein cymunedau i gael mwy o reolaeth a grym dros ein hadnoddau naturiol. Dyma thema gyfarwydd i drigolion y Parc sydd wedi ein magu yng nghysgod boddi Tryweryn ac echdynnu'r dŵr i Lerpwl yn groes i ewyllys trigolion Capel Celyn.

Ydy, mae gwleidyddiaeth hefyd wedi siapio ein cymunedau ni ac yn amlach na pheidio mae'r grymoedd sy'n torri, echdynnu a cherfio'r graig a'r gymdeithas o'n cwmpas tu hwnt i reolaeth y bobl sy'n byw a bod yn yr ardaloedd hyn. Y bobl sy'n parhau i weithio'n galed, yn parhau i gynnal boreau coffi i godi arian i'r ysgol, i gynnal clybiau ac aelwydydd i'r ifanc, yn parhau i wirfoddoli ym mhob clwb chwaraeon neu ddysgu plant i adrodd a chynnal eisteddfodau a chlybiau Merched y Wawr a Ffermwyr Ifanc. Ac yn y bôn, dyna sy'n ein gwneud ni'n gydnerth a chryf. Cymunedau gweithgar a dyfeisgar sy'n parhau i roi trwy bob argyfwng. Dangosodd pandemig Cofid hynny yn glir wrth i fentrau cymunedol arwain ymdrechion i gynorthwyo'r unigolion mwyaf bregus yn ein cymunedau. Gafael llaw, helpu, cynnal. Geiriau sy'n dod i'r meddwl yn aml wrth feddwl am gymunedau'r Parc. Draw yn Waunfawr, dafliad carreg o ffin y Parc, mae Antur Waunfawr – un o fentrau cymdeithasol hynaf a mwyaf arloesol Gwynedd – yn parhau i gynnig cartrefi a chyflogaeth i oedolion ag anableddau dysgu. Unwaith eto, mae cymuned ac arloesedd

power station on a flank of Yr Wyddfa has been producing and exporting electricity to the National Grid since 1905. Also at the local level, homes in the village of Llanuwchllyn were the first in Wales to get electricity. A local miller, Richard Edwards, had educated himself to be an electrical engineer. He powered the rural village of Llanuwchllyn for half a century, from 1910 until 1963, before the National Grid reached the village. Distributing electricity locally is difficult, but the enthusiasm that has grown around the latest community schemes is a sign of the growing confidence and desire among our communities to have more control and power over our natural resources. This is a familiar theme to those Park residents raised in the shadow of Tryweryn valley's drowning and the extraction of the water to Liverpool, counter to the will of the residents of Capel Celyn.

Yes, politics have also shaped our communities, and more often than not the forces that blast, extract and shape the rock and the society around us are beyond the control of the people who live in these areas. It is the local people who continue to work hard, continue to hold coffee mornings to raise money for the school, to support clubs and branches of the Urdd for young people, continue to volunteer in every sports club, or teach children recitation and organise eisteddfodau and branches of Young Farmers and Merched y Wawr (a Welsh and Welsh-language organisation for women). And, essentially, that is what makes us resilient and strong. The Covid pandemic clearly demonstrated this with community enterprises leading efforts to assist the most fragile in our communities. Hand-holding, helping, supporting – these words spring to mind if we think of the communities of the Park. In Waunfawr, a stone's throw from the Park boundary, is Antur Waunfawr – one of the oldest and most innovative social enterprises in Gwynedd – which continues to provide homes and employment to adults with learning disabilities.

yn plethu, gyda'r Antur yn defnyddio eu mentergarwch i greu cymuned ofalgar ar gyfer yr unigolion yn eu gofal ond hefyd yn darparu gwasanaethau ailgylchu pwysig i drigolion Arfon a thu hwnt.

Mae'r berthynas rhwng y mentro a'r gofalu yn nodweddu cynifer o'n cymunedau lle mae busnesau bach a chanolig yn darparu nwyddau a gwasanaethau sylfaenol i drigolion lleol, a lle mae grwpiau gwirfoddol a mentrau cymunedol yn darparu gwasanaethau a lleoliadau gofalgar lle mae llesiant trigolion lleol yn cael ei feithrin. Yr hyn sy'n tynnu'r ddwy elfen ynghyd yw'r pwyslais allweddol ar y 'lleol' ac, yn achos y sector datblygu cymunedol, y pwyslais sylfaenol ar 'gymunedoli'. Berf sy'n ein gorfodi i weld y byd trwy sbectol 'bro'. Y lleol ac nid y trawswladol. Y bobl ar lawr gwlad a'u hanghenion beunyddiol ac nid buddio ewyllys gyfalafol ac echdynnol yr economi neoryddfrydol. Term a fathwyd gan y diweddar Sel Williams yw 'cymunedoli' – athrylith yn y maes datblygu cymunedol yng Ngwynedd a thu hwnt. Bu Sel yn greiddiol i ddatblygiad Cwmni Bro Ffestiniog a hefyd rwydwaith Cymunedoli yng Ngwynedd. Rhan fawr o'i weledigaeth oedd y cysyniad o gryfder ar y cyd, ac mewn cyfarfodydd cyhoeddus byddai'n cyffelybu'r cydweithio rhyng-gymunedol hwn i ffermwyr yn edrych dros gloddiau ei gilydd – yn dysgu o brofiadau eu cymdogion trwy gyd-ddeall a chydweithio ond gan gadw eu dwy droed ar y ddaear yn lleol. A dyma ni'n ôl eto at y tir.

At y darn bach o ddaear sy'n cynnal ein cymunedau ac sy'n rhan o'r Parc Cenedlaethol neilltuol hwn. Tir sy'n dal cyfrinachau ein hanes a'n diwylliant ond sydd hefyd yn dal grym ac ysbryd eithriadol ein mentergarwch cymunedol.

Once again, the community and innovation are interwoven, with Antur using their enterprise to create a caring community for the individuals in their care, but also providing important recycling services to the residents of Arfon and beyond.

The relationship between enterprise and care typifies so many of our communities where small and medium-sized businesses provide essential goods and services to local residents, and where voluntary groups and community enterprises provide services and caring spaces to nurture local residents. What brings both elements together is the key emphasis on the 'local' and, in the case of community development, the fundamental emphasis on '*cymunedoli*'. This term was coined by the late Sel Williams, a genius in community development within Gwynedd and beyond. *Cymunedol* is the adjective 'community' and so *cymunedoli* is 'to community', if you will. Sel's verb has to be seen through the lens of *bro* (this is usually translated as 'neighbourhood', but it also has overtones of a sense of shared values and culture, of belonging). It's the local, not the global. To serve the people on the ground and their daily needs, not the capitalist and extractive will of the neoliberal economy. Sel was instrumental in developing Cwmni Bro Ffestiniog as well as the Cymunedoli network in Gwynedd. A large part of his vision was the concept of strength together, and in public meetings he would compare this inter-community co-operation to farmers learning from the experience of their neighbours by a common understanding and working together, while keeping their feet on the ground, locally. And here we are: back to the land.

Back to the little portion of the earth that contains our communities and which is part of this particular National Park. Land that holds the secrets of our story and our culture but also holds the extraordinary power and spirit of our community enterprise.

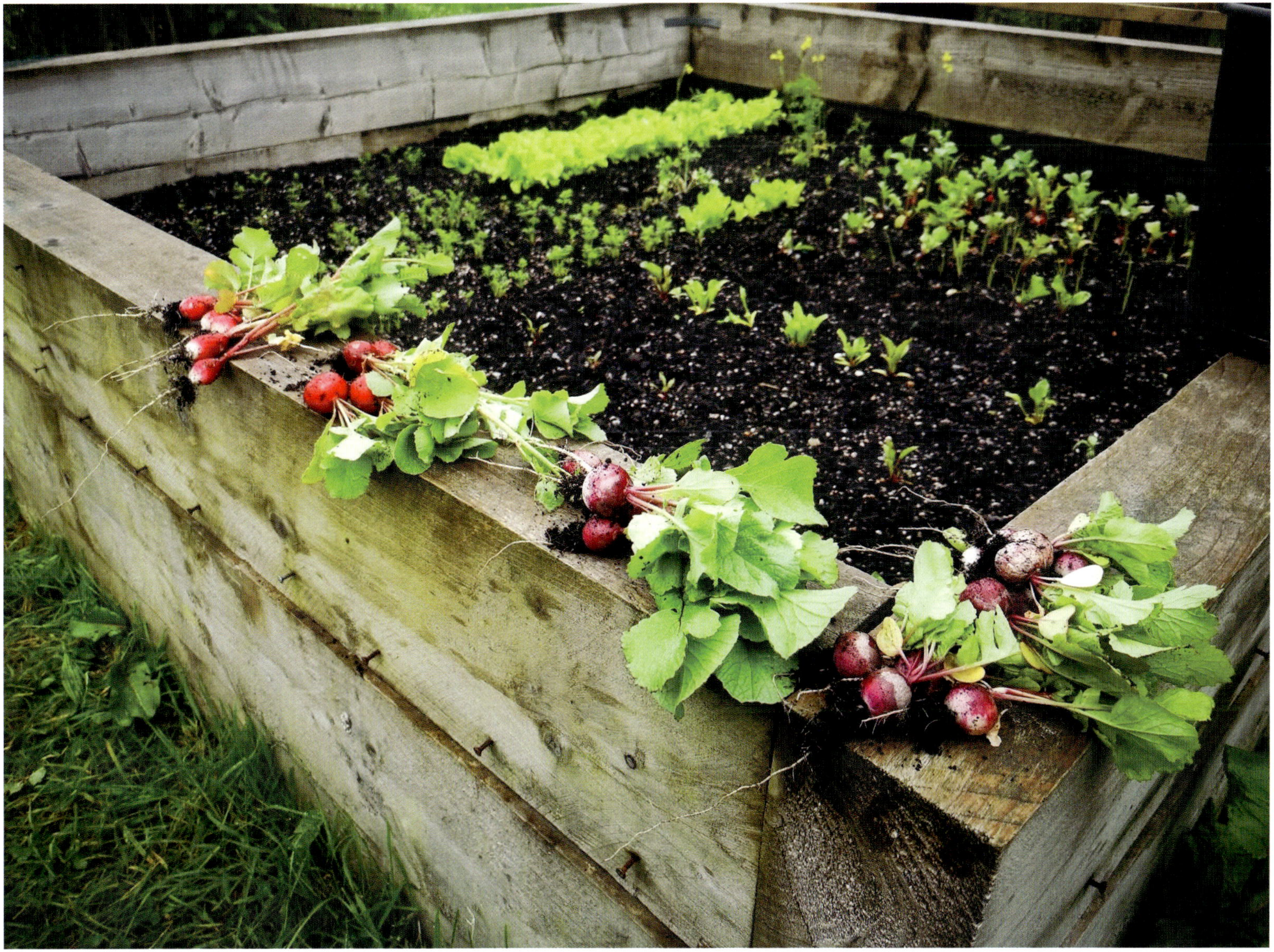

Gardd lysiau gymunedol | Community allotment
ⓗ *Y Dref Werdd*

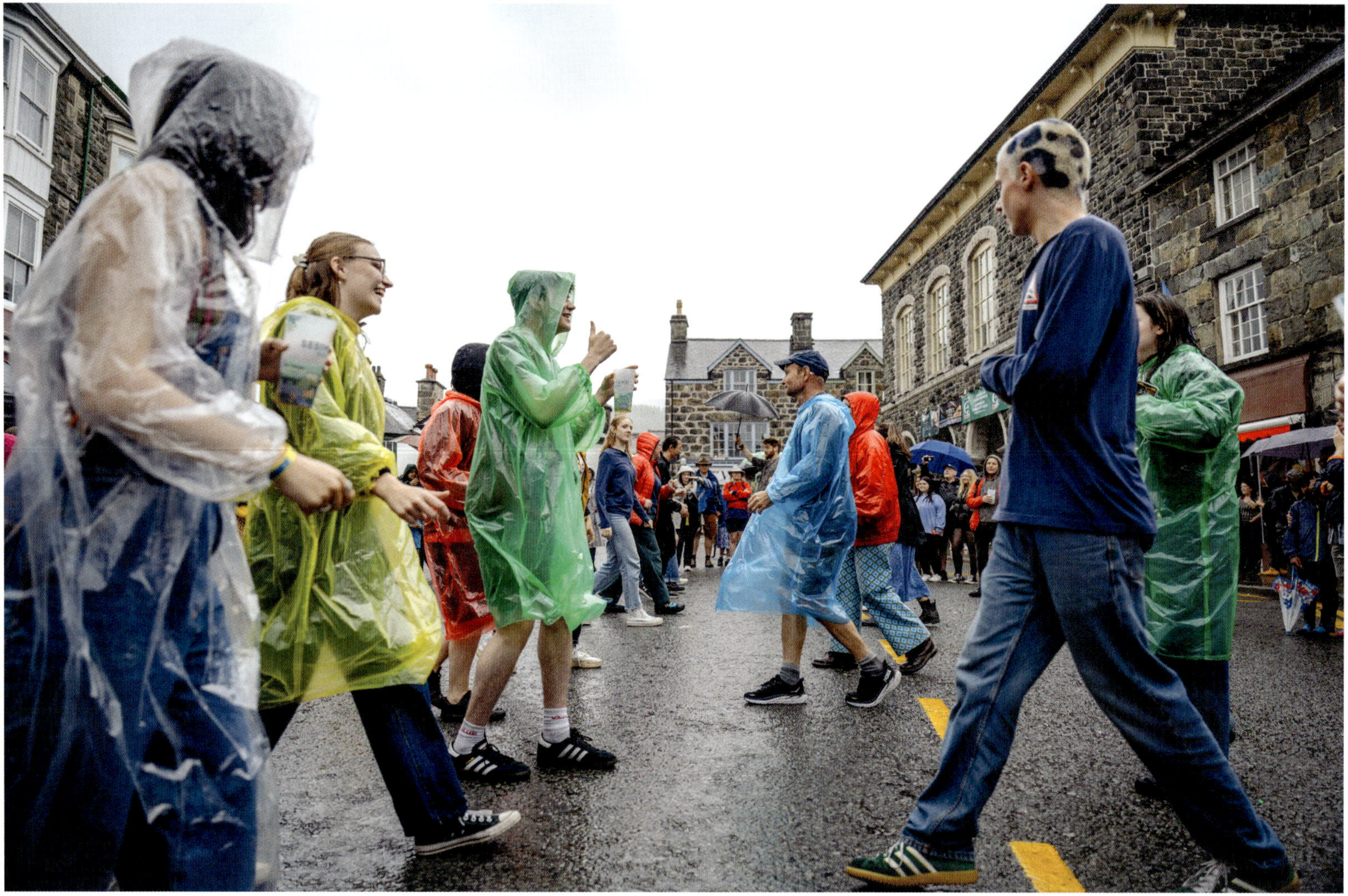

Sesiwn Fawr Dolgellau
ⓗ *ffotoNant*

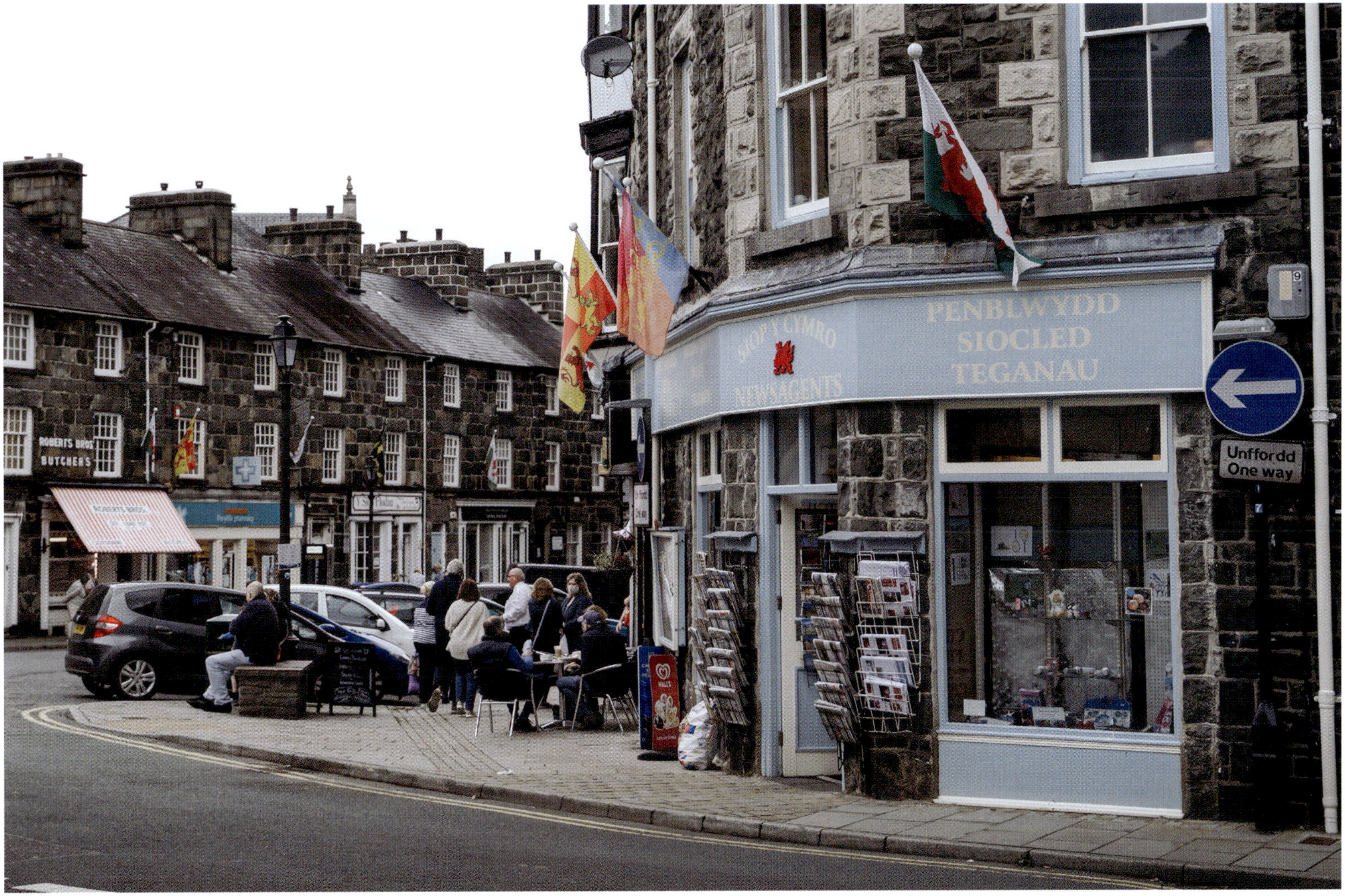

Sgwâr Eldon Square, Dolgellau
ⓗ Follow Films

Castell Harlech
ⓗ Ffotograffiaeth Mari Lloyd

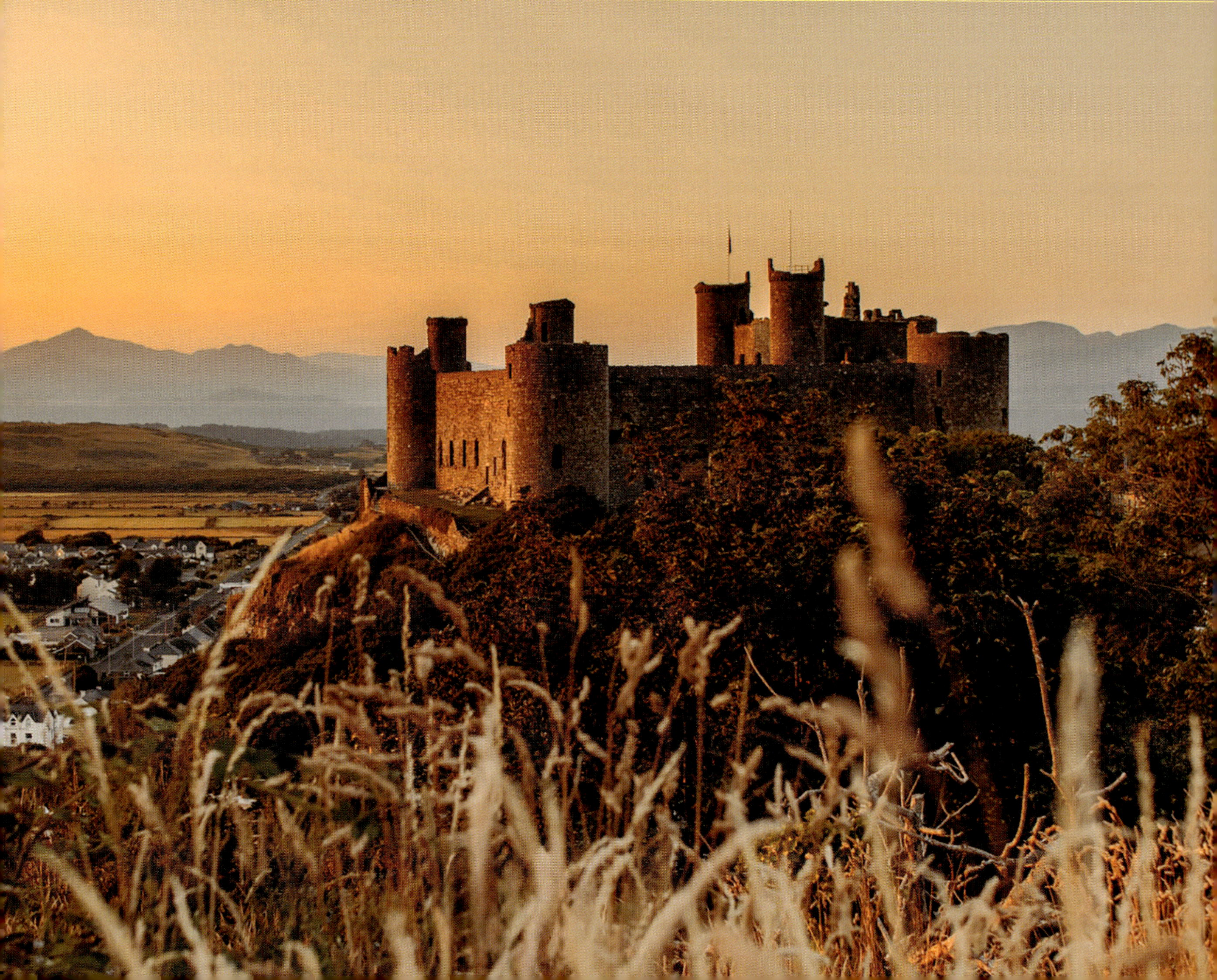

Cyn i luoedd Edward I, brenin Lloegr, drechu Llywelyn ein Llyw Olaf a meddiannu a dechrau gwladychu Cymru yn 1282–83, roedd Cymru'n wlad uniaith Gymraeg i raddau helaeth iawn. Newidiodd hyn wedi i Edward adeiladu cyfres o gestyll â'u trefi caerog a bwrdeistrefi gweinyddol o amgylch Cymru i gryfhau ei afael ar y wlad a'u poblogi â milwyr, gweinyddwyr, marsiandïwyr a gwladychwyr Saesneg. Ac o'r canolfannau hyn, daeth Saesneg fwyfwy yn unig iaith swyddogol Cymru. Cadarnhawyd y trefniadau trefedigaethol yn ffurfiol yn ddiweddarach gan Ddeddfau Uno 1536 ac 1542 a ymgorfforodd Gymru o fewn tiriogaeth Lloegr. Datganodd Deddf 1536 mai'r Saesneg fyddai unig iaith gweinyddiaeth gyhoeddus, y gyfraith a'r llysoedd barn, ac na châi siaradwyr Cymraeg eu penodi i swyddi cyhoeddus oni fedrent Saesneg. Arweiniodd hyn at israddio'r Gymraeg a'i chau allan o fywyd cyhoeddus a chylchoedd swyddogol am yn agos i 500 mlynedd, tan chwarter olaf yr ugeinfed ganrif. Ond er ei statws isel, y tu allan i'r trefi caerog a'r bwrdeistrefi a sefydlwyd gan Edward I, a thrwy'r canrifoedd o wladychu, parhaodd y werin bobl i siarad Cymraeg – ac maent yn ei siarad o hyd!

Ac eto, er mor ddiddorol yw hanes yr iaith, prin yw'r ymwybyddiaeth ohoni ymhlith yr ymwelwyr a ddaw i Eryri o bob cwr o wledydd Prydain ac o wledydd tramor pell ac agos. I lawer, bydd darganfod bodolaeth a phresenoldeb y Gymraeg yn Eryri yn peri syndod a chrafu pen, a byddant yn ei chlywed heb ei hadnabod a heb wybod pa iaith yw'r iaith anghyfarwydd hon a glywant.

Ond wedi dechrau crwydro Eryri, buan iawn y daw bywiogrwydd y Gymraeg yn amlwg i ymwelwyr. Byddant yn ei chlywed ar strydoedd ein pentrefi a'n trefi, mewn siopau, caffis a thafarndai, ar ein traethau ac yn sgyrsiau pobl ifanc, ymhlith plant yn chwarae a rhwng cymdogion, mewn gemau

the native Welsh princes, by the forces of the English king Edward I, and prior to Edward's military occupation and the beginnings of his colonisation of Wales in 1282–83, Wales was largely a monolingual Welsh-speaking territory. This changed following construction of Edward's chain of castles, fortified towns and administrative boroughs around Wales to secure his occupation of the land. He populated these colonial strongholds with English soldiers, administrators, merchants and settlers, and from these centres of power, English spread and increasingly became the only language of officialdom in Wales. The Crown's colonial arrangements were later to be codified by the Acts of Union of 1536 and 1542, which annexed and incorporated Wales *de jure* within the English realm. The 1536 Act declared that English would be the sole language of official administration, the law and the courts, and that Welsh speakers would be barred from holding public office unless they were also able to speak English. This led to a loss of status for the Welsh language and its exclusion from official domains and from much of the public sphere for almost 500 years, until the final quarter of the twentieth century. Yet, despite its low status, outside the fortified towns and boroughs established by Edward I, and through the following centuries of colonisation and assimilation, the common folk continued to speak Welsh – and they continue to speak it today!

Although the language has a fascinating history, there is very little awareness of it among those who come to visit Eryri from the other constituent nations of Britain and from overseas countries far and wide. For many, learning of the existence of Welsh and encountering its presence here in Eryri will come as a surprise and be rather puzzling perhaps, as they hear the cadences of this unfamiliar language around them without recognising which language it is.

But once visitors begin to discover Eryri, the vibrancy of

pêl-droed lleol, gwyliau lleol, ffeiriau haf, carnifalau a sioeau amaethyddol.

Yn ogystal â'i *chlywed*, byddant yn sylwi hefyd mor *weledol* yw'r Gymraeg. Fe'i gwelir ar arwyddion strydoedd, mewn enwau tai, ar adeiladau ac arwyddion ffyrdd, arwyddion siopau, busnesau, capeli ac arwyddion swyddogol ac answyddogol o bob math. Fe'i gwelir hefyd ar bosteri, mewn graffiti, ac mewn hysbysebion am ddigwyddiadau lleol.

Ac yn fwy amlwg na dim, efallai, bydd ymwelwyr yn sylwi mai Cymraeg yw iaith y dirwedd. Enw Cymraeg sydd i bob tref a phentref yma, ac i'r sawl fydd yn dilyn map OS, daw'n amlwg yn syth mai enw Cymraeg sydd i bob mynydd, bryn, llyn a choedwig, pob afon, nant, rhyd, ffrwd a dyffryn, pob ucheldir, pob bwlch, cefnen a chlogwyn. Yn ogystal â'r enwau a welwn ar fapiau OS, yma yn Eryri ac mewn llawer bro arall yng Nghymru, y mae (neu yr oedd tan yn ddiweddar iawn) enw Cymraeg ar bob cae a ffridd a hen lwybr gwledig – enwau sy'n hysbys i amaethwyr a gwladwyr y fro. A da yw nodi bod grwpiau lleol gweithgar mewn sawl bro wrthi'n cofnodi'r enwau caeau er mwyn diogelu eu parhad i'r dyfodol.

Mae'r enwau lleoedd yn rhan greiddiol o dreftadaeth, hunaniaeth a chymeriad ieithyddol yr ardal. Ynghlwm wrth bob enw y mae ystyr, hanes ac arwyddocâd lleol. Mae rhai yn enwi nodwedd yn y dirwedd, neu ei hansawdd; mae eraill yn cyfeirio at fywyd gwyllt. Ceir enwau hefyd sy'n cadw ar gof ryw hanesyn lleol, digwyddiad hanesyddol neu goel gwlad, gyda rhai yn cyfeirio at chwedlau. Maent yn ffynhonnell gwybodaeth a drosglwyddwyd o genhedlaeth i genhedlaeth, a gyda'i gilydd mae'r enwau'n gofnod byw o ymwneud pobl â'r darn hwn o'r ddaear ers cyn cof. Mae'r cyswllt cymhleth, cyfoethog yma rhwng yr iaith, y bobl a'r amgylchedd yn nodwedd a ddisgrifiwyd gan yr athronydd Cymraeg J. R. Jones fel "'cydymdreiddiad" tir Pobl â'u

Welsh soon becomes apparent to them. They will hear it on the streets of our villages and towns, in shops, cafés and pubs, on beaches and in the voices of our young people, among children playing and neighbours chatting, at local football games, local festivals, at summer fairs, carnivals and agricultural shows.

As well as *hearing* Welsh, they will also notice the high *visibility* of the language. They will see it on street signs, in house names, on buildings and road signs, in and on shops, businesses, chapels, and on all kinds of official and unofficial signage, posters, graffiti, and publicity for local events.

And perhaps most evidently, visitors will be made aware that Welsh is the language of the landscape. Every town and village bears a name in Welsh, and anyone following an OS map will soon observe that every mountain, hill, lake and forest, every river, stream, ford and high terrain, every pass, ridge and cliff bears a Welsh name. In addition to the names indicated on OS maps, here in Eryri as in many other regions of Wales, every field, pasture, moorland and rural pathway has (or had until very recently) a name in Welsh, names known to local farmers and country folk. In a number of areas there are local groups of enthusiasts engaged in cataloguing field names in order to ensure their preservation and continued use.

Place names are an intrinsic part of local heritage, identity and linguistic knowledge. Each name carries a meaning, a history and a particular local significance and resonance. Some identify landscape features or characteristics, others refer to wildlife. Some names preserve the memory of a local story, event or folk belief, and some refer to legends. They represent a wealth of knowledge passed down from generation to generation, and collectively they provide a living record of a people's interaction with the land and its people in this part of our world since time immemorial. This rich, highly complex link between the language, the people and their environment

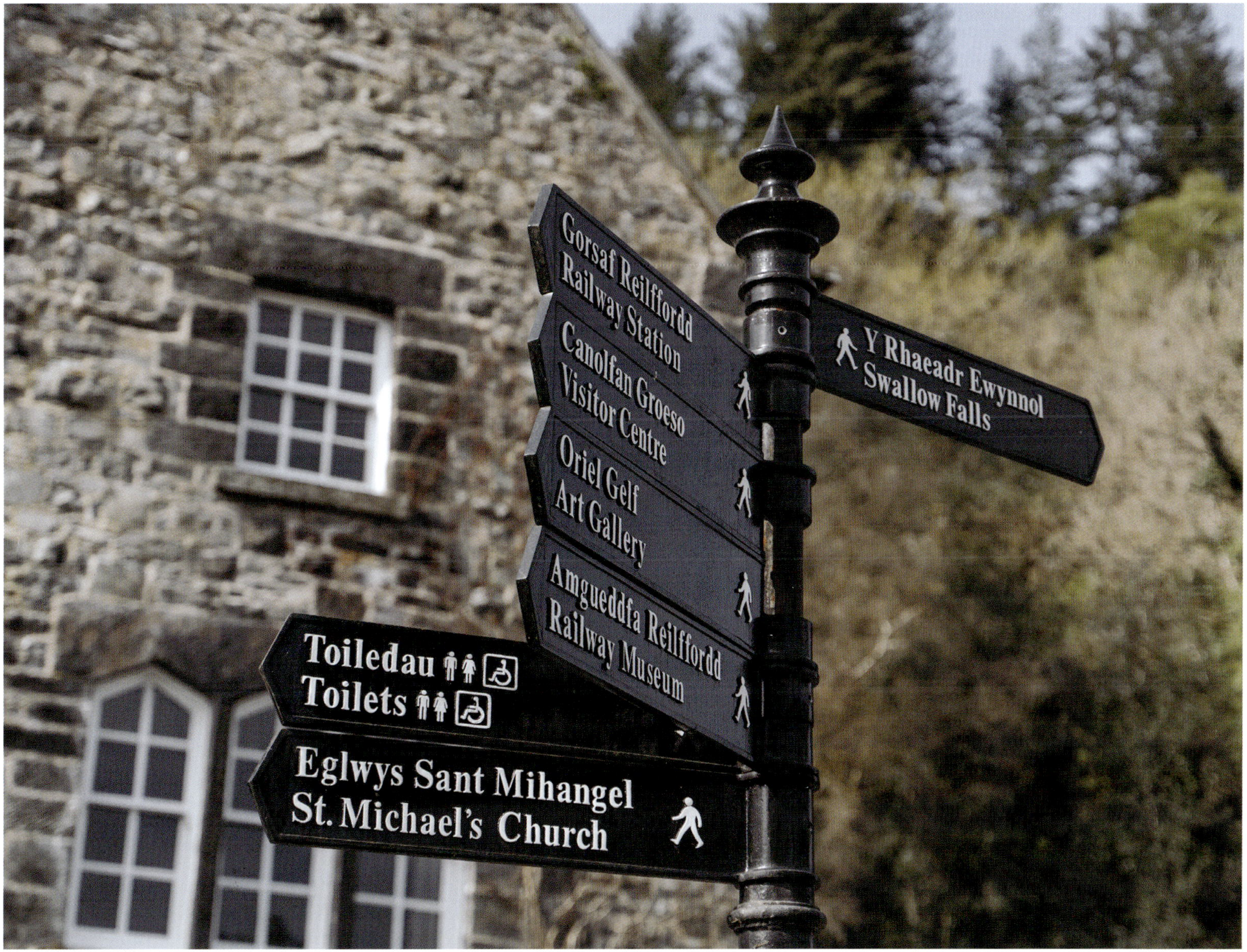

ⓗ *Follow Films*

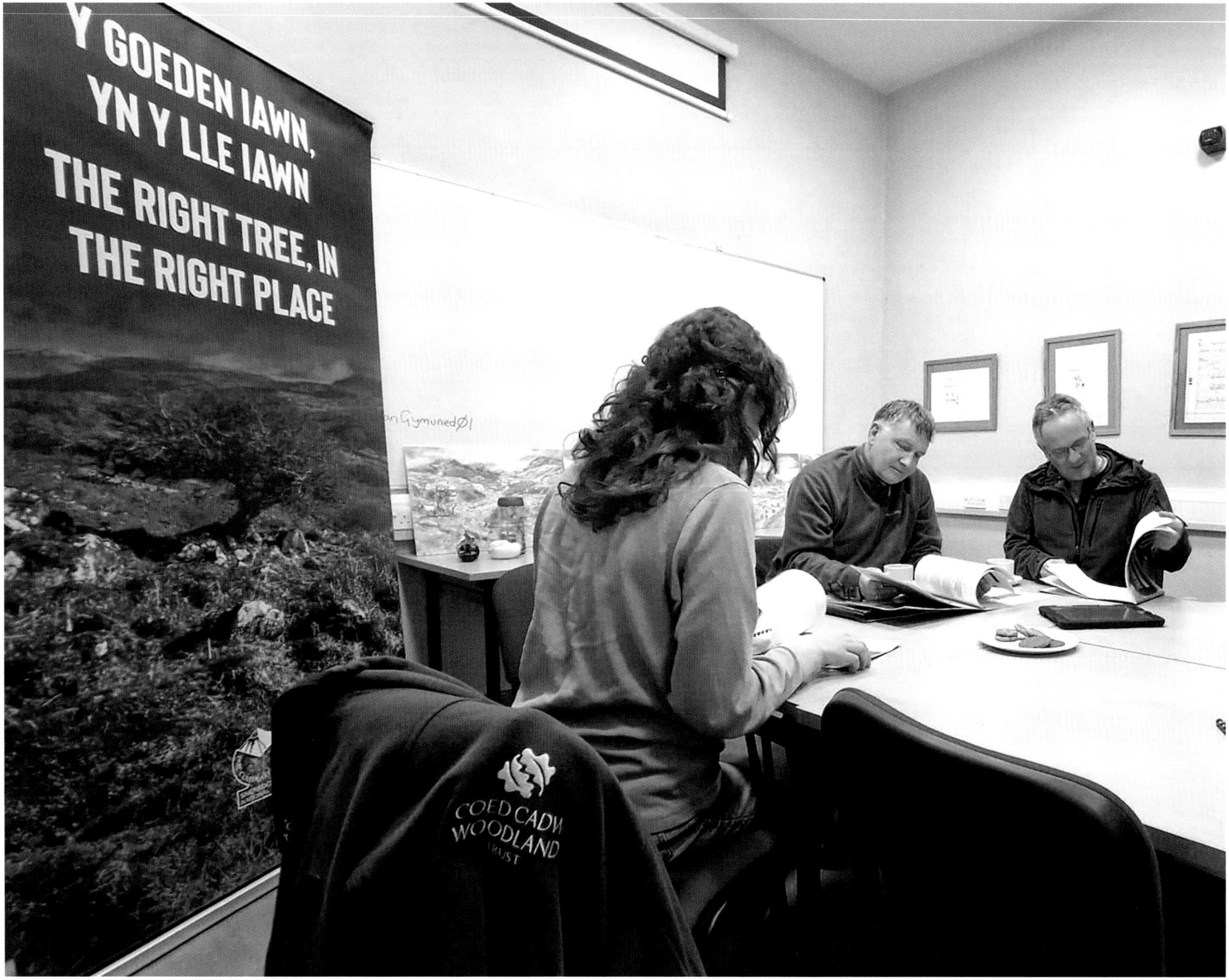

Dwyieithrwydd | Bilingualism
ⓗ APCE / ENPA

hiaith… y modd mirain yr ymblethodd cwlwm gofod Pobl â chwlwm eu hysbryd yn yr enwau a roesant yn eu hiaith ar eu mynyddoedd a'u broydd, eu hafonydd a'u pentrefi – yr "enwau persain ar fan a lle".

Oherwydd eu pwysigrwydd, mae Awdurdod Parc Cenedlaethol Eryri yn cydweithio â chyrff eraill ar brosiect hirdymor i ddiogelu enwau Cymraeg brodorol drwy safoni enwau nodweddion tirweddol yn Eryri.

Ydy, mae'r iaith i'w gweld a'i chlywed yn amlwg iawn heddiw – ond nid felly y bu hi cyn chwarter olaf yr ugeinfed ganrif. Cyn hynny, roedd yr iaith yn anweladwy i raddau helaeth mewn bywyd cyhoeddus, a gallech deithio drwy Gymru gyfan heb weld unrhyw arwydd swyddogol yn Gymraeg, heblaw rhai enwau lleoedd. Bellach mae gan yr iaith statws swyddogol yng Nghymru, yn gydswyddogol â'r Saesneg. Mewn llawer gwedd ar fywyd cyhoeddus Eryri a gweddill Cymru, dwyieithrwydd yw'r norm bellach yn gynyddol, gyda'r Gymraeg a'r Saesneg yn cael eu defnyddio ochr yn ochr â'i gilydd yn gyfartal, yn debyg i'r dwyieithrwydd cyhoeddus a welwn mewn llawer o wledydd Ewrop a gweddill y byd. Wedi'r cwbl, mae'r mwyafrif o bobl y byd yn siarad mwy nag un iaith.

Mae dwyieithrwydd ar waith yn y system addysg hefyd, gyda'r Gymraeg a'r Saesneg yn cael eu dysgu yn holl ysgolion y wladwriaeth yn Eryri a gweddill Cymru. Dysgir y Gymraeg fel pwnc ym mhob ysgol, ac mewn ysgolion Cymraeg a dwyieithog, Cymraeg yw cyfrwng y dysgu ar gyfer pynciau eraill hefyd i amrywiol raddau. Hwyrach y sylwch mor rwydd a chwbl naturiol y mae pobl ifanc Eryri yn gallu newid o un iaith i'r llall wrth sgwrsio. Cymru yw'r unig wlad yng ngwledydd Prydain lle mae'r system ysgolion yn anelu at gynhyrchu dinasyddion dwyieithog rhugl a hyderus erbyn diwedd eu cyfnod ysgol. Yn hynny o beth maent yn debyg

is a phenomenon described by the Welsh philosopher J. R. Jones as 'the "interpenetration" of a People's land with their language… the wonderful way in which a People's ties to a particular space became interwoven with their spiritual ties in the names they gave to their mountains and localities, their rivers and their villages – the "harmonious names for here and there". (translated from Welsh)

Because of their significance, Eryri National Park is collaborating with partner organisations on a long-term project to preserve native Welsh placenames by standardising the names of landscape features within Eryri.

The language is certainly to be heard and seen today – but this was not the case prior to the last quarter of the twentieth century. Previously, the language was largely invisible in the public sphere, and one could travel the length of Wales without seeing any official signage in Welsh, apart from non-anglicised placenames. Nowadays the language has joint official status with English in Wales. In many aspects of public life in Eryri and throughout Wales, bilingualism is the norm and increasingly so, with Welsh and English used side by side on an equal basis, similar to the public bilingualism we see in many European countries and across the world. After all, most of the world's population speak more than one language, as Welsh speakers do, being fluent in both Welsh and English.

Bilingualism operates within the education system too, with Welsh and English taught in all state schools in Eryri and across the rest of Wales. Welsh is taught as a subject in every school, and in Welsh medium schools and bilingual schools Welsh is also the medium of instruction for other subjects to varying degrees from area to area. You may notice how easily and naturally Eryri's young people can switch from one language to the other in their everyday speech. Wales is the only nation within the UK where the school system aims at producing

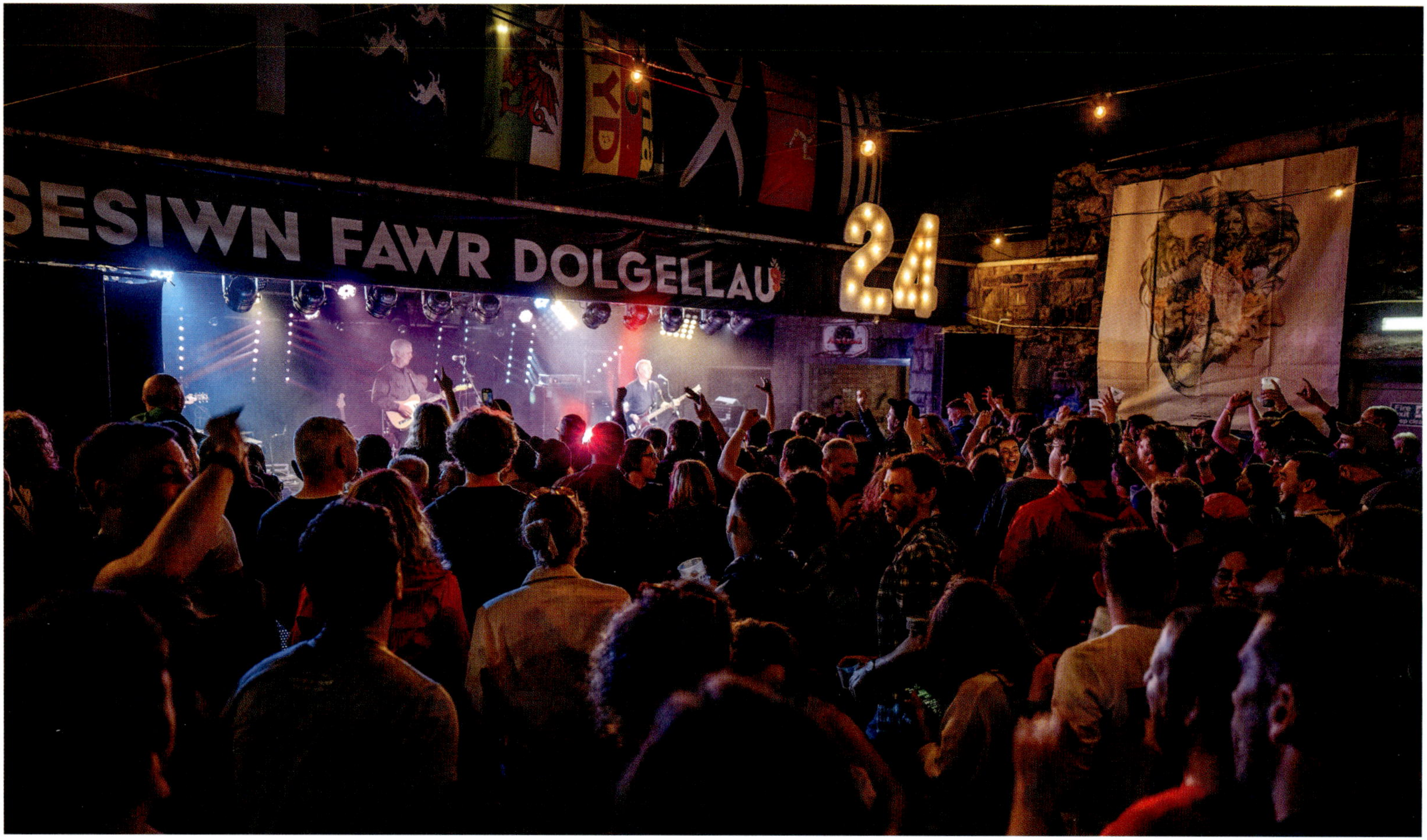

Sesiwn Fawr Dolgellau
ⓗ *ffotoNant*

i lawer o'u cyfoedion Ewropeaidd dwyieithog, gyda'r holl fanteision gwybyddol, cymdeithasol a diwylliannol a ddaw yn sgil bod yn ddwyieithog.

Nid yw'n syndod fod y diwylliant Cymraeg yn ffynnu yma, a rhan bwysig o'r diwylliant yw'r celfyddydau. Mae artistiaid o Eryri a'r cyffiniau yn creu gwaith yn Gymraeg ar draws yr holl ystod o gyfryngau creadigol – yn farddoniaeth, cerddoriaeth,

fluent and confident bilinguals by school leaving age. This places them on a similar footing to many of their bilingual European peers, with all the cognitive, social and cultural advantages that bilingualism can bestow.

It is hardly surprising that Welsh cultural life flourishes here, and there is a particular vibrancy in the arts. Creatives from Eryri and the surrounding areas produce work in Welsh

y celfyddydau gweledol, ffuglen, dramâu, ffilmiau, sioeau, sgyrsiau, darlithoedd, ac yn y blaen. Pwysig iawn hefyd i'n cymunedau yw'r 16 o bapurau bro a gyhoeddir yn fisol gan griwiau gwirfoddol lleol o fewn tiriogaeth y Parc.

Byddai trafod y gweithgarwch yn yr holl feysydd creadigol hyn yn hawlio gofod llyfr cyfan, ond gallwn fodloni ar gyfeirio yma at un maes bywiog iawn, sef y sîn gerddoriaeth Gymraeg gyfoes. Dyma faes sy'n byrlymu yn Eryri a'r ardaloedd cyfagos, ac yn wir, drwy Gymru benbaladr. Ceir nifer o neuaddau, tafarnau a chlybiau yn y Parc a'r cyffiniau lle cynhelir gigs a chyngherddau yn rheolaidd ar hyd y flwyddyn. Yn nhref Dolgellau y mae'r ganolfan gerddoriaeth Tŷ Siamas, ac yn yr un dref cynhelir gŵyl fyrlymus y Sesiwn Fawr bob mis Gorffennaf, pryd y llenwir pob gofod perfformio lleol gyda seiniau pob math o gerddoriaeth gyfoes a thraddodiadol. Ceir gwyliau achlysurol eraill, poblogaidd iawn, mewn trefi a phentrefi eraill megis Llanrwst, Blaenau Ffestiniog, y Bala, Machynlleth a Bethesda. Yn ogystal, cewch glywed cerddorion Cymraeg lleol yn feunyddiol ar Radio Cymru ac ambell orsaf radio arall. Mae amryw o'n cerddorion lleol wedi perfformio yn Gymraeg mewn nifer o wledydd ar draws y byd. Yn flaenllaw ymhlith yr artistiaid sydd â chysylltiad cryf â'r ardal y mae'r Super Furry Animals, 9Bach, Pedair, Ar Log, Alffa, Celt, Pys Melyn, Bob Delyn a'r Ebillion, Lleuwen, Cerys Hafana, Cilmeri, Candelas, Bwncath, Gwilym Bowen Rhys a llu o rai eraill. Mae eu cerddoriaeth ar gael ar blatfformau digidol ac ar grynoddisgiau sydd ar werth mewn siopau llyfrau Cymraeg ym mhob cwr o Gymru, gan gynnwys y rhai yng nghyffiniau'r Parc. Ydy – mae'r sîn gerddoriaeth gyfoes yn ffynnu ac mae'r creugarwch yr un mor frwd yn y meysydd creadigol eraill.

Nodwyd ar ddechrau'r bennod hon bod 'siarad Cymraeg' yn ecosystem gymdeithasol brin a bregus. Ac fel ecosystemau

in every field of artistic endeavour – poetry, music, the visual arts, fiction, drama, film, stage shows, lectures and talks etc. A further key element in community life is the *papurau bro*, the network of 16 community newspapers written, published and distributed monthly within the Park and its surrounding areas on a voluntary basis by dedicated groups of residents in each local catchment area. They represent the most widely read printed material currently produced in Welsh, and contain hyper-local news to keep residents informed about community life from village to village, and celebrate the sense of belonging and identity.

Any attempt to discuss the whole range of creative activity in Eryri would require a book-length endeavour. But we can perhaps make reference here to one particularly vibrant aspect, i.e. the contemporary Welsh-language music scene which thrives here and indeed throughout Wales. Live music venues include a number of pubs, clubs and halls throughout the Park where gigs and concerts are held throughout the year. To the south, Tŷ Siamas is a music centre located in the heart of Dolgellau town, which also hosts the lively annual Sesiwn Fawr festival in July, when the medium-to-small performance spaces reverberate with the sounds of all kinds of contemporary and traditional music.

Other highly popular music festivals are also held quite regularly in the towns and villages of Llanrwst, Blaenau Ffestiniog, Y Bala, Machynlleth and Bethesda. Tracks by local musicians can be heard daily on BBC Radio Cymru and other stations, and many Welsh-language musicians have performed on stages across the world. Prominent among those with strong local connections are Gruff Rhys, Super Furry Animals, 9Bach, Pedair, Ar Log, Alffa, Celt, Pys Melyn, Bob Delyn a'r Ebillion, Lleuwen, Cerys Hafana, Cilmeri, Candelas, Bwncath, Gwilym Bowen Rhys and many others. Their music is available

eraill, mae ei dyfodol yn wynebu sawl her. Mae nifer o ffactorau yn peryglu'r cynefin ieithyddol hwn a'r rhywogaeth o 'siarad Cymraeg', gan gynnwys newidiadau demograffig ar raddfa fwy nag a welwyd yn y gorffennol. Mae allfudiad o blith pobl ifanc i chwilio am waith, cartrefi fforddiadwy a phrofiadau gwahanol yn golled fawr i'n cymunedau Cymraeg. Nhw yw cenhedlaeth y darpar rieni Cymraeg a allai drosglwyddo'r iaith a'i diwylliant i'w plant a chynnal hyfywedd cymunedau. Ac yn y pegwn arall, mae mewnfudiad pobl ddi-Gymraeg gyda'u harferion cymdeithasol gwahanol a'u diwylliant gwahanol i ardaloedd sy'n ieithyddol fregus hefyd yn dylanwadu ar ddefnydd y Gymraeg mewn cymunedau a theuluoedd. Dwy elfen yn unig yw mewnfudo ac allfudo o'r cyfuniad cymhleth o ffactorau demograffig, economaidd a chymdeithasol a fydd yn effeithio ar barhad ecosystem y Gymraeg.

Hyderwn y bydd dysgu am fywiogrwydd yr iaith yn ei chynefin yn ychwanegu'n fawr at brofiad a mwynhad yr ymwelydd o ddarganfod lle sy'n 'wahanol' i adref, lle sy'n anghyfarwydd a braidd yn 'estron' hwyrach, a hynny heb orfod teithio dramor i'w brofi. Ac fel y gwelsom, yr allwedd i ddealltwriaeth dda a gwerthfawrogiad o'r cyfan – y dirwedd, ei phobl, ei hanes a'i diwylliant cyfoethog – yw'r iaith Gymraeg. Gobeithio y caiff siaradwyr Cymraeg o ardaloedd eraill flas ar brofi ei bywiogrwydd yn Eryri!

on digital platforms and on CDs sold in Welsh bookshops across Wales, including the ones in the Park's vicinity. The contemporary music scene is indeed lively, and this is paralleled by a similar vibrancy and freshness in the other creative arts.

Early in this chapter the practice of 'speaking Welsh' was described as a rare and fragile social ecosystem. And like other ecosystems, it faces many current and future challenges. A number of factors present a threat to this linguistic habitat and the social 'species' of Welsh speaking. Among them are demographic factors which are impacting on a scale larger than previously experienced. The out-migration of young people in search of employment opportunities, higher education, affordable homes and new lifestyle experiences represents a significant loss to our Welsh-speaking communities. After all, they are tomorrow's potential Welsh-speaking parents with the capacity to transmit the language and culture to their children and thereby help to sustain Welsh community life. Conversely, the in-migration of non-Welsh speakers with different social practices and cultural norms into linguistically sensitive areas also impacts on the use of Welsh within communities and families. In-migration and out-migration are only two aspects of the complex combination of multiple demographic, economic and social factors which will determine the future of the Welsh-speaking ecosystem.

We hope that this brief overview of the vibrancy of Welsh in one of its heartlands will add to the visitor's experience of Eryri, and enjoyment of a place which feels 'different' to home and a little bit 'foreign' perhaps, yet without having to travel abroad to experience it. And as we have seen, an awareness of the Welsh language is key to any deep understanding and appreciation of so much that the area has to offer – its landscape, people, close community spirit and rich culture. We hope you enjoy your encounters with the vibrancy of the Welsh language!

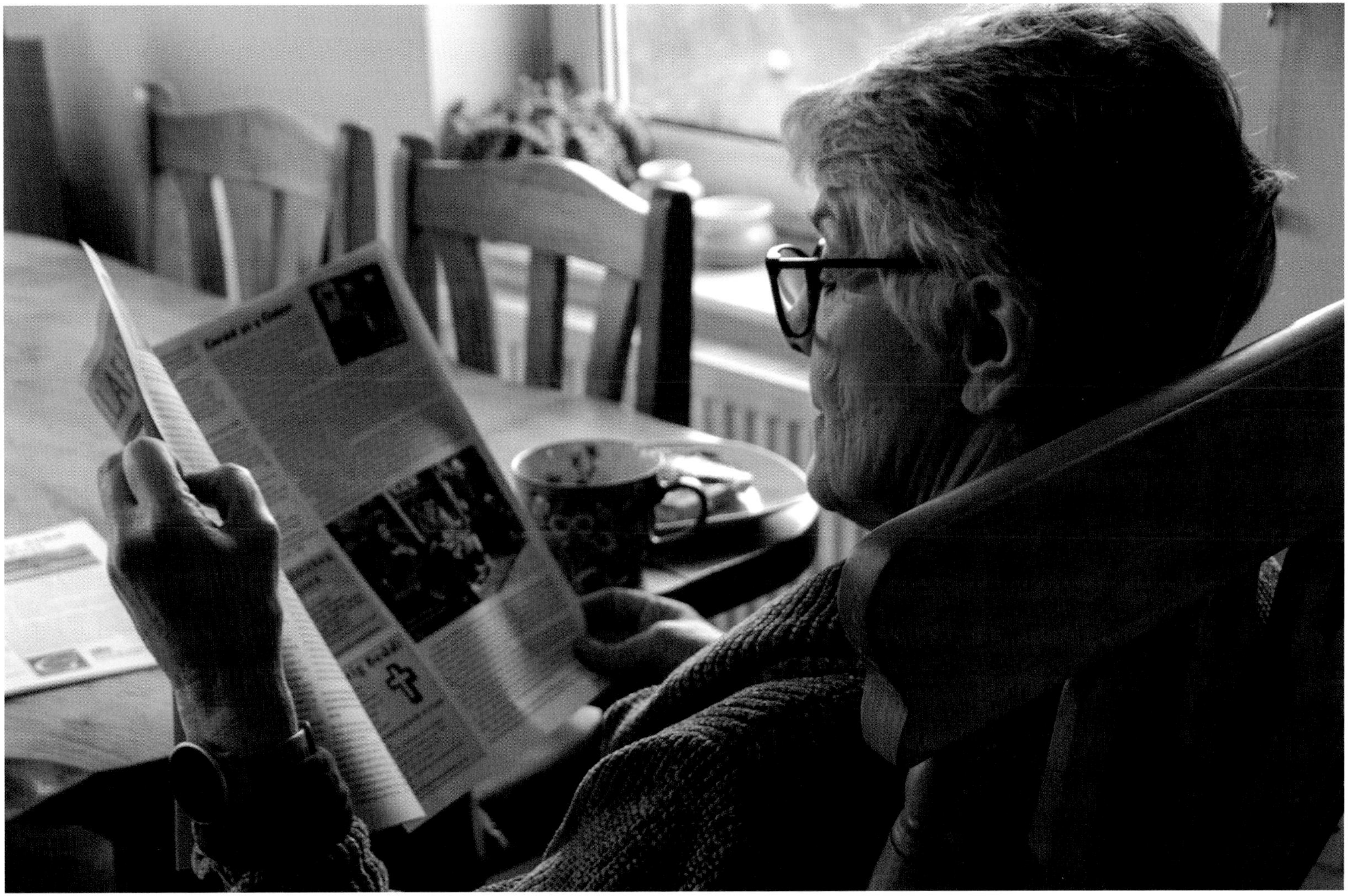

Hel straeon yn y papur bro | Local news in the papur bro
ⓗ Gwen Aeron Edwards

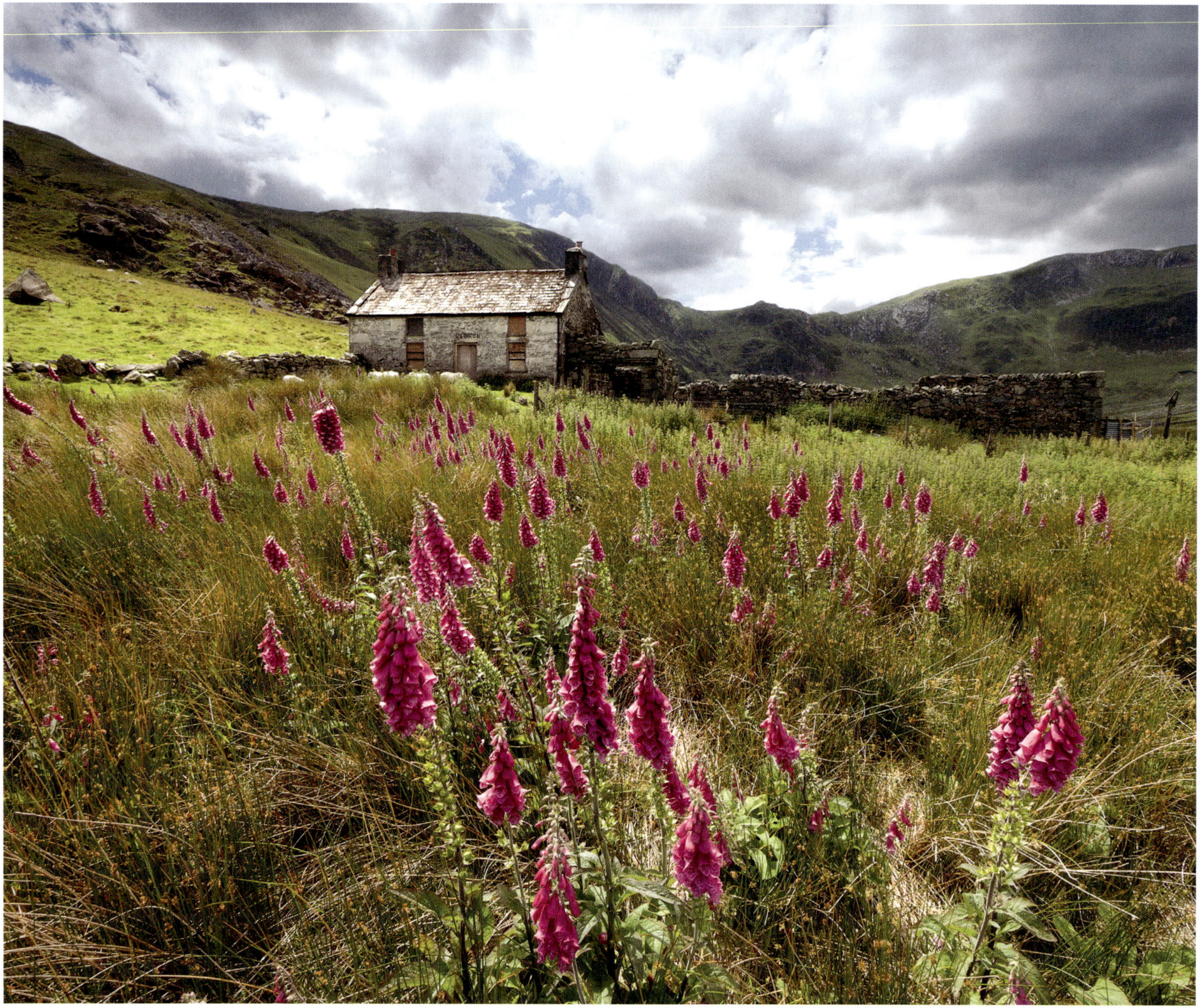

Hen dyddyn | An old homestead
Ⓗ *Dylan Arnold*

Ehangu gorwelion
Broadening horizons

Ann Thomas

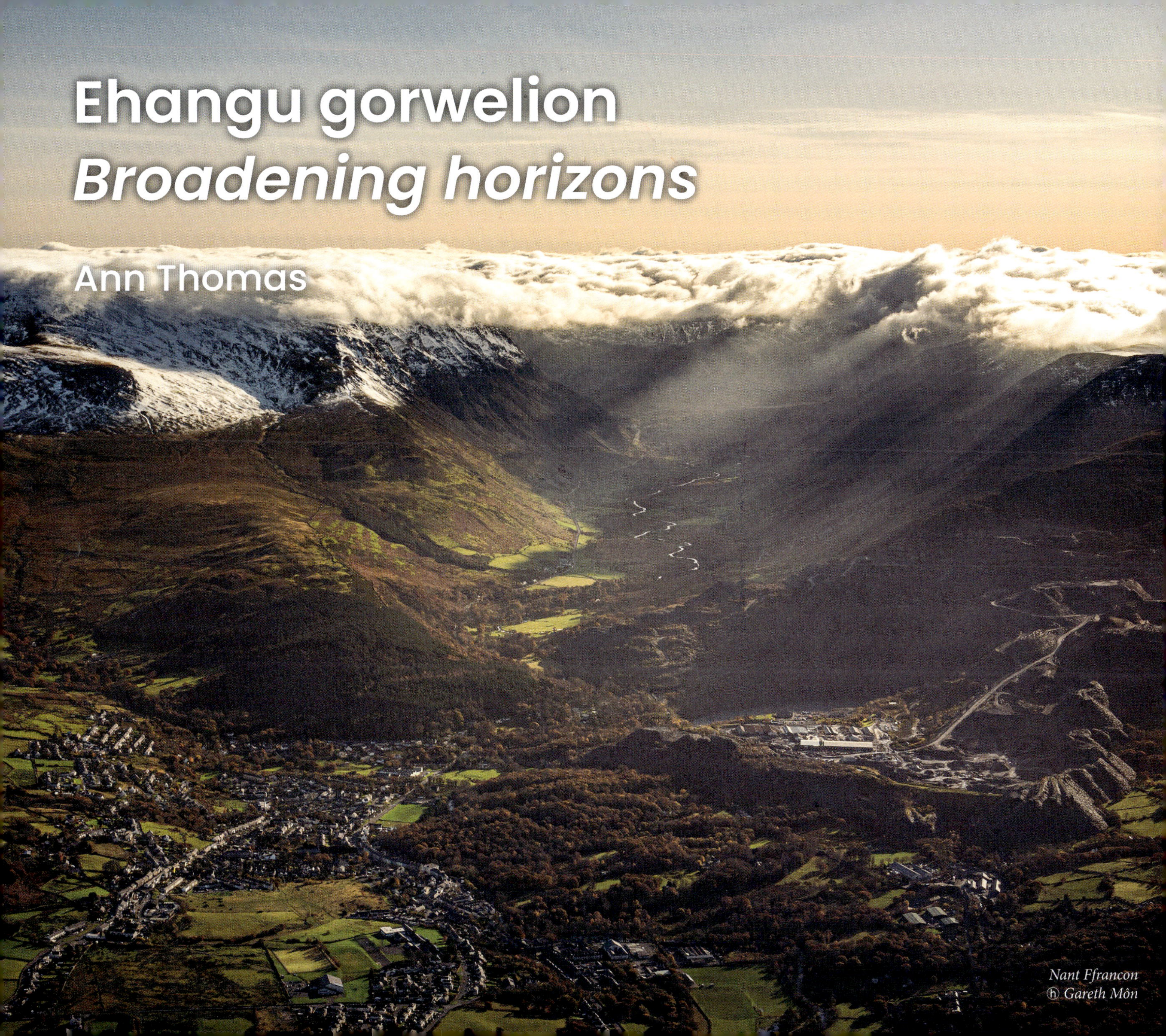

Nant Ffrancon
ⓗ Gareth Môn

'Rho dy law i mi ac awn i gopa'r mynydd.'

Ymadrodd a ddefnyddir i ysbrydoli ac annog. Does dim lle gwell nag Eryri i wireddu'r dywediad ac ysgogi unrhyw un i ddringo ei fynydd arbennig ei hun, beth bynnag y bo.

Mae mawredd copaon a rhaeadrau Eryri, ei ffurfafennau cyfnewidiol a'i harfordir gwyllt yn rhagori yn rhyngwladol diolch i saith deg pum mlynedd o ddiogelu, gwella a rhannu ei rhinweddau arbennig ar gyfer hamdden, dysgu a lles cymunedol. Ymgorfforir ac ysbrydolir y teimlad o fwynhad yn Eryri ac yma daw addysg gydol oes yn fyw. Dyma'r etifeddiaeth sydd yn golygu na ellir ei disodli.

Athro rhyfeddol yw Eryri. Cynigir heriau, boddhad, gwersi am gyfnodau, addasiad a dyfalbarhad gan bob crib, dyffryn a llyn. Cofnodion daearegol yw ei mynyddoedd hardd yn ymestyn yn ôl gannoedd o filiynau o flynyddoedd. Mae ei hafonydd, ei thraethau a'i dyffrynnoedd rhewlifol yn yr un modd yn amlygu newid cyson, tra bo'i waliau cerrig, olion gwasgaredig ei hadeiladau a'i chwareli llechi yn adrodd straeon am ymdrech ddynol, dyfeisgarwch a dyfalbarhad.

Ers canrifoedd mae daearegwyr arloesol, naturiaethwyr a gwyddonwyr o'r prifysgolion gorau megis Edward Llwyd, Adam Sedgwick a Charles Darwin, ynghyd â theithwyr, artistiaid ac entrepreneuriaid penderfynol o bob cefndir, wedi archwilio ac astudio cyfrinachau Eryri. Cafwyd cydnabyddiaeth, yn arbennig gan wyddonwyr, o arwyddocâd neilltuol daeareg a natur yr ardal ac aethant ati i sefydlu egwyddorion ar sail eu sylwadau craff. Erbyn heddiw, mae'r egwyddorion hynny'n fyd-enwog ac yn bileri gwybodaeth a ddefnyddir gan bawb. Yn yr un modd, daeth tirweddau'n adnabyddus drwy bortreadau gan artistiaid o'r ucheldiroedd ac o fywyd gwledig delfrydol, a thrwy lyfrau teithwyr, dringwyr gwydn yn dringo ei chopaon uchel ac entrepreneuriaid

'Give me your hand and we'll go to the top of the mountain.'

A saying to inspire and encourage. There's no better place than Eryri to motivate anyone to do just that and climb their own particular mountain, whatever it may be.

The grandeur of Eryri's peaks and waterfalls, its moody skies and wild coastlines are internationally outstanding thanks to seventy-five years of protecting, enhancing and sharing its special qualities for leisure, learning and community well-being. Eryri embodies and inspires enjoyment and is a place where lifelong learning comes alive. This legacy of effort makes it irreplaceable.

Eryri is an extraordinary teacher. Every ridge, valley and lake holds challenges, fulfilment and lessons about time, adaptation and endurance. The mountains are both beautiful and geological records stretching back hundreds of millions of years. Its rivers, beaches and glacial valleys likewise speak of constant change, whilst its stone walls, the scattered remains of buildings and slate quarries tell stories of human endeavour, ingenuity and perseverance.

For centuries pioneering geologists, naturalist and scientists from prestigious universities such as Edward Llwyd, Adam Sedgwick and Charles Darwin, along with determined travellers, artists and entrepreneurs from all walks of life, have explored and studied Eryri's secrets. Scientists, in particular, recognized the outstanding significance of the area's geology and nature, establishing principles based on their observations, many of which achieved worldwide fame and are today familiar pillars of knowledge. Likewise, landscapes became well known as artists exhibited paintings of the high peaks and idyllic rural life, travellers wrote books, hardy climbers scaled its high peaks and entrepreneurs made and lost fortunes digging for

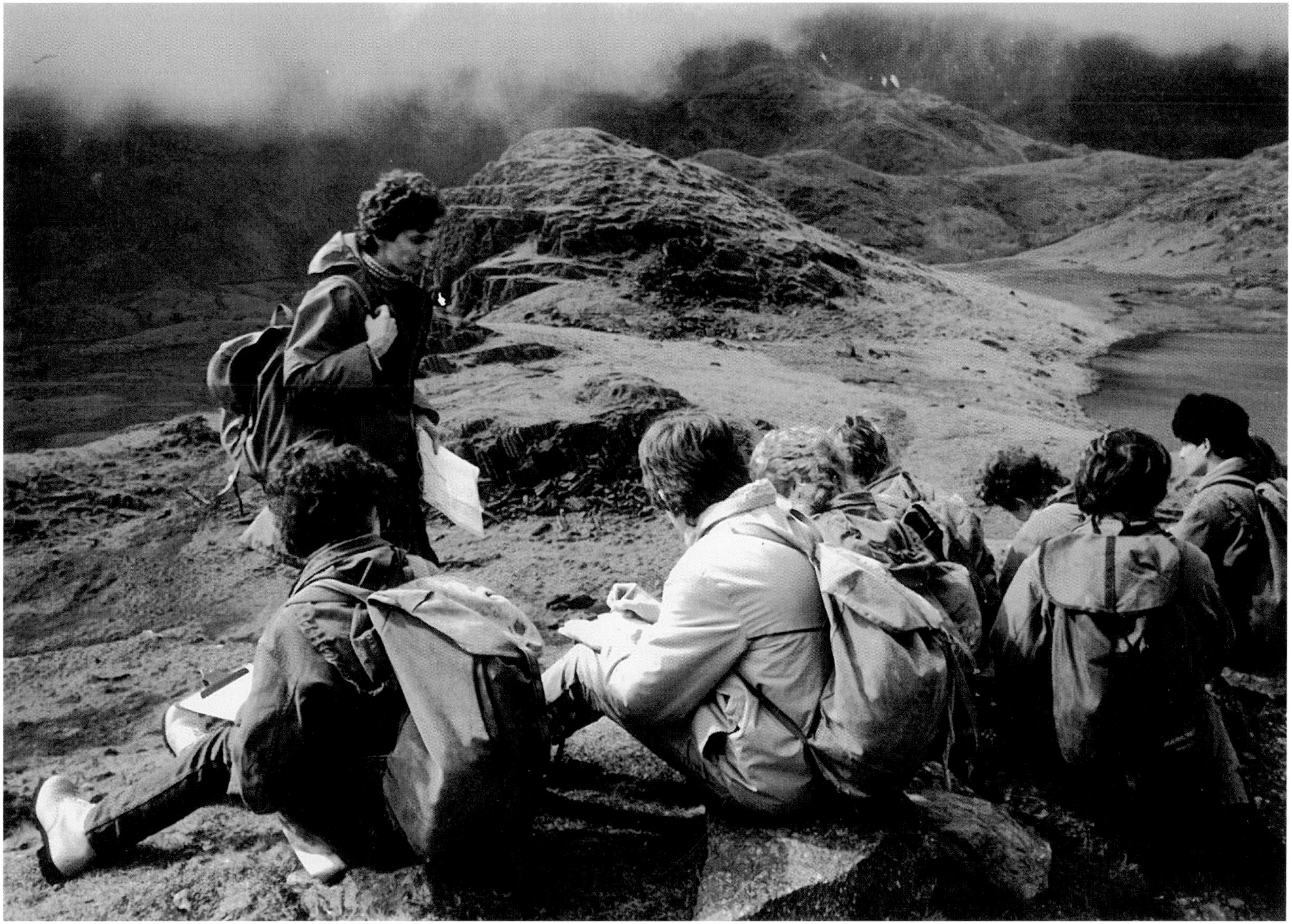

Taith faes myfyrwyr | Student field trip

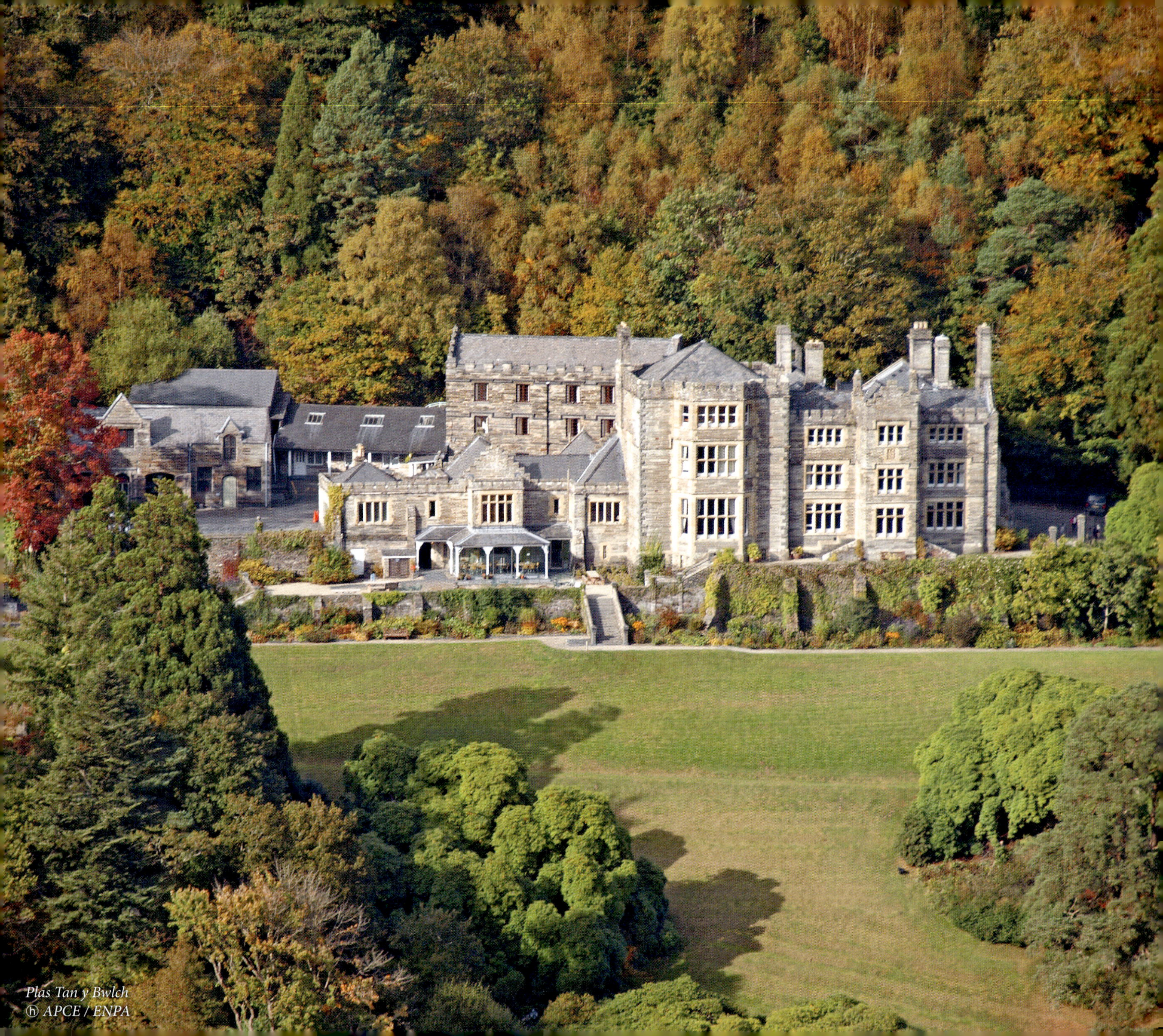

Plas Tan y Bwlch
ⓗ APCE / ENPA

yn gwneud a cholli ffortiwn wrth gloddio am gyfoeth yn y mynyddoedd neu adennill tir o'r môr.

Mae Eryri yn parhau i fod yn lleoliad byd-enwog ar gyfer dysgu, astudiaethau gwyddonol a gweithgareddau hamdden ac addysg awyr agored. Hyrwyddir y cyfan gan amrywiaeth eang o sefydliadau a phrifysgolion.

Bu dwy o ganolfannau Awdurdod y Parc Cenedlaethol yn annog defnyddio ei amgylchedd naturiol ar gyfer dysgu yn yr awyr agored. Mae plasty moethus oedd yn eiddo i farwniaid llechi cyfoethog Oes Fictoria, a fferm deuluol draddodiadol Gymreig, y naill yn dra gwahanol i'r llall, wedi chwarae rhan bwysig wrth hyrwyddo ethos ymchwil a dysgu trwy hamdden.

Nid ydynt yn sefydliadau addysgol confensiynol, ond yn adeiladau lle mae storïwyr, mentoriaid, natur, gwyddoniaeth a hanes yn cwrdd, a lle ffurfir cysylltiadau rhwng pobl a lleoedd. Lleoliadau lle mae'n hawdd ysbrydoli oherwydd bod dysgu ac atgofion wedi'u gwreiddio mewn profiadau go iawn.

Am dros hanner canrif, bu ystad Plas Tan y Bwlch, ei gerddi hanesyddol ysblennydd a'i choedlannau uwchlaw Afon Dwyryd a phentref Maentwrog, yn ganolfan astudio, yn gartref, yn labordy ac yn encilfa. Yma, dros y blynyddoedd, ehangwyd yn sylweddol y dewis o gyrsiau preswyl a ddatblygwyd yn 1975 gan gynnig cyfleoedd amrywiol i ddenu'r cyhoedd, gweithwyr proffesiynol, ysgolion, prifysgolion a grwpiau annibynnol fel ei gilydd o bell ac agos.

Gweithiodd arbenigwyr amgylcheddol, athrawon, hobïwyr a phobl leol wybodus ochr yn ochr â staff yr Awdurdod i gyflwyno cyrsiau addysgiadol ac ymarferol er budd pawb. Ychydig iawn o leoedd dysgu eraill a gynigiai ddewis mor amrywiol o weithgareddau. Llwyddodd tiwtoriaid y Plas ac aelodau'r cyrsiau i gynnal ac ehangu'r traddodiad o ddeall ffeithiau hanesyddol, gwyddonol ac amgylcheddol annisgwyl yr ardal. Arweiniodd blynyddoedd o waith maes gan grwpiau

wealth in the mountains or reclaiming land from the sea.

Eryri remains a world-renowned venue for learning, scientific study, leisure activities and outdoor education, all championed by a wide range of organizations and universities.

Two of the National Park Authority's centres have encouraged the use of its natural environment for outdoor learning. The luxurious mansion of wealthy Victorian slate barons and, in complete contrast, a traditional Welsh family farm, have both played important roles in promoting the ethos of research and learning through leisure.

Neither are conventional educational institutions but buildings where storytellers, mentors, nature, science and history meet and connections between people and places are forged. Settings where one cannot help but be inspired because learning and memories are embedded in real experiences.

For over fifty years, the estate and mansion of Plas Tan y Bwlch, its historic picturesque gardens and woodlands overlooking the Dwyryd valley and village of Maentwrog, have been a study centre, a home, laboratory and retreat. The first residential courses developed in 1975 broadened considerably over the years offering wide-ranging opportunities attracting the public, professionals, schools, universities and independent groups alike from near and far.

Environmental experts, teachers, hobbyists and knowledgeable local people worked side by side with Authority staff to deliver informative and practical courses for the benefit of all. Very few other places of learning offered such a diverse choice of activities. Plas tutors and course participants helped maintain and expand the tradition of understanding the area's historic, scientific and environmental surprises. Years of fieldwork by dedicated groups of supporters resulted in the publication and sharing of this knowledge in

ymroddedig o gefnogwyr at gyhoeddi a rhannu'r wybodaeth hon mewn cylchoedd academaidd ledled Prydain ac Ewrop, ar dudalennau nifer o lyfrau ac ar draws y cyfryngau modern. Cyfrannodd ymchwil a fu'n canolbwyntio ar hanes a gwerthoedd neilltuol byd-eang tirweddau diwydiannol chwareli llechi'r ardal a'u gweithfeydd at ddynodi 'Tirwedd Llechi Gogledd Orllewin Cymru' yn Dirwedd Ddiwylliannol Treftadaeth y Byd UNESCO yn 2021.

Daeth y Plas hefyd yn lle perffaith ar gyfer cysylltu ag ysgolion o bell ac agos. Mae gweithgareddau ymarferol yn yr awyr agored yn cyflwyno disgyblion i bwysigrwydd bywyd gwyllt, cynefin a pherthnasau ym myd natur. Mae dringo grisiau troellog cestyll y Cymry a'r Normaniaid, dychmygu ysbrydion mewn plastai Tuduraidd, a theimlo pwysau cleddyf canoloesol yn dod â hanes yn fyw, a gweithgareddau eraill tebyg yn meithrin meddyliau ifanc ac yn creu ffyrdd diddiwedd o ddysgu. Mae'r profiadau bythgofiadwy hyn yn hybu hyder personol ac yn creu atgofion parhaol. Mae'r cyfle i ddysgu drwy ddarganfod yn dwyn manteision addysgol diddiwedd a phellgyrhaeddol.

Yn yr un modd, ers dros ganrif, mae'r traddodiad teuluol o 'gadw'r drws ar agor' ar fferm symbolaidd Gymreig Yr Ysgwrn yn Nhrawsfynydd gan y diweddar geidwad Gerald Williams MBE, a bellach gan Awdurdod y Parc Cenedlaethol, yn atgof parhaus o fywyd, oes a thrasiedi prifardd enwocaf Cymru, Hedd Wyn. Mae staff Yr Ysgwrn ynghyd â gwirfoddolwyr o'r gymuned yn croesawu ymwelwyr, gan wireddu addewid a wnaed gan Gerald i'w nain i gadw'r cof am ei mab hynaf yn fyw yn dilyn ei farwolaeth drasig wrth gyflawni ei ddyletswyddau yn y Rhyfel Byd Cyntaf.

Yn ddi-ffael, daw stori Hedd Wyn a ffyrdd o fyw diflanedig cefn gwlad Eryri fwy na chanrif yn ôl yn fyw o flaen fflamau hudolus tân agored yr aelwyd neu wrth syllu ar gerfiadau cain 'Cadair Ddu' Eisteddfod Penbedw, 1917. Mae parhad

academic circles across Britain and Europe, within the pages of numerous books and in the modern media. Research focused on the history and outstanding universal values of the industrial landscapes of the area's slate quarries and their workings contributed to the successful inscription of the 'Slate Landscape of Northwest Wales' as a UNESCO World Heritage Cultural Landscape in 2021.

Plas and the outdoors also became a perfect place to reach out to local schools as well as those from afar. Hands-on activities in the open air introduce pupils to the importance of wildlife, habitats and relationships in nature. Climbing the spiral stairwells of Welsh and Norman castles, imagining ghosts in Tudor mansions and feeling the weight of a medieval sword bring history to life, and many more such activities foster inquisitive minds and encourage endless ways of learning. Such unforgettable experiences also boost personal confidence and create lasting memories. The excitement and potential benefits of learning through discovery cannot be underestimated.

Likewise, for over a century the family tradition of 'keeping the door open' of the symbolic Welsh farm Yr Ysgwrn, in Trawsfynydd, by the late custodian Gerald Williams MBE and now the Park Authority, provides a continual reminder of the life, times and tragedy of Wales' most famous chaired bard, Hedd Wyn. Community volunteers and the staff of Yr Ysgwrn welcome visitors, fulfilling a promise made by Gerald to his grandmother of keeping the memory of her eldest son alive following his tragic death whilst doing his duty in the First World War.

Sitting in the kitchen, mesmerised by the flames of the range's open fire or gazing at the intricate carving of the 1917 Birkenhead Eisteddfod's 'Y Gadair Ddu' (black chair), brings Hedd Wyn's story to life and memories of rural Eryri a century ago. Yr Ysgwrn's cultural continuity has been and still

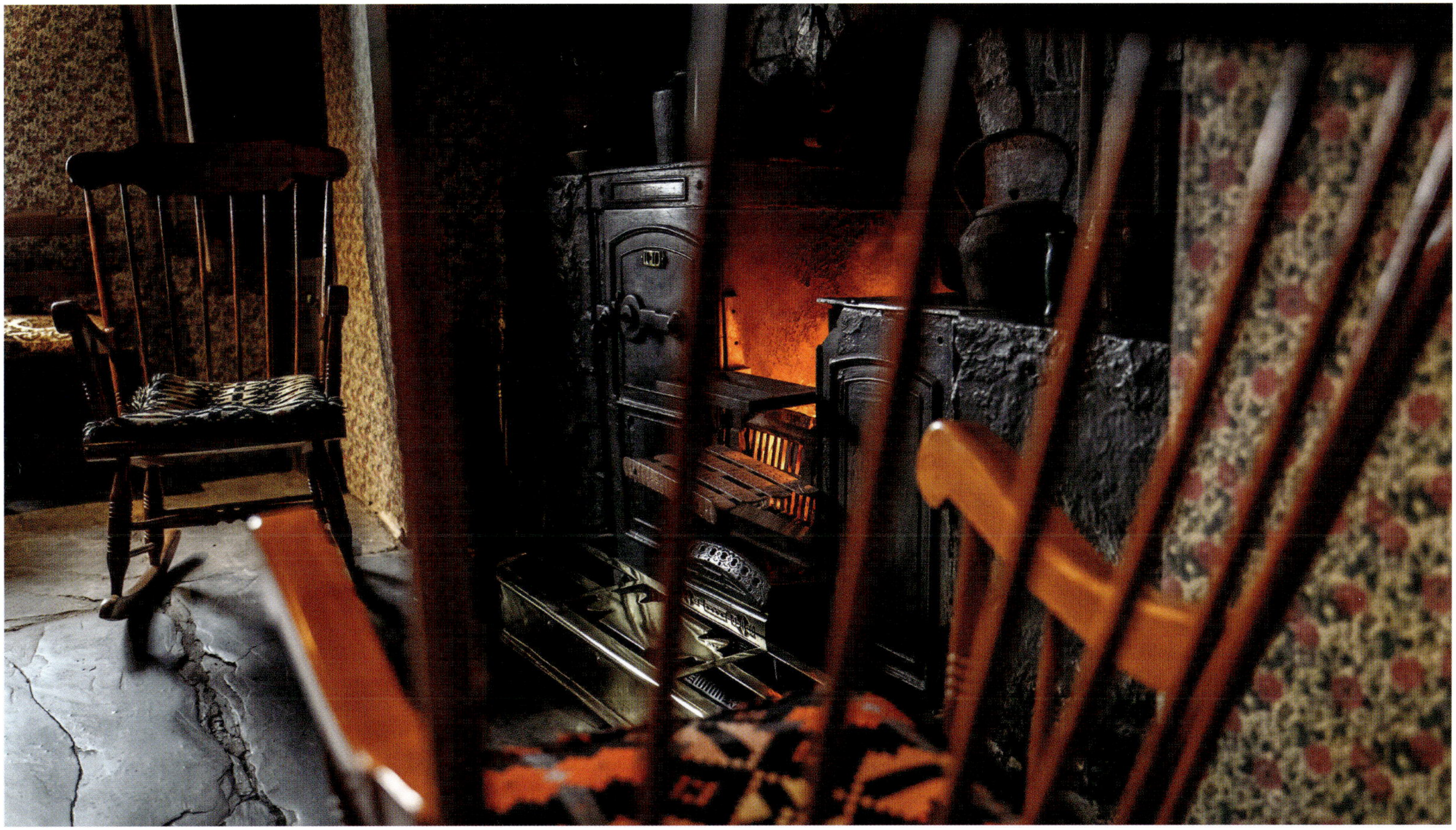

Tân agored Yr Ysgwrn | An open fire at Yr Ysgwrn
ⓗ *ffotoNant*

diwylliannol Yr Ysgwrn wedi bod, a deil i fod, yn ysbrydoliaeth i ffilmiau, beirdd, athrawon a'u disgyblion, awduron o bob gallu ac oedran, heb anghofio ambell i seren roc.

Ar ddiwedd y ddeunawfed ganrif, cyhoeddwyd llyfrau teithio George Borrow a Thomas Pennant, sef *Wild Wales* gan y naill ac *A Tour in Wales* a *The Journey to Snowdon* gan y llall. Bu'r disgrifiadau lliwgar yn agoriad llygad i lawer am Gymru a'i diwylliant nodedig a daethant yn ddylanwad mawr

is a source of inspiration for teachers and their pupils, films, poets, and writers of all abilities and ages; not to mention rock stars.

Towards the end of the eighteenth century, George Borrow and Thomas Pennant published travel books, *Wild Wales* by the former and *A Tour in Wales* and *The Journey to Snowdon* by the latter. Their vivid descriptions of Wales and its distinctive culture influenced many later travellers.

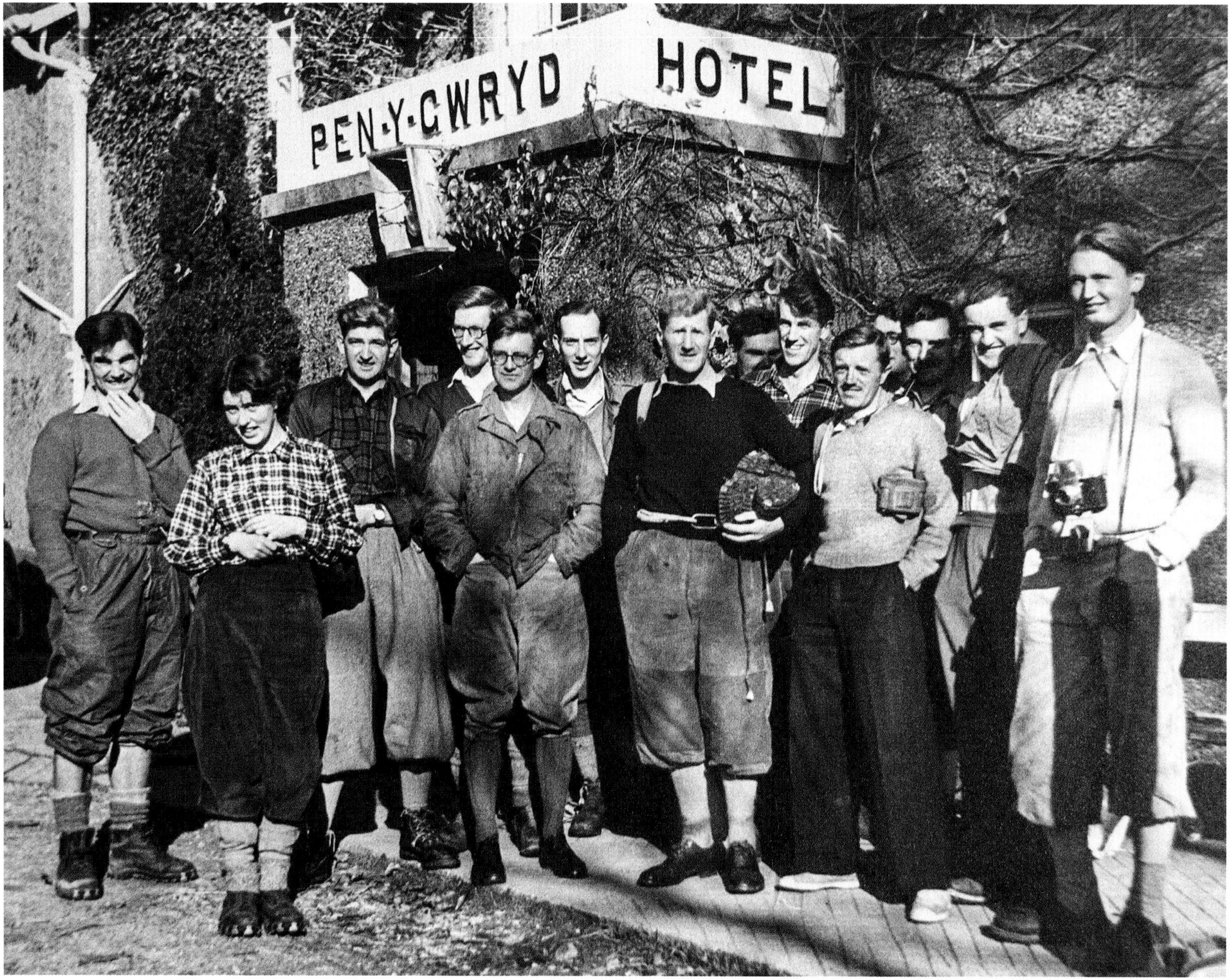

Edmund Hillary a'r criw | and company (1953)
ⓗ Gwesty Pen y Gwryd Hotel

ar deithwyr diweddarach. Hyd yn oed heddiw, mae'r gair ysgrifenedig yn bwysig er gwaetha'r ffaith fod y dechnoleg fodern a'r cyfryngau cymdeithasol wedi agor dimensiwn cwbl newydd o gyfleoedd i ddarganfod Eryri. Cofnodwyd y ddringfa gyntaf i gopa'r Wyddfa, mynydd uchaf Eryri, gan y botanegydd Thomas Johnson yng nghwmni tywyswr lleol yn 1639. Er hyn, ni ddaeth archwilio'r awyr agored, gan gynnwys mynydda, yn boblogaidd am gyfnod wedi hynny hyd nes dyfodiad y Fictoriaid, a aeth ati i'w hyrwyddo fel gweithgaredd pleserus a diddorol. Roeddent yn gyfrifol nid yn unig am adeiladu rheilffordd rhac a phiniwn i gopa'r Wyddfa, ond hefyd am sefydlu llawer o lwybrau clasurol i'r copa.

Yn gynnar yn y 1950au, yn fuan ar ôl clustnodi Eryri fel Parc Cenedlaethol, defnyddiodd Syr Edmund Hillary wynebau Clogwyn Du'r Arddu a thirwedd arw'r Wyddfa megis safleoedd ymarfer ar gyfer ei ddringfa gyntaf enwog i fyny Qomolangma/Sagarmatha yn 1953. Drwy iddo gyrraedd copa uchaf y byd, daeth Eryri yn fwy enwog fyth gan annog mynyddwyr a dringwyr creigiau i ddod i'r ardal.

Dros y degawdau mae poblogrwydd chwaraeon a gweithgareddau awyr agored wedi tyfu'n aruthrol. Bellach, mae Eryri nid yn unig yn lle i gerdded neu ddringo drwy niwl tri chopa ar ddeg, 3,000 troedfedd o uchder, ond mae hefyd yn rhywle i hwylfyrddio ar Lyn Tegid neu feicio ar hyd llwybrau coedwig Coed y Brenin. I'r rheini sy'n mwynhau gweithgaredd mwy hamddenol, fel cerdded ar lan afon, ymlacio ar draeth hir tywodlyd neu edmygu'r olygfa wrth deithio'n gyfforddus ar un o'r trenau bach hanesyddol, mae'r cyfan yn gyfleoedd i fwynhau'r ardal.

Drwy gydweithio â'i bartneriaid ac ymateb i'r cynnydd hwn, hwylusodd Awdurdod y Parc Cenedlaethol weithgareddau cefn gwlad, gan sefydlu rhwydweithiau o feysydd parcio, gwasanaethau bysiau a chanolfannau gwybodaeth. Trafodwyd

Even though the written word is still important today, modern technology along with social media has opened up a whole new dimension of opportunities to discover Eryri. Although the first recorded ascent of Yr Wyddfa, Eryri's highest peak, by the botanist Thomas Johnson accompanied by a local guide was in 1639, it was the Victorians who popularised outdoor and mountain exploration, promoting them as activities of pleasure and intrigue. Not only did they construct the rack and pinion railway to the summit of Yr Wyddfa, they also established many of its now classic walking routes to the peak.

In the early 1950s, soon after Eryri was designated a National Park, Sir Edmund Hillary used the cliff faces of Clogwyn Du'r Arddu and the rugged terrain of Yr Wyddfa as the training ground for his famous first ascent of Qomolangma/Sagarmatha, the world's highest peak, in 1953. His achievement in turn focused greater attention on the area, prompting mountaineers and hardy rock climbers to come to Eryri.

Over the decades, the popularity of outdoor sports and leisure activities has grown enormously. Eryri is now not only a place to walk or climb through the mists of its thirteen 3,000-foot peaks, but somewhere to sailboard on Llyn Tegid, or cycle the forest trails of Coed y Brenin. For the less energetic, walks along river estuaries, viewing the scenery from the comfort of the many historic narrow-gauge railways or merely relaxing on a long sandy beach, all offer opportunities to enjoy the area.

In response, the National Park Authority, working with its partners, facilitated these activities, establishing networks of car parks, bus services and information centres. Access agreements were negotiated with landowners to minimize the consequences of this public use. Teams of skilled path builders

cytundebau mynediad gyda pherchnogion tir a thrwy hynny leihau effeithiau caniatáu mynediad i'r cyhoedd. Mewn mannau heriol, a'r rhai sy'n debygol o erydu yn sgil miliynau o draed ac eithafion y tywydd, mae timau o adeiladwyr llwybrau medrus yn cynnal hawliau tramwy cyhoeddus. Mae rhwydweithiau o Wardeiniaid y Parc a rheolwyr safle lleol yn rhannu eu gwybodaeth am yr ardal ac yn annog diogelwch defnyddwyr cefn gwlad. Yn yr un modd, mae mentrau i hybu gwirfoddoli a chynlluniau hyrwyddo 'Llysgenhadon Eryri' a'r 'Cynllun Ceidwaid Ifanc' yn dangos bod cynnydd yn ymwybyddiaeth y cyhoedd am bwysigrwydd a pherthnasedd Eryri fel tirlun gwarchodedig. Fodd bynnag, er bod yr holl weithgareddau hyn yn gyffrous ac yn aml yn gorfforol heriol, maent yn gyfarfyddiadau â rhywbeth mwy.

Agorwyd y canolfannau gweithgareddau awyr agored cyntaf, Glan-llyn ger y Bala a Phlas y Brenin yng Nghapel Curig yn y 1950au, ac yn eu sgil sefydlwyd llawer o ganolfannau tebyg. Drwy fanteisio ar y cyfleoedd a gynigir gan y canolfannau hyn, gall unrhyw un fwynhau'r awyr agored yn ddiogel, dysgu sgiliau newydd, gwella'i hunanhyder a gwireddu cymwysterau. Yn nwylo staff proffesiynol medrus a gydag offer arbenigol mae cyfle i unrhyw un, beth bynnag fo'i allu corfforol, fwynhau profiadau megis y wefr o ddringo coeden neu arnofio mewn canŵ – a hynny am y tro cyntaf.

Gan ystyried hyn oll, nid yw gwerthfawrogi'r Parc yn gyfyngedig i fwynhau ei harddwch yn unig ond mae hefyd yn gyfle i ddathlu'r bobl, yr iaith a'r ymdrechion sydd ynghlwm â llunio'r tirweddau.

Mae diwylliant Cymru a'i threftadaeth ieithyddol yn parhau yma yn Eryri ac yn gonglfaen i'r gymuned leol. Mae enwau trefi, ffermydd, caeau, mynyddoedd ac afonydd yn adlewyrchu'r berthynas hon ac, yn yr un modd, iaith y strydoedd. Efallai y gall ymwelwyr dewr faddau'r tywydd cyfnewidiol a'r glaw

maintain public rights of way in challenging areas and those prone to erosion from the extremes of weather and the footsteps of millions. Networks of locally based Park Wardens and site managers share their knowledge of the area and encourage the safety of countryside users. Likewise, initiatives which promote volunteering and schemes championing 'Eryri Ambassadors' and 'Young Rangers' signal the growing public awareness of the importance and relevance of Eryri as a protected landscape. All these activities, whilst exciting and often physically demanding, are however encounters with something greater.

Following the opening of the first outdoor activity centres at Glan-llyn near Bala and Plas y Brenin in Capel Curig in the 1950s, many similar centres have been established. These centres have created opportunities for anyone to enjoy outdoor activities safely, learn new skills, improve self-confidence and realise qualifications. In the hands of skilled professionals using specialised equipment there is an opportunity for anyone, whatever their physical abilities, to enjoy experiences for the first time such as the thrill of scaling a tree or the excitement of floating in a canoe.

Appreciating the Park is not simply limited to enjoying its beauty, but also about celebrating the people, their language and the endeavours that have shaped its landscapes.

Eryri is a living force for Welsh culture, its linguistic heritage and a cornerstone of local communities. The names of towns, farms, fields, mountains and rivers reflect this relationship as does the language of the streets. Intrepid visitors may forgive the unpredictable weather and torrential rain if they happen to be on Pen Llithrig y Wrach ('The slippery head of the witch') when they realise the idiom 'It's raining cats and dogs' translated from its Welsh equivalent, declares 'It's raining old women and sticks'.

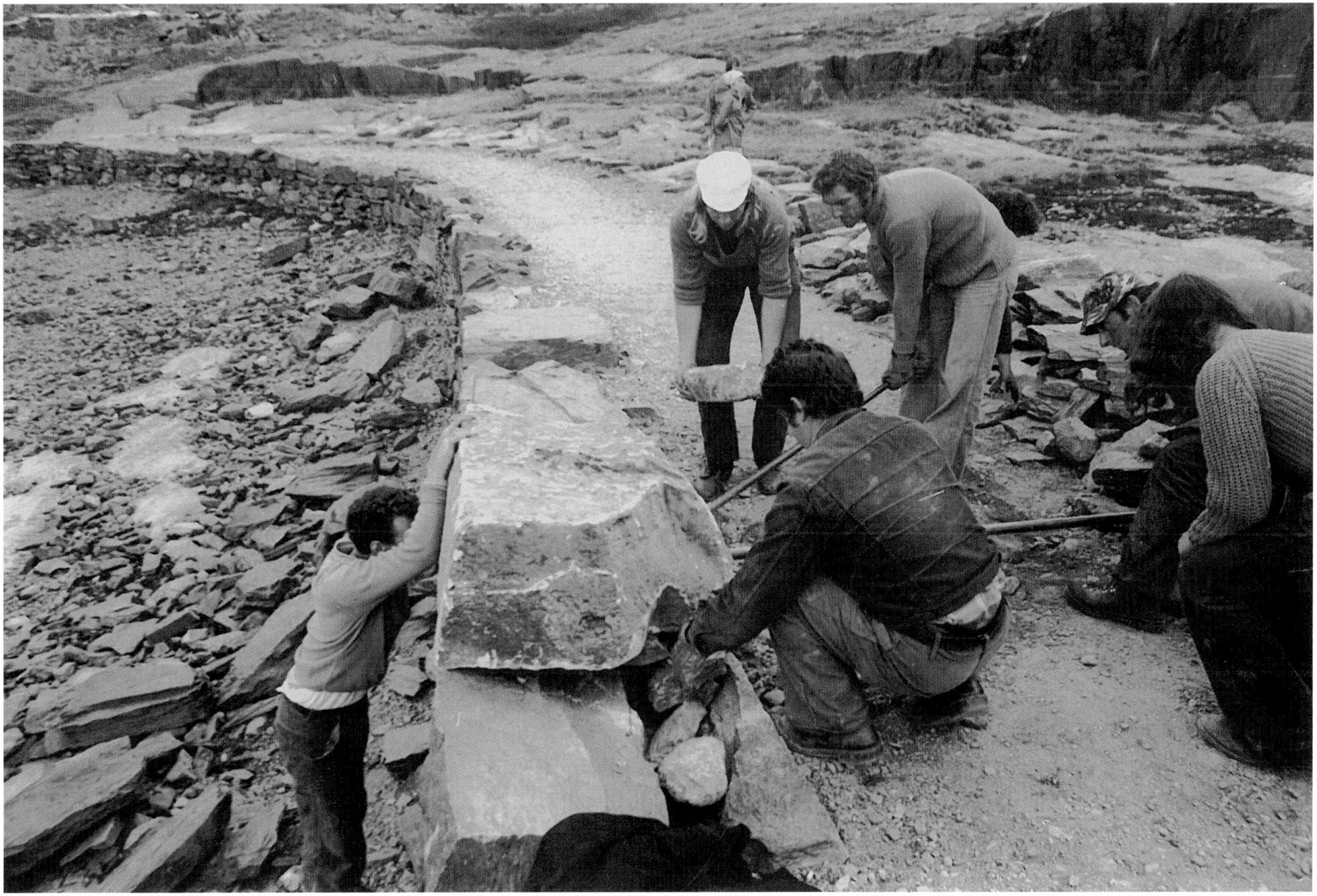

Gwaith llwybrau'r Wyddfa | Laying the paths on Yr Wyddfa
ⓗ *J. Ellis Roberts*

trwm os ydynt yn digwydd bod ar Ben Llithrig y Wrach, pan sylweddolant fod y Cymry yn defnyddio'r idiom 'Mae hi'n bwrw hen wragedd a ffyn', yn hytrach nag 'It's raining cats and dogs'.

Mae rhannu gwybodaeth leol a gwerthfawrogi perthnasedd yr iaith Gymraeg yn tanio'r dychymyg ac yn cysylltu iaith, tirweddau a bywyd cymunedol gan ychwanegu haenau pellach o gyfoeth a chwilfrydedd i hunaniaeth yr ardal.

Yn nwylo diogel arweinydd gwybodus, gall unrhyw un ddysgu a deall rhinweddau treiddio ymhellach i ystafell ddosbarth fyw Eryri. Mae taith dywys yng Nghwmorthin ymhlith tomenni llechi wedi'u gorchuddio â chen, adfeilion barics a chapel yn ffordd berffaith o werthfawrogi'r tirlun. Wrth i gyfalafwyr ariannog a thirfeddianwyr gystadlu i gymryd mantais o'r mynydd, ffurfiwyd cysylltiadau cryf mewn amodau llym rhwng y gweithwyr, y chwarelwyr a gloddiai yng ngolau cannwyll mewn ceudyllau tywyll. Er gwaethaf eu henillion prin, llwyddodd eu hysbryd cymunedol uchelgeisiol a phenderfynol i sefydlu ysgolion a phrifysgolion, a'r corau meibion a fwynheir gan gynifer hyd heddiw.

Ers canrifoedd, drwy ddefnyddio deunyddiau a thraddodiadau lleol mae crefftwyr medrus, seiri maen, coed a llechi wedi creu milltir ar ôl milltir o waliau cerrig sych, ffermdai isel cysgodol, ysguboriau gwair a chreiriau diwydiannol yng nghefn gwlad. Er eu bod bellach yn ddistaw, maent yn parhau i fyw pan adroddir eu straeon. Yn yr un modd, mae cymeriad unigryw adeiladau traddodiadol Eryri, sydd wedi goroesi cenedlaethau o swyddogaethau amrywiol – cartrefi, addoldai, a mannau gwaith – yn gynefin i bob cymuned ac yn rhoi ymdeimlad unigol o le. Drwy ddefnyddio a hybu sgiliau gwledig, gellir parchu dyluniad traddodiadol a chynnal cymeriad gweledol trawiadol y Parc a'i hunaniaeth leol gan warchod amgylchedd adeiledig Eryri mewn modd sy'n gydnaws â hanes y fro.

Sharing local knowledge and appreciating the relevance of the Welsh language, stirs imaginations and connects language, landscapes and community life, adding further layers of richness and intrigue to the area's identity.

In the safe hands of knowledgeable guides anyone can learn and understand the benefits of delving further into the living classroom of Eryri. A walk in Cwmorthin amongst its dramatic lichen-covered slate tips, derelict barracks and chapels is a perfect way to appreciate the story of an abandoned industrial landscape. Whilst wealthy capitalists and landowners competed to exploit these mountains, strong bonds were forged between those quarrymen working in the gruelling conditions of dark candle-lit underground caverns. Despite meagre earnings their ambitions, communal spirit and determination helped establish schools, universities and male voice choirs, enjoyed by so many to this day.

For centuries, skilled stone masons, carpenters and slaters working locally sourced materials in the open countryside built mile after mile of dry stone walls, sheltered low-lying farmhouses, hay barns and industrial relics. Though now silent, they live on when their stories are told. In addition, the distinctive character of Eryri's traditional homes, and places of work and worship which have survived generations of different uses, give every community its individual imprint and sense of place. These skills, coupled with the sympathetic conservation of Eryri's built environment, help respect traditional design and maintain the Park's striking visual character and local identity.

In a world increasingly driven by speed, efficiency and digital noise, Eryri offers something different. Time to slow down, sketch by a lake, watch birds circling above cliffs or gaze at bright stars in dark night skies. All of these remind us that leisure and learning are not alternatives but activities

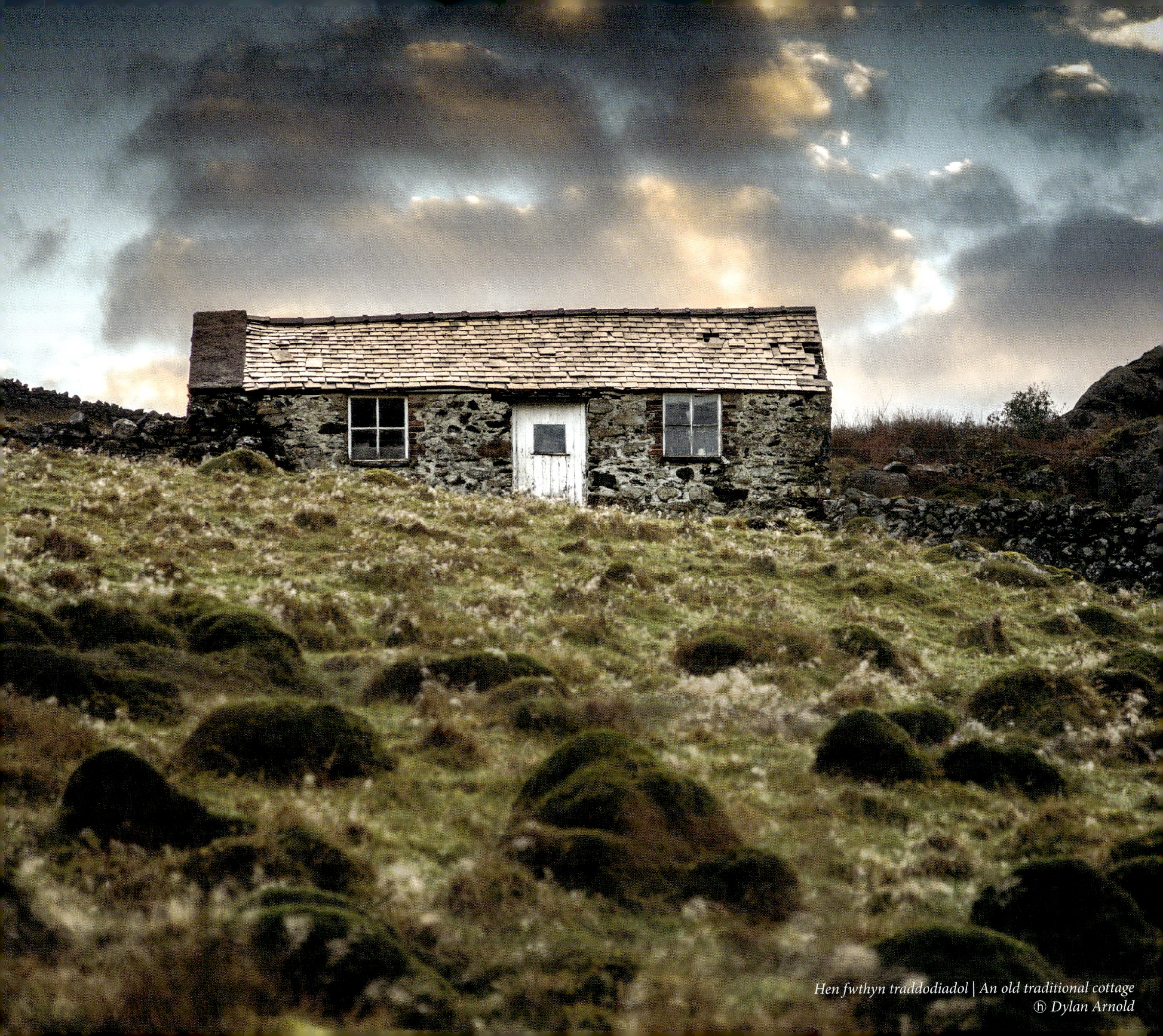

Hen fwthyn traddodiadol | An old traditional cottage
Ⓗ Dylan Arnold

Mewn byd sy'n cael ei yrru fwyfwy gan gyflymder, effeithlonrwydd a sŵn digidol, mae Eryri yn cynnig rhywbeth gwahanol. Amser i arafu, braslunio ar lan llyn, gwylio adar yn cylchdroi uwchben clogwyni neu syllu ar sêr disglair yn nüwch y nos. Mae'r cyfan yn ein hatgoffa nad oes angen dewis rhwng hamdden a dysgu, maent yn gorgyffwrdd â'i gilydd ac yn ymdoddi'n un. Mae amgylchfyd a lleoedd agored Eryri yn grymuso pawb i gysylltu â'u hamgylchiadau eu hunain, gyda phwyslais ar yr hyn sy'n bwysig iddyn nhw, eu lles, eu cryfderau a'u dyheadau personol. Dyma gyfraniad anuniongyrchol ac effeithlon Eryri i'r 'Gwasanaeth Iechyd Naturiol'.

Mae Eryri yn gymaint o bethau. Cartref, ystafell ddosbarth fyw, athro, taith, noddfa, ffynhonnell her a mwynhad, angor ar gyfer lles personol ac adnewyddiad. Mae ei golygfeydd, ei synau, ei hawyr a'i dŵr yn adrodd am hanes, natur, diwylliant, rhyfeddod, cyffro a dysgu.

Diolch i ymrwymiad llawer, mae Awdurdod y Parc a'i bartneriaid wedi gweithio'n ddiflino am saith deg pump o flynyddoedd i hyrwyddo dulliau stiwardiaeth gynaliadwy ar gyfer defnyddio Eryri. Mae cydbwyso gofalu am yr amgylchedd, darparu cyfleoedd mynediad, parchu anghenion cymunedol, ac annog defnyddiau tir priodol wedi sicrhau bod asedau a rhinweddau arbennig Eryri wedi'u llywio mewn ffyrdd sy'n eu gwarchod yn hytrach na chymryd mantais ohonynt.

Dengys etifeddiaeth gyffredin yr holl nodweddion arbennig hyn mai newid parhaus yw tynged pob man, yn lleoedd a thirweddau, er eu bod wedi'u gwreiddio'n ddwfn yng nghof diwylliannol yr ardal ac yn nhroeon ei ffawd. Dyma'r rheswm pam fod Eryri yn lle unigryw i fyw ac i ymweld ag ef, lle i'w fwynhau a'i werthfawrogi.

Mae cynnal y cydbwysedd bregus hwn ynghanol newid parhaus yn gofyn am ddysgu parhaus, awydd i wneud gwahaniaeth a deall nad braint yn unig yw parch at rinweddau arbennig Eryri, ond cyfrifoldeb.

which overlap and blur into one. The environment and open spaces of Eryri enable and empower everyone to connect with their own circumstances and what is important to them, their personal wellbeing, strengths and aspirations. Eryri indirectly yet effectively offers a 'Natural Health Service'.

Eryri is so many things. A home, a living classroom, a teacher, a journey, a sanctuary, a source of challenge and enjoyment, an anchor for personal wellbeing and renewal. Its sights, sounds, air and water speak of history, nature, culture, awe, excitement and learning.

Thanks to the commitment of many, the Park Authority and its partners have worked tirelessly for seventy-five years promoting sustainable stewardship approaches to the use of Eryri. Sympathetically balancing the care of the environment, providing access opportunities, respecting community needs, and encouraging appropriate land uses ensured that Eryri's assets and special qualities have been steered in ways which conserve rather than exploit them.

The collective legacy of all these distinctive characteristics shows how places and landscapes, though deeply rooted in the area's cultural memory and fortunes, continually change. This is what makes Eryri a unique place to live, visit, enjoy and appreciate.

Maintaining this delicate balance amid continuing change requires continued learning, a desire to make a difference and understanding that respect for Eryri's special qualities is not just a privilege but a responsibility.

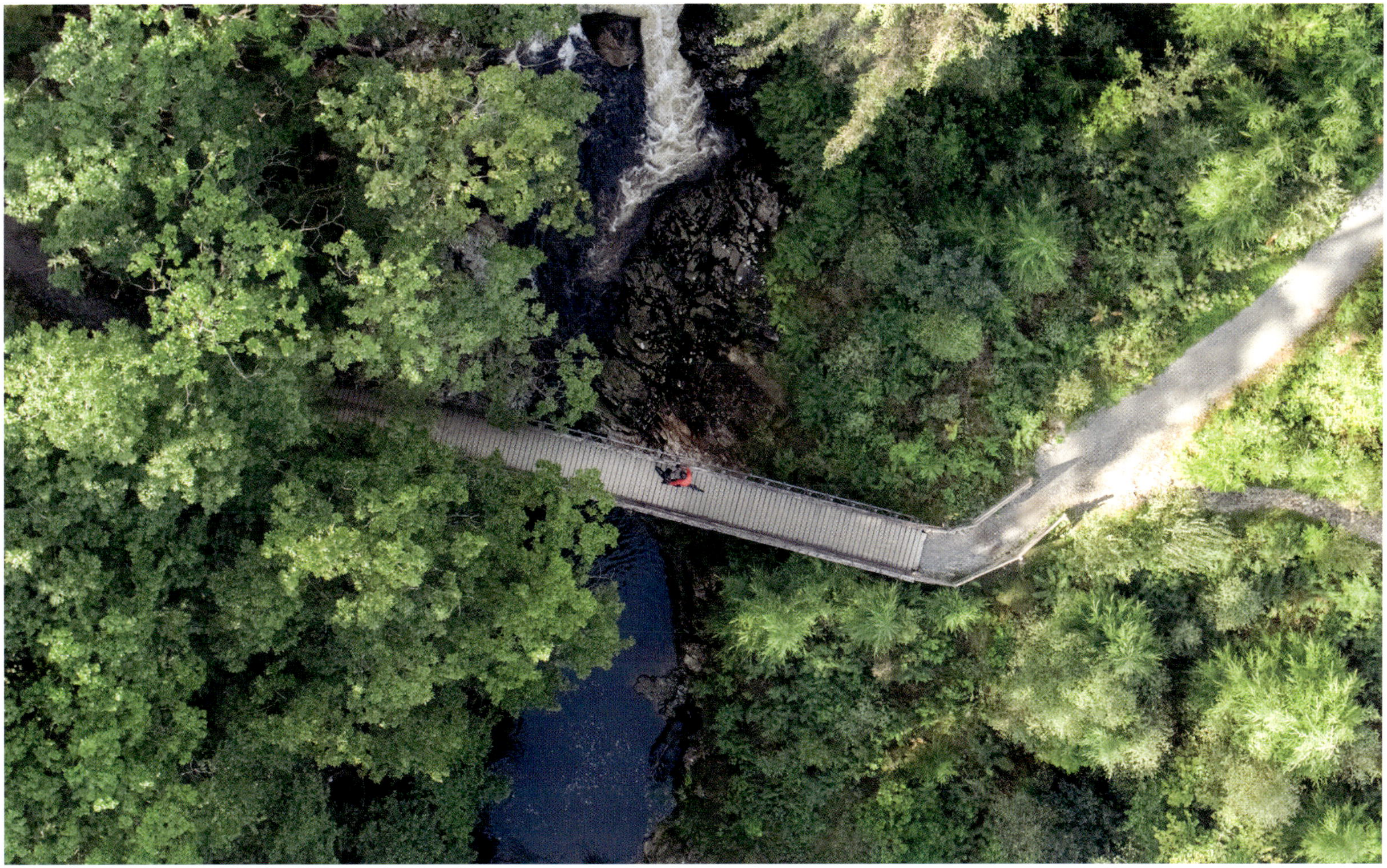

Llwybr beicio Coed y Brenin | Coed y Brenin biking trail

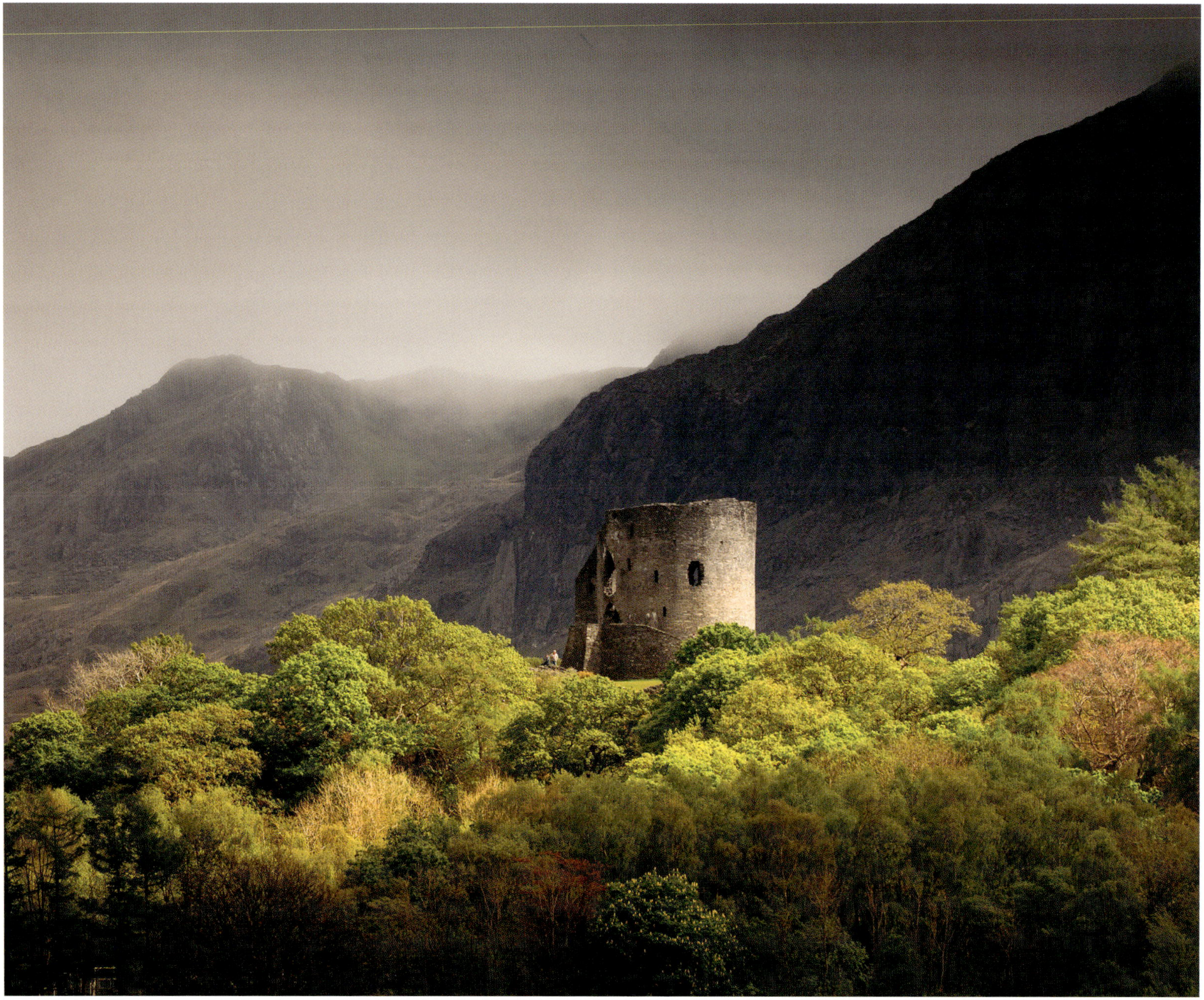

Castell Dolbadarn
ⓗ *Gareth Môn*

Tirlun sy'n deffro'r dychymyg
A landscape that sparks the imagination

Non Tudur

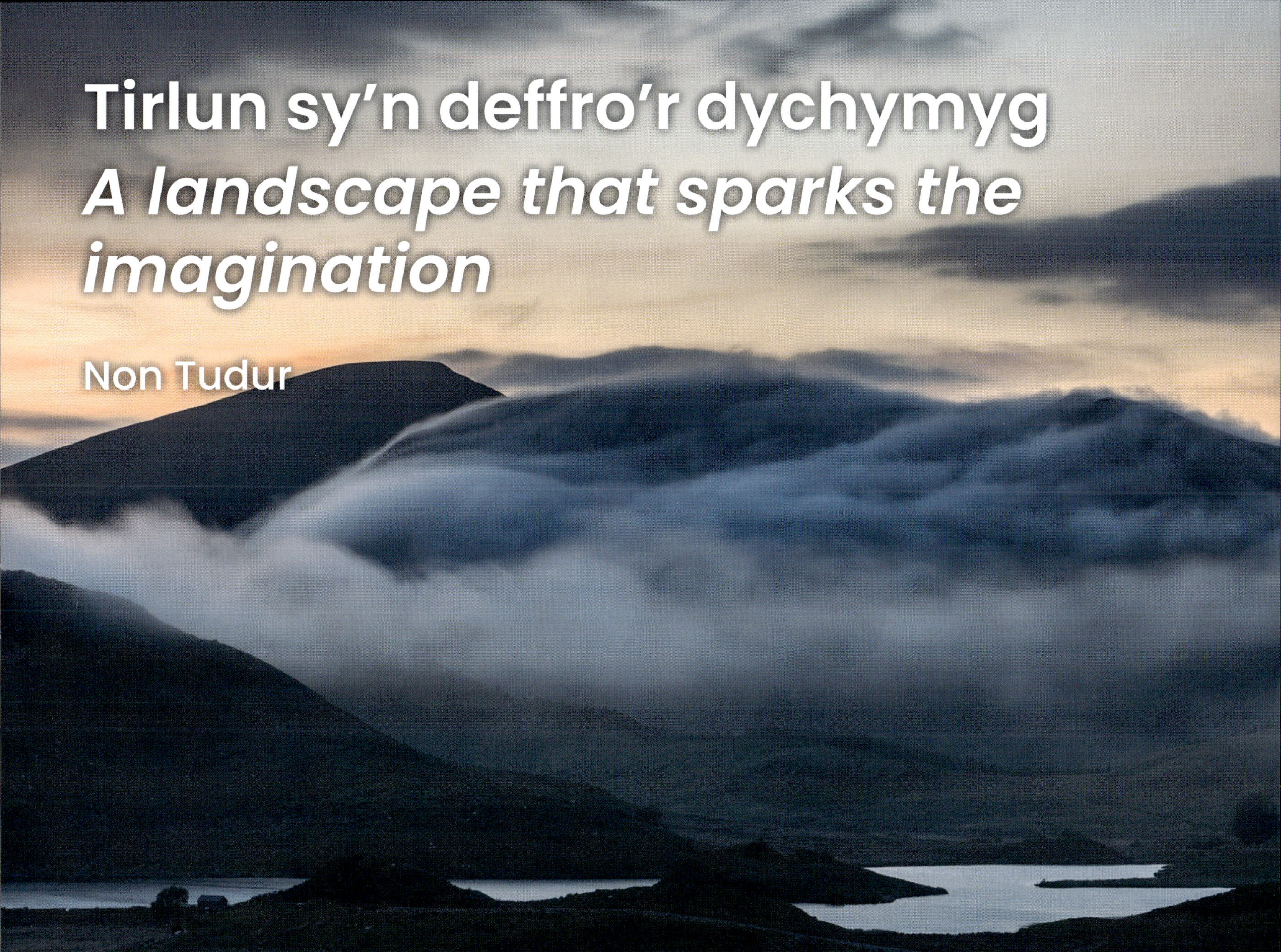

'Aelwyd duwiau Gwlad Awen'

Y nos dywell yn distewi – caddug
Yn cuddio Eryri;
Yr haul yng ngwely'r heli,
A'r lloer yn ariannu'r lli.

Dyma un o englynion gorau'r iaith Gymraeg – 'Cyfnos' gan y bardd Gwallter Mechain (1761–1849). Mewn cwta bedair llinell mae'r bardd wedi cyfleu naws a chyfriniaeth Eryri i'r dim. Anodd dweud ymhle mae'r bardd yn yr englyn – efallai ei fod yn sefyll rywle ger y glannau, a'r nos yn cau ar y copaon yn y pellter. Nid yw hynny o bwys; mae'r englyn yn cyfleu'r wefr honno a geir yn Eryri o weld llewyrch ar ddŵr llyn, afon neu fôr. Ac mae yna ddigon o ddewis os ydych am brofi'r profiad hwnnw eich hun a chynnau'r awen greadigol.

Beth am ddilyn y lôn o'r Waunfawr i Feddgelert ar noson loergan, a thaflu cipolwg at Lyn y Gadair yng nghesail y Garn? Byddwch chi wedi pasio heibio i hen gartref T. H. Parry-Williams, bardd enwocaf Eryri yn y cyfnod diweddar, yn Rhyd-ddu – un a luniodd soned anfarwol am yr union lyn hwnnw, soned anrhamantus am dynfa dyn at dir ond un sydd yn mynd yn ddwfn i'r galon. Neu fe ellwch ddringo'r cerrig sarn at Gwm Idwal, at y dŵr llonydd dan y Twll Du. Neu sefyll ar lan Llyn Tegid, a'r haul yn chwarae mig â'r tonnau bach. A does yr un profiad tebyg i sefyll wrth Gastell Dolbadarn yn edrych i lawr at y llyn yn Llanberis, a'r muriau'n drwm dan riddfan hen dywysogion.

Dyma rai golygfeydd a fu'n hudo artistiaid a chwedleuwyr ar hyd yr oesau. Mae talpiau o storïau cynharaf y Cymry, Pedair Cainc y Mabinogi, i'w canfod yn Eryri. Mae darnau o stori Blodeuwedd a'r Bedwaredd Gainc yn Nhomen y Mur ger Trawsfynydd ac yng Nghwm Cynfal ger Blaenau Ffestiniog

'Where the Muses call home': Eryri's inspiration for the arts

Y nos dywell yn distewi – caddug
Yn cuddio Eryri;
Yr haul yng ngwely'r heli,
A'r lloer yn ariannu'r lli.

Silence brought by the dark night – Eryri's
Mountains veiled by mist;
The sun in the bed of brine,
The moon silvering the water.

(Translation from *The Oxford Book of Welsh Verse in English*, Oxford University Press, 1977)

This poem 'Cyfnos' ('Nightfall'), by Montgomeryshire poet Gwallter Mechain (1761–1849), is one of the best *englynion* of the Welsh language. An *englyn* is a short-form poem in Welsh. Deceptively simple, each line contains a repeating pattern of consonants and accents known as *cynghanedd*. In just four short lines, the poet perfectly captures the sensation of light reflected upon water in Eryri. The poet's location isn't given; he is perhaps close to the coast, looking at the far darkening mountaintops. And there are plenty of opportunities in Eryri to experience such a sensation, and set the creative juices flowing.

How about following the A4085 from Waunfawr to Beddgelert on a moonlit night, and glance down to your right to the lake, Llyn y Gadair? The view is breathtaking. On the way you'll have gone past the schoolhouse at Rhyd-ddu, the childhood home of T. H. Parry-Williams, arguably the most popular Welsh-language poet of recent times. He wrote a sonnet about Llyn y Gadair, an unromantic yet powerful

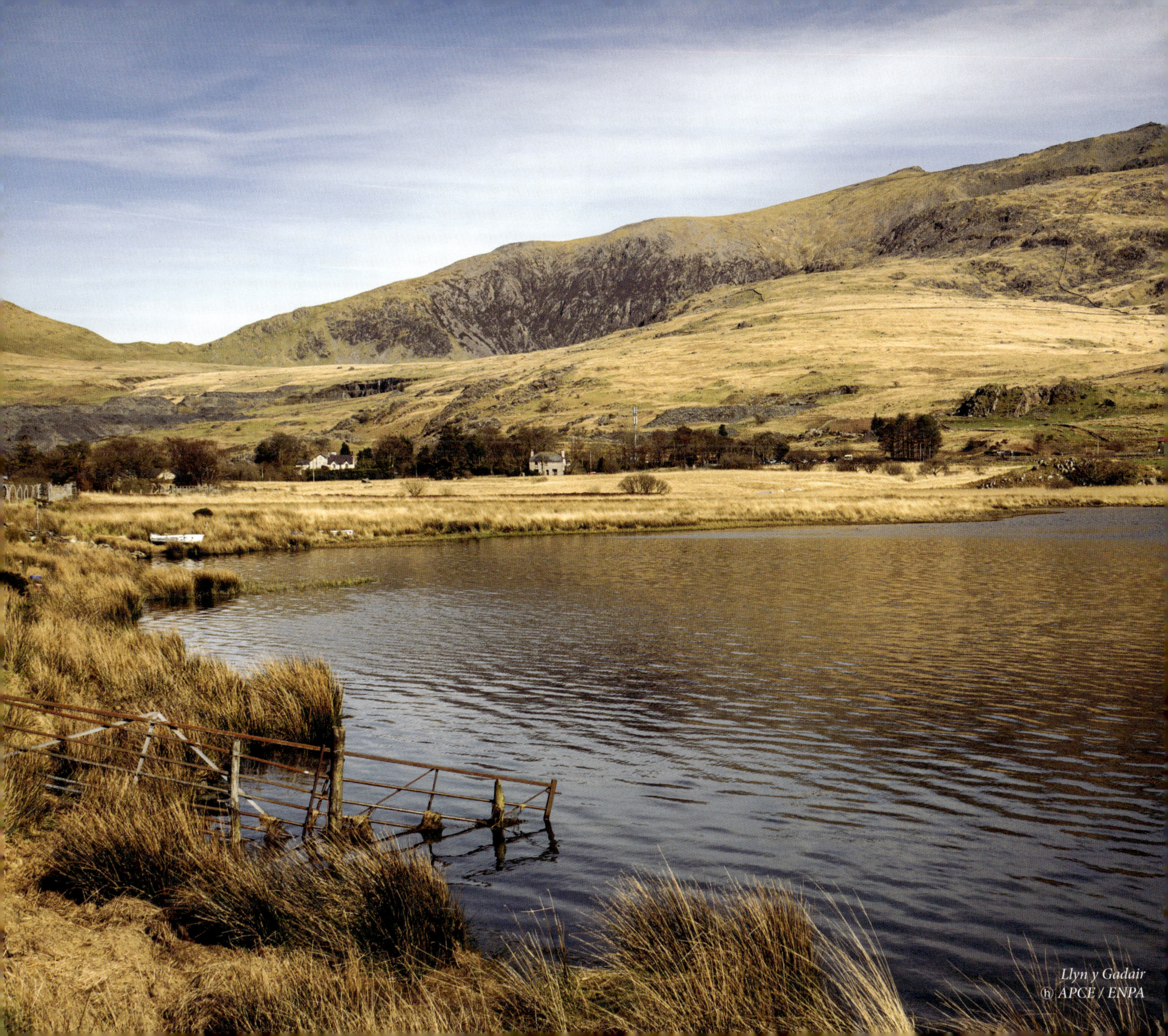

Llyn y Gadair
Ⓗ APCE / ENPA

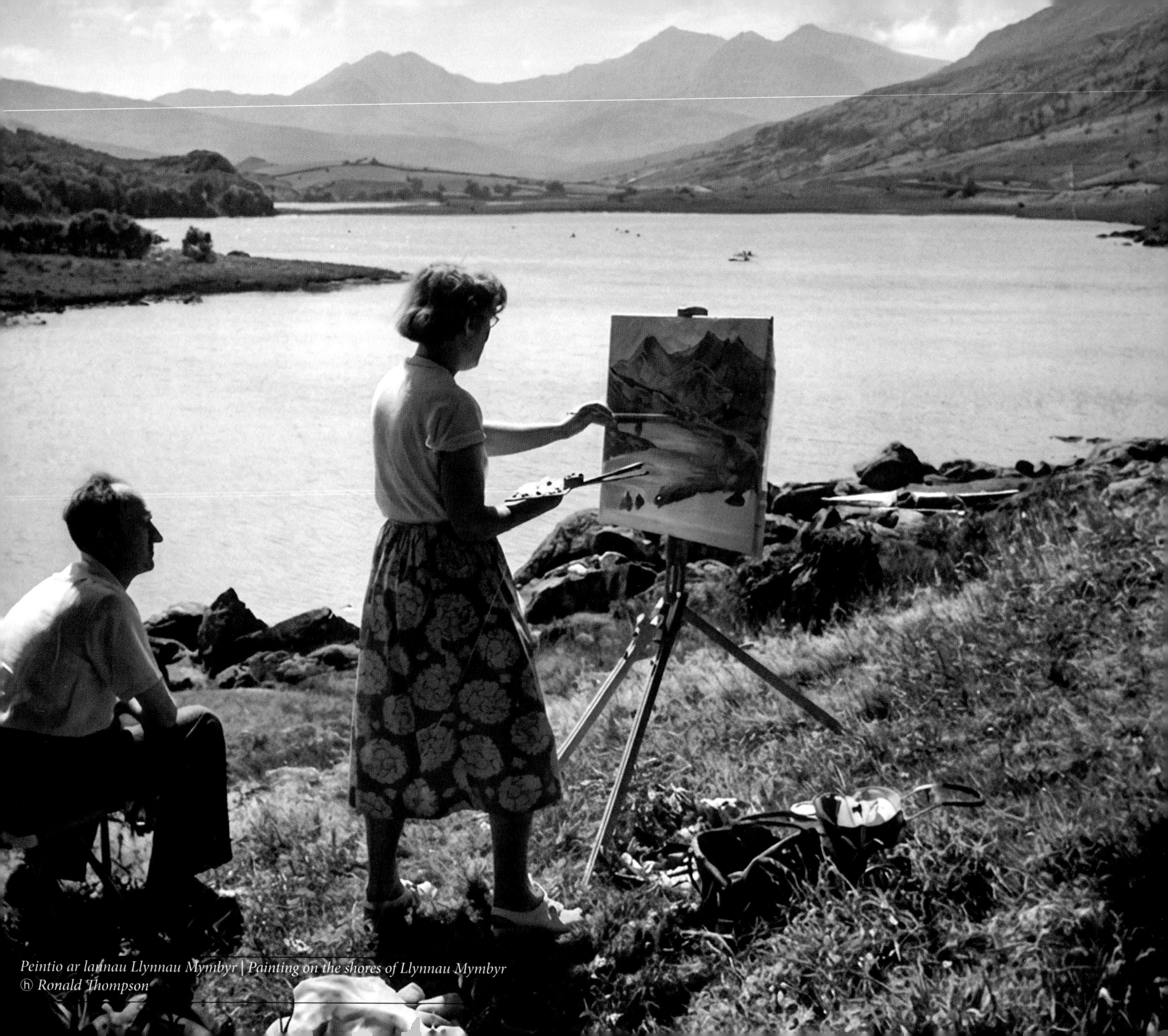

Peintio ar lannau Llynnau Mymbyr | Painting on the shores of Llynnau Mymbyr
ⓗ *Ronald Thompson*

(lle ag arwyddocâd arbennig i'r Athro Gwyn Thomas o Danygrisiau, a'i waith ar y Mabinogi). Yn Harlech mae chwedl Branwen yn dechrau, y stori fawr am frad a chenfigen.

Mae straeon llên gwerin ar bob bryn a dôl – o stori drist ci hela Llywelyn Fawr ym Meddgelert i chwedl y cawr ar gopa Gader Idris. Wedi'r cwbl, brenin o'r enw Rhita Gawr sydd wedi ei gladdu ar gopa'r Wyddfa, coron Eryri, medden nhw.

Yn niwedd y ddeunawfed ganrif dechreuodd tirlunwyr ymweld ag Eryri i baentio, o Loegr, yr Alban a thu hwnt. Un ysgogiad oedd llyfr Thomas Pennant, *A Tour in Wales* (1784), a darluniau Moses Griffith. Cafodd J. M. W. Turner ac eraill eu denu yma ar ôl i'r rhyfeloedd Napoleonaidd eu hatal rhag mynd i'r Alpau a'r Eidal, a nhw sefydlodd y '*colony*' celf cyntaf ym Mhrydain, ym Metws-y-coed. Mae golygfeydd Eryri i'w gweld ar furiau rhai o orielau mwyaf Cymru ac Ewrop, ac yn dal i fynd â'ch gwynt.

Mae yna fwy i ardal na'i golygfeydd, wrth gwrs. Bu Eryri yn gartref i bobl erioed, a hanes cyndeidiau nifer ohonyn nhw'n ddwfn yn y tir. I sawl bardd ac artist o Gymro, mae hi'n amhosib sôn am dir heb sôn am bobl. Dyma sy'n gwneud pethau'n ddiddorol. Yn ei gerdd i 'Tŷ'r Ysgol' mae T. H. Parry-Williams yn sôn am gadw hen dŷ'r teulu yn Rhyd-ddu i fynd, '… rhag ofn i'r ddau sydd yn y gro/ Synhwyro rywsut fod y drws ynghlo', gan brocio euogrwydd y Cymro oddi cartref a thanio sgwrs am etifeddiaeth bro. Perthyn a thir, a phawb ar drugaredd y gwynt a threfn amser.

I arlunwyr fel Kyffin Williams a William Selwyn, mae'r tyddynnwr ar ochr y mynydd o dragwyddol bwys. Er mai'r awgrym lleiaf o amlinelliad tir a geir yng ngwaith artistiaid haniaethol fel Elfyn Lewis, mae cynefin yr artist yn ganolog i'r gwaith, am ei fod yn enwi pob darlun ar ôl enwau tai a ffermydd yr ardal, fel 'Llidiard-mawr' a 'Drws-deugoed'. Mae'r enw'r un mor drawiadol â'r paent.

poem about man's connection with his *cynefin*, or birthplace.

You could venture up to the fossil-strewn shores of Llyn Idwal, and stand beneath the magnificent Twll Du (literally, 'black hole'). Or rest your back on the cold steps of Dolbadarn Castle and look down, as the weary Welsh princes once did, on the glistening waters of Llyn Padarn. Alternatively, walk along the shores of Llyn Tegid near Bala on a midsummer's day, with the waves lapping at your feet.

These are only a few of the scenes that have excited the hearts and minds of artists and storytellers over the centuries. Parts of the earliest myths known to the Welsh, the Four Branches of the Mabinogi, are located in Eryri. Elements of Blodeuwedd's story, the woman of flowers, occur at Tomen y Mur near Trawsfynydd and Cwm Cynfal near Blaenau Ffestiniog (a place of great significance to local Mabinogi scholar, Professor Gwyn Thomas). Branwen's tale of woe from the Second Branch begins at Harlech.

Folk tales abound, and are found on every hill and hearth, in every lake and crag. From the sad tale of Prince Llywelyn's hound at Beddgelert to Cader Idris' giant. It is said, after all, that a king, Rhita Gawr, is buried on top of Yr Wyddfa, Eryri's crowning glory.

Landscape artists started arriving in Eryri at the end of the eighteenth century. Some were charmed by Thomas Pennant's book *A Tour in Wales* (1784) and its wonderful illustrations. J. M. W. Turner and others came to Wales after the Napoleonic Wars restricted their travel to the Alps and Italy, and established the first artists' colony in Britain, at Betws-y-coed. The mountains had a profound impact upon them and views of Eryri are today seen in numerous British and European national and city galleries.

There is, of course, more to a landscape than its aesthetic value. To many a Welsh artist and poet it is impossible to

Teithiodd stori'r bardd ifanc o fferm yr Ysgwrn ger Trawsfynydd, Hedd Wyn (Ellis Humphrey Evans, 1887–1917), ymhell o'i chynefin. Daeth hi'n symbol o golli cenhedlaeth o ieuenctid Cymru yn y Rhyfel Byd Cyntaf. Mae modd mynd i'r Ysgwrn i weld y 'Gadair Ddu', y gadair Eisteddfod a ddyfarnwyd iddo ar ôl iddo gael ei ladd yn Ypres. Cafodd rhannau o'r ffilm *Hedd Wyn*, a gafodd ei henwebu ar gyfer Oscar yn 1994, eu ffilmio yn yr ardal hardd yma ym Meirionnydd. Mae cyfarwyddwyr ffilm yn cael eu denu fwyfwy i Eryri, a'r tirlun creigiog yn denu'r dychymyg tywyllaf. Cafodd y ffilm dywyll *Gwen* (William McGregor, 2019) ei saethu o gwmpas gogledd Eryri.

Dilyn ôl traed

Yn ôl at gelf. Mae'r traddodiad wedi parhau yn gryf yn Eryri, ac ambell i le yn anghyffredin o fywiog; a hynny weithiau oherwydd dylanwad athro goleuedig. Mae artistiaid fel Iwan Bala, Angharad Pearce Jones a Catrin Williams, cyn-ddisgyblion yr athro celf Glyn Baines (1930–2023) yn y Bala, yn adnabyddus drwy Gymru. Mae Iwan Bala hefyd wedi siarad am ddylanwad cyfnod yr arlunwyr James Dickson Innes ac Augustus John yn paentio yn ardal yr Arenig Fawr yn nechrau'r ugeinfed ganrif.

Dylanwadodd Elis Gwyn Jones (1918–1999), athro ac arlunydd o Lanystumdwy ger Cricieth, ar baentwyr modernaidd eu golygon fel Gwilym Prichard ac Emrys Parry. Athro arall yw'r artist enwog Peter Prendergast (1946–2007), a symudodd o gymoedd y de i Ddyffryn Ogwen. Dylanwadodd ar lawer iawn o fyfyrwyr celf yng Ngholeg Menai. Y llynedd bu farw athro nodedig arall, yr artist Iwan Gwyn Parry, a fyddai'n rhoi arlliw arallfydol i'r glannau o gwmpas Eryri drwy gyfrwng olew.

separate the land from its inhabitants. In his poem 'Tŷ'r Ysgol' ('Schoolhouse'), T. H. Parry-Williams talks of how he and his brothers and sisters still insist on looking after the old house although they have long moved away – in case their parents ('*y ddau sydd yn y gro*') can sense from beyond the grave that the door is locked. He touches on a particular kind of Welsh guilt – the leaving behind of a rural Welsh-speaking community – and themes of belonging.

For painters such as Kyffin Williams and William Selwyn, the crofter on the hillside is as vital to the landscape as the mountain itself. One can only make out vague outlines of land or habitation in the work of abstract painters such as Elfyn Lewis, yet place and memory is central to the work. The artist from Porthmadog, a town on the National Park's border, has named each of his paintings after farms and smallholdings, such as 'Llidiard-mawr' or 'Drws-deugoed'. The historical names are as colourful as the paint.

The tragic story of the young poet Hedd Wyn (Ellis Humphrey Evans, 1887–1917) from Trawsfynydd has travelled far and wide. It has become a symbol of a lost generation of Welsh youth in the First World War. His home, the historic farmhouse of Yr Ysgwrn, is open to visitors, and on display is 'Y Gadair Ddu', the large bardic chair which was posthumously awarded to the poet after he was killed at the battle of Passchendaele.

Scenes from *Hedd Wyn* (Paul Turner, 1992), nominated for a Best Foreign Language Film Oscar in 1994, were shot in this delightful part of Meirionnydd. Eryri today attracts many film-makers and directors, its rugged terrain having particular appeal to dark imaginations. The chilling film *Gwen* (William McGregor, 2019) was filmed at various locations in Caernarfon, Llanberis and Bangor.

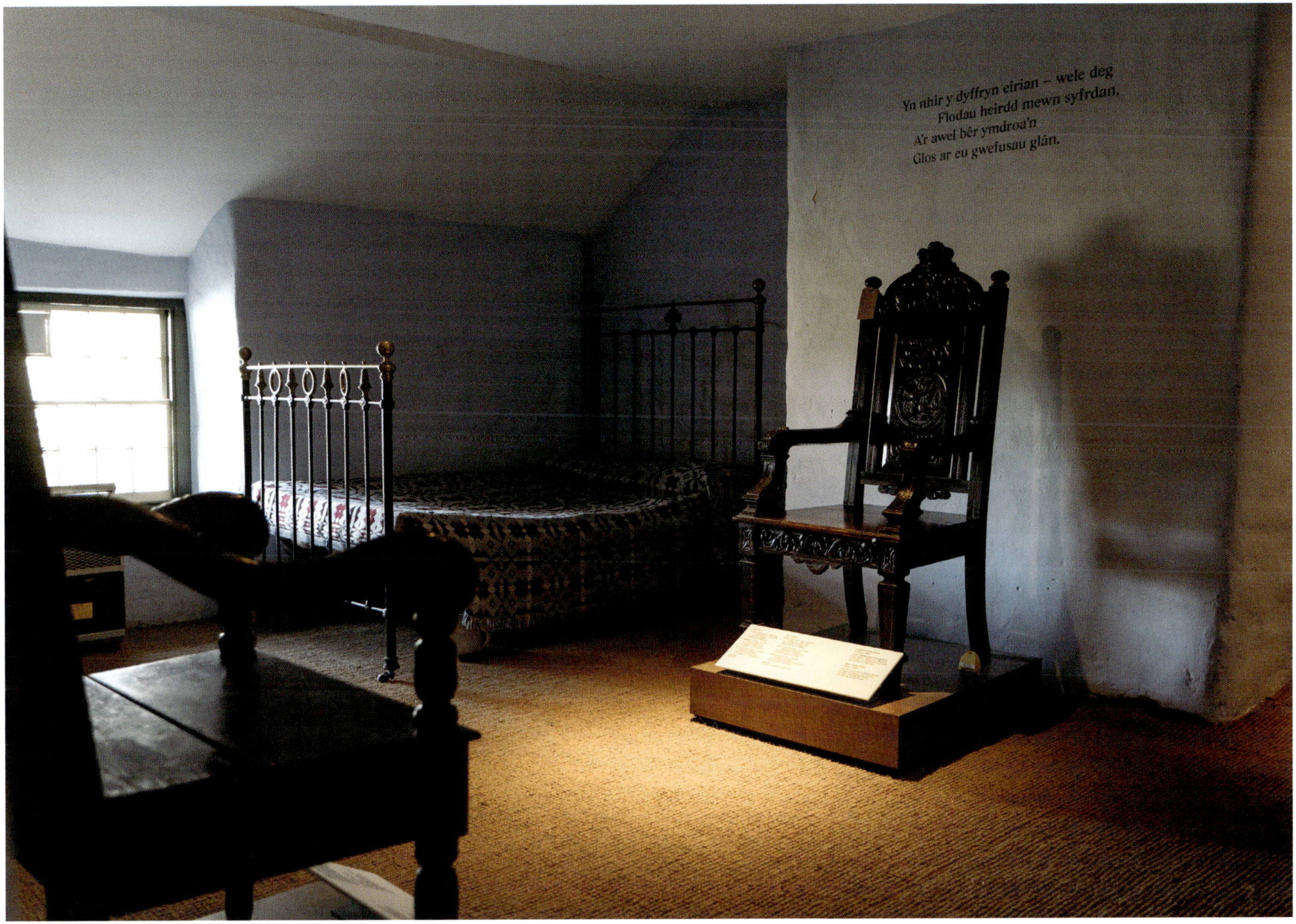

Rhai o gadeiriau barddol Hedd Wyn | Some of Hedd Wyn's bardic chairs
ⓗ *Follow Films*

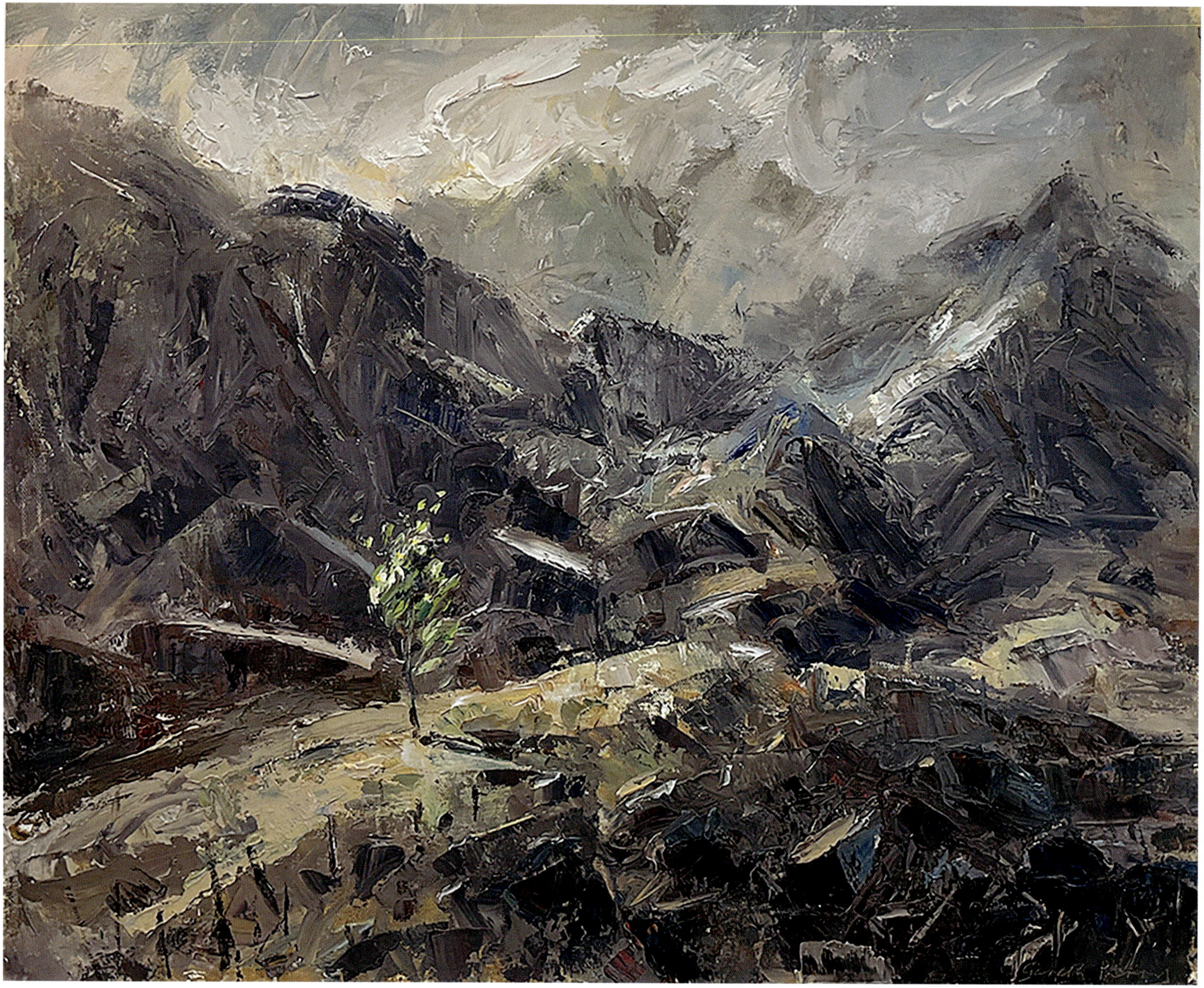

Y Griafolen Olaf | The Last Mountain Ash (Nant Peris)
ⓗ *Gareth Parry*

A rhaid sôn am Kyffin Williams, dylanwadwr pennaf y traddodiad paentio diweddar yn Eryri. Broliodd unwaith ei fod yn gallu sefyll yn yr eira am oriau yn paentio llun, 'and yet my hands were warmer at the end of the painting than when I had started on it'.

Rhaid parchu'r rheini sy'n glynu'n dynn wrth grefft a manylder y paentwyr cynnar, fel David Woodford a Rob Piercy. 'Po fwyaf dramatig, gorau oll,' yn ôl Piercy. Un sy'n llwyddo i hoelio naws y tymhorau yn Eryri yw'r artist Gareth Parry o Flaenau Ffestiniog. Paent pinc a phiws llachar mae'r artist o Fôn, Lisa Eurgain Taylor, yn ei ddewis i gyfleu gwychder Yr Wyddfa a'i chriw.

Un o artistiaid enwocaf yr ardal, o ran statws rhyngwladol, yw David Nash, sydd â stiwdio mewn hen gapel yn y Blaenau. Un o'i weithiau yw 'Ash Dome', cylch o goed ynn y dechreuodd ei blannu yn 1977 – mae'n debyg ei fod wedi'i leoli rywle yn Eryri er nad yw'r artist erioed wedi datgelu ymhle. Gadawodd i'w gerflun pren 'Wooden Boulder' deithio'n araf ar y tir, i lawr at aber Afon Dwyryd a'r môr.

Mae ymateb arlunwyr yn newid ym mhob oes am resymau cymdeithasol, gwaith, hinsawdd, datblygiad a thechnoleg. Heddiw, mae'r ffin yn denau rhwng celf a disgyblaethau celfyddydol eraill, ac artistiaid yn chwarae â geiriau testun a'r gair llafar, a sgwenwyr yn creu lluniau â ffotograffiaeth, ffilm a pherfformiadau. Un sy'n ymateb yn ddychmygus i fyd natur ac olion llaw dyn yw Joseph Conran, artist o Ddyffryn Ogwen, a gynlluniodd y gât ddur ar waelod llwybr Cwm Idwal.

Ac mae tirlun Eryri i'w weld mewn stribedi cartŵn, hyd yn oed, yn narluniau Rupert the Bear y darlunydd Alfred Edmeades Bestall, fu'n byw ym Meddgelert am 40 mlynedd.

Following in the footsteps

Back to visual art. Landscape painting has held strong in Eryri. There has been a boom in some areas in terms of home-grown artists, thanks to the influence of visionary art teachers. Contemporary artists like Iwan Bala, Angharad Pearce Jones and Catrin Williams, pupils of artist Glyn Baines (1930–2023) at Bala comprehensive school, are highly regarded throughout Wales. Iwan Bala has also talked about the influence of painters James Dickson Innes and Augustus John's notorious visit to the Arenig Fawr area in the early twentieth century.

The modern outlook of Elis Gwyn Jones (1918–1999), an artist and teacher from Llanystumdwy near Cricieth, left its mark on the landscapes of Gwilym Prichard and Emrys Parry. Peter Prendergast (1946–2007), an artist from the south Wales valleys who settled in Dyffryn Ogwen, inspired countless arts students on his foundation course at Coleg Menai. The course, and Eryri, lost another fine artist and teacher recently, Iwan Gwyn Parry.

Kyffin Williams, perhaps the biggest influence on north Wales mountain painters of recent times, particularly in terms of the palette-knife technique, deserves a mention. He once regaled that he could stand in the snow for hours working, 'and yet my hands were warmer at the end of the painting than when I had started on it'.

Some artists faithfully adhere to the fine craftsmanship of the early landscape painters, and work directly from the experience of a place, such as David Woodford and Rob Piercy. Piercy said once, 'The more dramatic, the better'. Gareth Parry from Blaenau Ffestiniog is well regarded for his expressive landscapes. Caernarfon artist Lisa Eurgain Taylor, however, chooses to capture the wonder of Yr Wyddfa in vivid hues of pink and purple and blue.

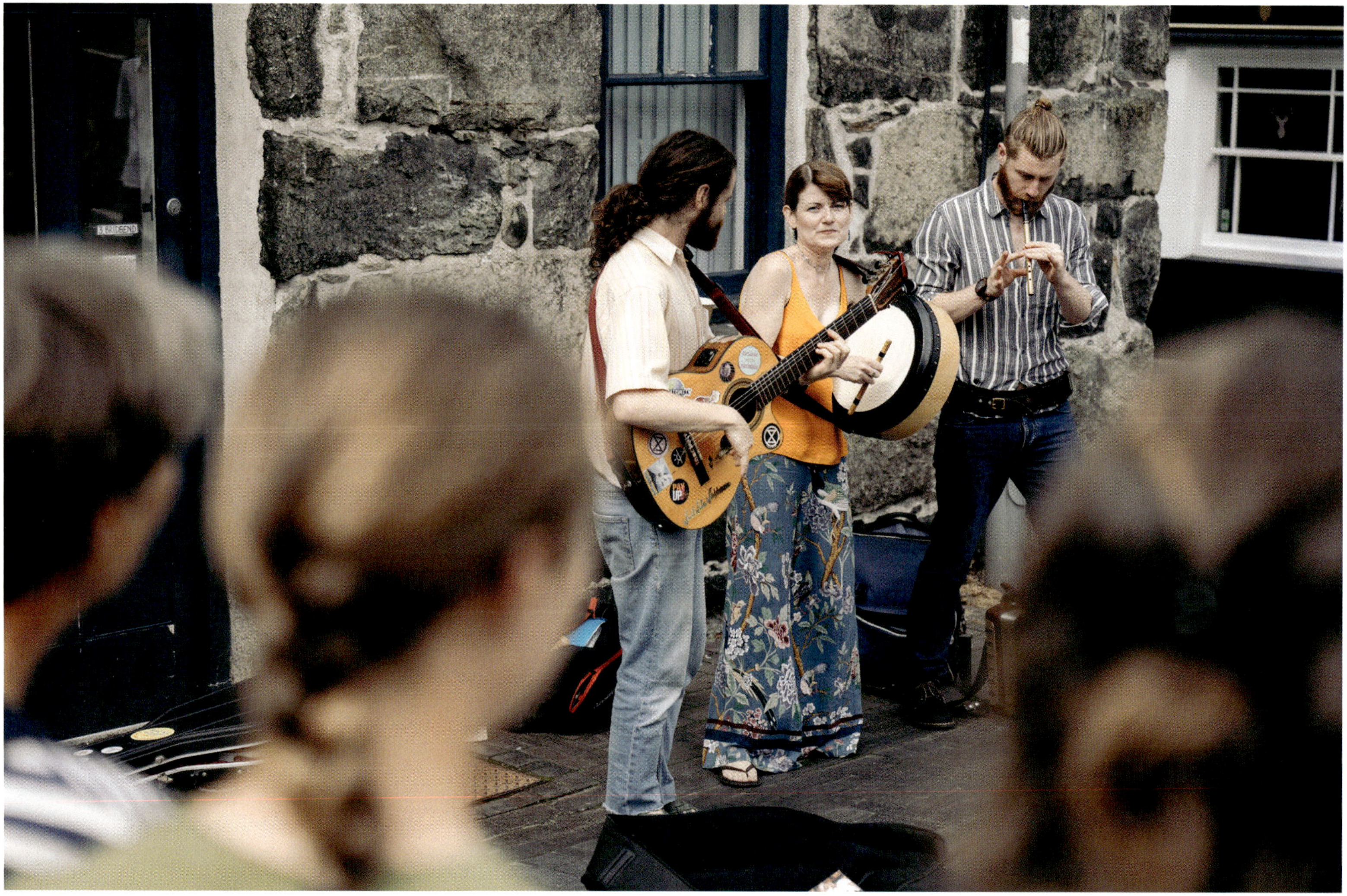

Cerddoriaeth werin | Folk music
ⓗ *ffotoNant*

Ymuno efo hwyl y criw

Mae traddodiadau canu gwerin Cymraeg fel cerdd dant yn dal yn gryf mewn ambell i le yn Eryri, fel ym Mhenllyn a'r Bala, a hanes cwmnïau drama pentrefi Eryri yn destun cyfrol yn ei hawl ei hun. Un symudiad cyffrous diweddar yw cymunedau yn dod ynghyd i brynu'r dafarn leol, fel yn achos yr Eagles yn Llanuwchllyn, y Ring yn Llanfrothen, a'r Eagles ym Mhenmachno. Yno mae sgwenwyr, dramawyr a cherddorion yn ymgynnull.

Ganrif neu ddwy'n ôl roedd telynorion Eryri, dynion gan fwyaf bryd hynny, yn teithio o dafarn i dafarn yn perfformio, ac yn mynd i ddiddanu i Lundain ac Iwerddon. Gyda'r adfywiad diweddar mewn cerddoriaeth werin, tybed a gawn ni weld y delyn deires, offeryn cenedlaethol Cymru ers talwm, 'nôl yn nhafarnau Eryri?

Mae sîn gerddoriaeth boblogaidd fywiog yn Eryri ac un o'r grwpiau roc enwocaf yw Anweledig. Bu'r aelodau yn cyd-fyw mewn tŷ yn Llanfrothen, ar odre'r Cnicht, am gyfnod. Er bod y 'llechan yn y gwaed' – mae gwreiddiau'r aelodau yn ardal chwarelyddol Blaenau Ffestiniog – fe gawson nhw loches yn Eryri i greu. Byddai aelodau'r grŵp, ac aelodau grwpiau eraill fel Gwibdaith Hen Frân ac Estella, yn hel yn y Ring.

Yn ei gyfrol *Wild Wales* (1862), mae'r teithiwr Fictoraidd George Borrow yn sôn am ymweld â hen gaffi Tanlan ger Llanfrothen, ac yn mynnu cwrw gan y perchennog er mai tŷ dirwest ydoedd. O na fyddai'r Ring yno bryd hynny!

Mae ardal Llanfrothen wedi bod yn lloches i artistiaid a beirdd ers tro byd. Bu'r bardd enwog R. S. Thomas (1913–2000) yn byw yn Nhŷ Main. Mewn llecyn bach tlws yn y Gelli wrth droed Garreghylldrem roedd gweithdy artist o'r enw Eleanor Brooks (1925–2022) – fe welech chi ei phenddelwau clai yn pipo drwy'r ffenestr. Dyna i chi artist yn ei byd ei hun.

Internationally-renowned sculptor David Nash has had a studio in an old chapel in Blaenau Ffestiniog since 1967. He planted his famous 'Ash Dome' as a young artist in 1977 somewhere in the area; he's never disclosed its exact location. He allowed his 'Wooden Boulder' (1978) to become a 'free-range sculpture' and journey down the river Dwyryd to the sea.

Eryri's mountains have even featured in the Rupert the Bear cartoon strips, as illustrator Alfred Bestall lived in Beddgelert for 40 years.

Artists' response to the landscape changes with time's advance. Today there are fewer boundaries between the creative art disciplines which makes things exciting. Visual artists use text and sounds, and writers use film and performance. One multi-disciplinary artist, metalworker Joseph Conran from Dyffryn Ogwen whose iron gates grace many of the Park's footpaths, makes art that inspires people to think about their connection to nature.

Music and life

Welsh-language singing traditions such as *cerdd dant* are very much alive in Eryri, and many villages have a tradition of amateur theatre companies. One recent interesting trend is when rural communities come together and buy and run the local pub, as in the case of Tafarn yr Eagles, Llanuwchllyn and Y Ring at Llanfrothen. This can help sustain the Welsh language in the long term and provide a hub for writers, artists and musicians.

A couple of centuries ago Eryri's harpists, mostly men, made their living by going from inn to inn playing traditional Welsh airs. Some would travel to London and Ireland to entertain. With the recent revival in folk music in Wales, will we one day see the triple harp, the national instrument of Wales at one time, back in the inns of Eryri?

I fyny'r lôn mae Plas Brondanw, a gafodd ei etifeddu gan y pensaer Clough Williams-Ellis, sefydlydd pentref Portmeirion. Mae ôl ei weledigaeth bensaernïol ar adeiladau cyfagos, ac ym mhaent gwyrddlas y tai. I Frondanw y symudodd ei ferch, Susan Williams-Ellis, cynllunydd cwmni Portmeirion Pottery, ac mae byd natur Eryri wedi dylanwadu ar waith ei merch hithau, yr artist Menna Angharad, fel y mae ar nofelau ffantasi ei brawd hi, Robin Llywelyn, rheolwr-gyfarwyddwr pentref Portmeirion. Mae'r dramodydd Melangell Dolma a'r awdur Seran Dolma yn rhan o'r un llinach greadigol.

Yn Llanfrothen hefyd y magwyd y llyfrbryf a'r casglwr achau Bob Owen, Croesor (1885–1962). Mae englyn trawiadol ar ei fedd ym mynwent Tanlan, sy'n cloi fel yma:

Mae rhwyg llym ym mrigau llên
Lle bu bwyell Bob Owen.

Gwlad beirdd

A beth am y beirdd? Faint a wyddai ymwelwyr fel J. M. W. Turner am draddodiad y Cywyddwyr? Roedd cartref Rhys Goch Eryri, un o feirdd mawr y cyfnod ar ôl gwrthryfel Glyndŵr, yn Nantmor ger Beddgelert. Ym mynwent Llanrug ger Caernarfon mae bedd Dafydd Ddu Eryri, bardd ac athro barddol o bwys. Bu'n dysgu beirdd fel Gutyn Peris, Gwilym Peris, Hywel Eryri a Gwyndaf Eryri. Athro arall yn meithrin traddodiad.

Un o'r goreuon yn llinach y beirdd oedd Eifion Wyn (1867–1926), Porthmadog. Enillodd â chywydd anfarwol ar y testun 'Eryri' yn Eisteddfod Genedlaethol Caernarfon, 1906. Gan adleisio thema led gyffredin, mae'r bardd yn gofyn pa awdurdod goruwchnaturiol a fu'n gyfrifol am greu mynyddoedd geirwon Eryri: 'O'u rhodfeydd, ai'r duwiau fu/

There is a lively popular music scene. Members of the successful Welsh-language rock band Anweledig lived together in Llanfrothen at the foot of Cnicht for a time. Most of the members came from the quarry town of Blaenau Ffestiniog, a town within but not part of the National Park. They, and members of other popular bands like Gwibdaith Hen Frân and Estella, would gather and socialise in the Ring.

Llanfrothen has long been a refuge for artists and poets. Poet R. S. Thomas (1913–2000) lived in Tŷ Main for a time. In a pretty wooded spot at the foot of Garreghylldrem, portrait artist Eleanor Brooks (1925–2022) had her workshop, her clay figures peering from the windows. A perfect artist's sanctum.

In *Wild Wales* (1862), Victorian writer, linguist and traveller George Borrow talks about visiting a temperance house at nearby Tanlan, and amusingly demanding beer. Renowned genealogist Bob Owen 'Croesor' (1885–1962) grew up in Llanfrothen, and is buried in Tanlan cemetery, and there is a very fine *englyn* on his headstone.

Plas Brondanw is up the road, a small mansion inherited by the architect Clough Williams-Ellis (founder of the Italianate village Portmeirion), and part of the Brondanw estate. His architectural vision is visible on buildings in the vicinity, especially in the distinctive turquoise paint. His daughter, Susan Williams-Ellis of Portmeirion Pottery fame, moved to Brondanw, and the flora of Eryri has left its mark on the work of her daughter, oil painter Menna Angharad, as it has on the science-fiction novels of her brother, Robin Llywelyn, managing director of Portmeirion. Playwright Melangell Dolma and writer Seran Dolma are also from the same creative lineage.

Land of poets

What of the poets? How familiar were J. M. W. Turner and his friends with the great Welsh poetic tradition of the Cywyddwyr?

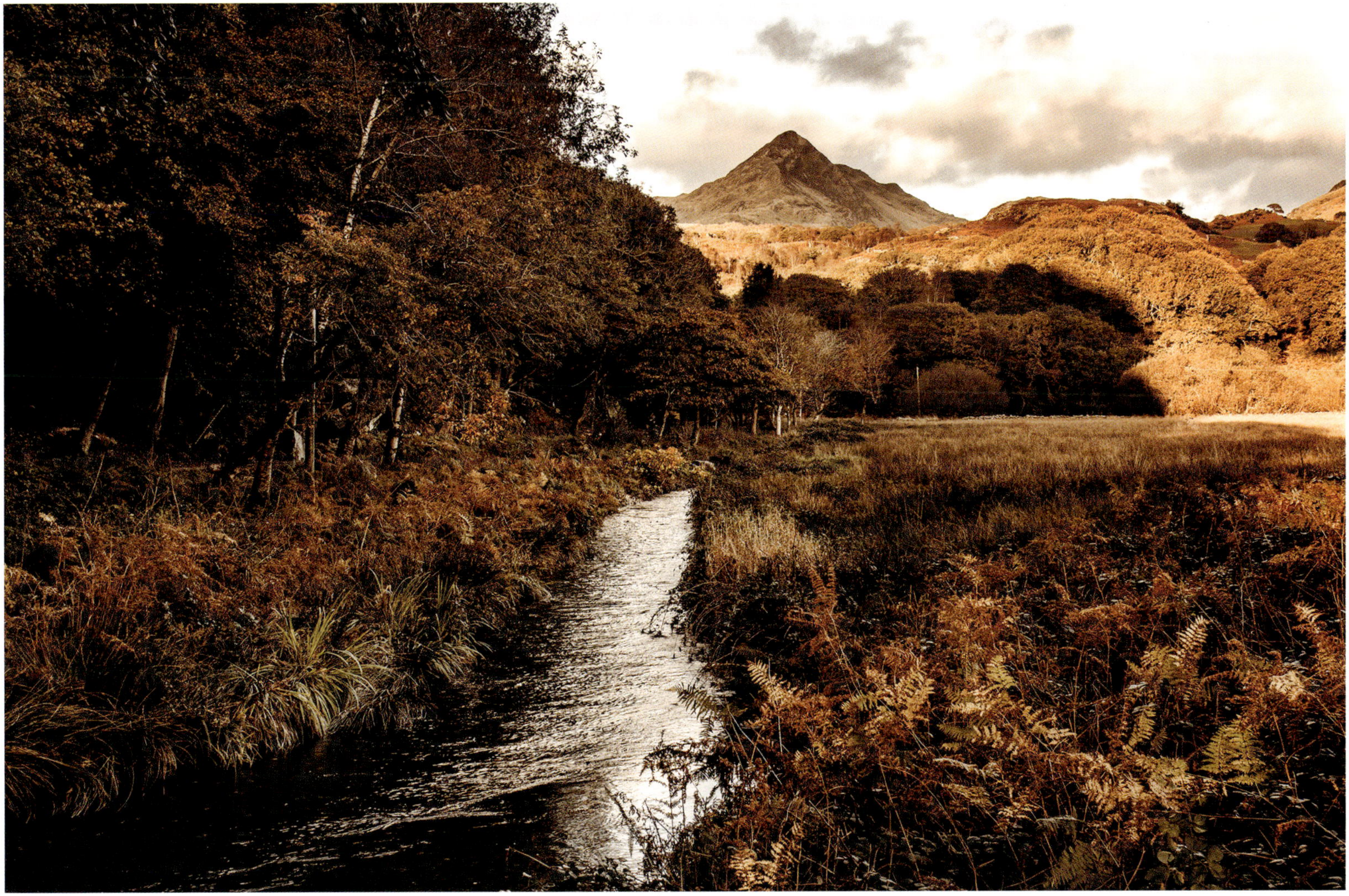

Cnicht o Bont Garreghylldrem | Cnicht from Pont Garreghylldrem
ⓗ Ffotograffiaeth Mari Lloyd

Yn y tir yn eu tyrru?' Gofynnodd bardd o Dal-y-sarn, Ffowc Williams, yntau yn ei gerdd 'Blodau'r Grug': 'Ba ddewin afrad yn y cwm/ A fu yn peintio'r creigle llwm/ Â'i glychau coch?'

Gall fod yn unig yn yr unigeddau. Mae rhai beirdd yn ceisio cysur yn y blodau. 'Ar fron y waun ddigariad/ Hoffaf eich cwmni pur,' meddai'r chwarelwr o Ddyffryn Ogwen, Ben Fardd, am blu'r gweunydd.

Fel ei chyfoeth byd natur, mae'r iaith Gymraeg yn un o ogoniannau Eryri. Mae i'w chlywed yn enwau'r nentydd, yr elltydd a'r tai. Mae'r iaith yn gallu gadael ei hôl ar feddwl yr artist neu'r llenor, a rhoi stamp unigryw ar ei waith. Fe fydd rhai artistiaid cyfoes, siaradwyr Cymraeg a di-Gymraeg fel ei gilydd, yn defnyddio enwau lleoedd, a'r mapiau eu hunain weithiau, yn eu gwaith. Mapiau, geiriau a darluniau daearegol yn gysylltiedig â Bwlch y Ddeufaen yn y Carneddau sydd yng ngwaith artist o'r enw Alison Craig.

Ac os hoffech esboniad syml ynglŷn â sut y mae Eryri yn ysbrydoli o ran y celfyddydau, mae'r ateb yng nghywydd Eifion Wyn. 'O, uchder iach daear hen/ Aelwyd duwiau Gwlad Awen.' Dyna pam: Eryri oedd cartref duwiau Awen.

Rhys Goch Eryri, an important poet of the period after the Glyndŵr rebellion in the fifteenth century, lived at Nantmor, Beddgelert. His rival in love was his neighbour and fellow bard, Dafydd Nanmor. Dafydd Ddu Eryri (1759–1822), a poet from Waunfawr, was an important bardic teacher whose pupils had names such as Gutyn Peris, Gwilym Peris, Hywel Eryri and Gwyndaf Eryri.

Eifion Wyn (1867–1926) from Porthmadog was a more recent eminent poet. He won a prize at the 1906 National Eisteddfod in Caernarfon for an epic strict-metre poem on the subject of 'Eryri'. Echoing a fairly common theme in Welsh poetry, Eifion Wyn asks whether the mountains were created by divine authority: '... *ai'r duwiau fu/ Yn y tir yn eu tyrru*?' ('... had the gods been/ in the land to assemble them?').

It can be lonely in the hills. Poets found solace in plants and flowers. '*Ar fron y waun ddigariad/ Hoffaf eich cwmni pur*' ('On the cold indifferent moor/ I like your pure company') a quarryman-poet from Dyffryn Ogwen, Ben Fardd, said once about the white-tufted cottongrass.

Like its natural beauty, the Welsh language is one of Eryri's treasures. It is in the names of rivers and hills and can leave an indelible mark on the mind of an artist or writer, Welsh-speakers and non-Welsh-speakers alike. Some contemporary artists use Welsh place names, and sometimes the maps themselves, in their practice. Alison Craig, for instance, uses maps, text and geological drawings related to Bwlch y Ddeufaen in the Carneddau in her work.

And if you want an easy explanation of why Eryri inspires the creative arts, the answer is in Eifion Wyn's epic poem. '*O, uchder iach daear hen/ Aelwyd duwiau Gwlad Awen.*' Simply put, Eryri was where the Muses called home.

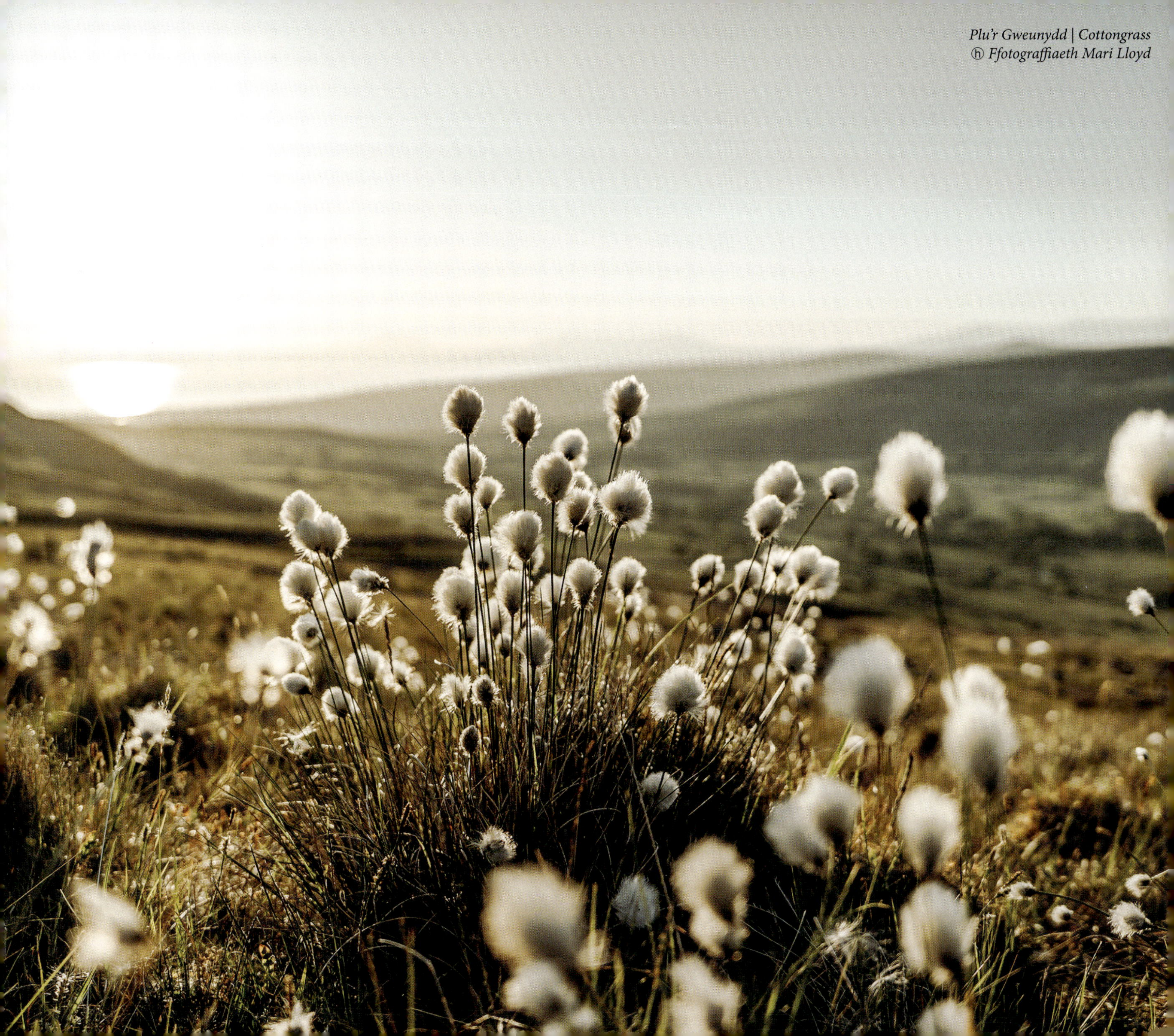

Plu'r Gweunydd | Cottongrass
ⓗ *Ffotograffiaeth Mari Lloyd*

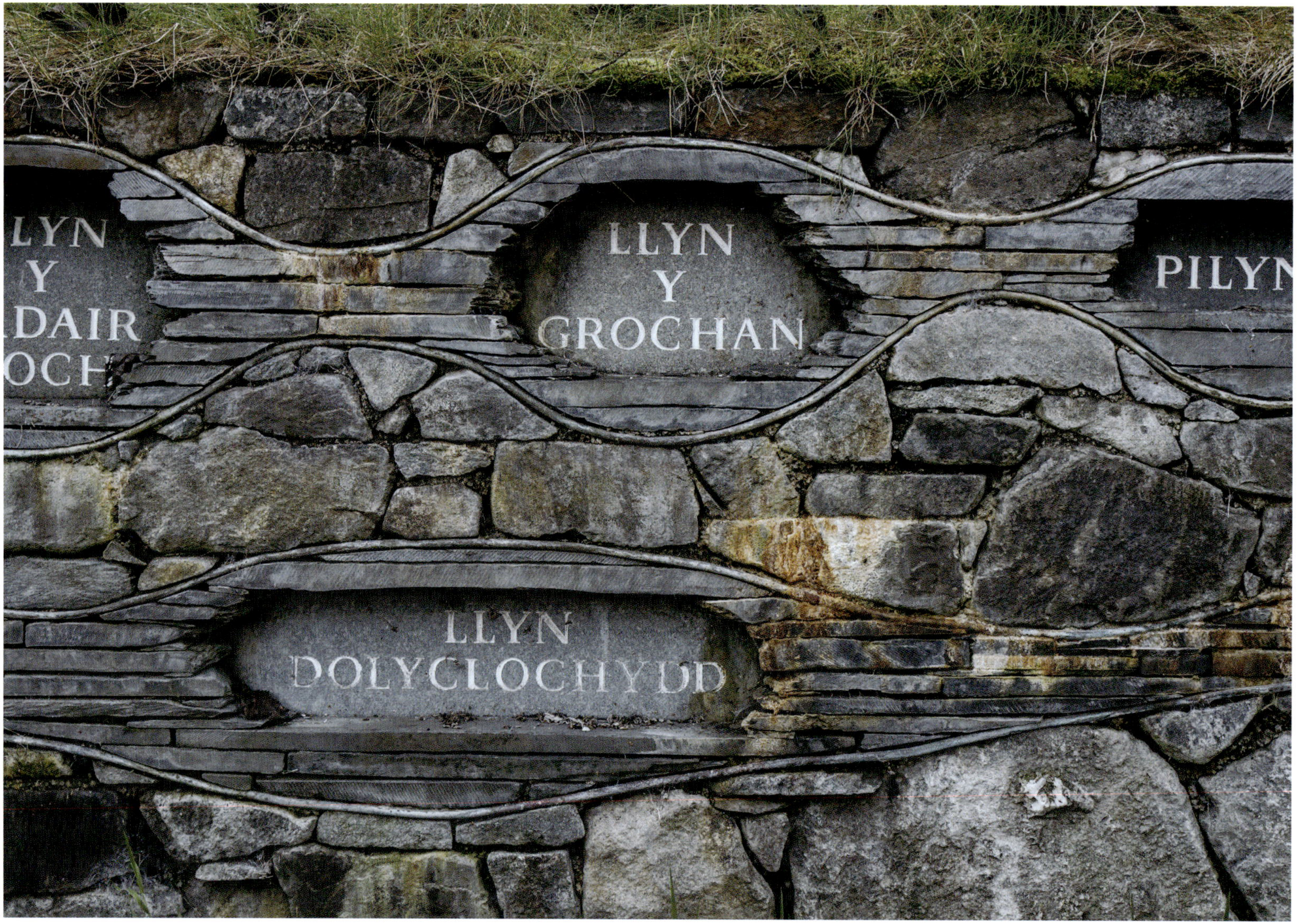

Dathlu enwau tirweddol | Celebrating landscape names

Llonyddwch ac unigedd
Tranquillity and solitude

Elinor Gwynn

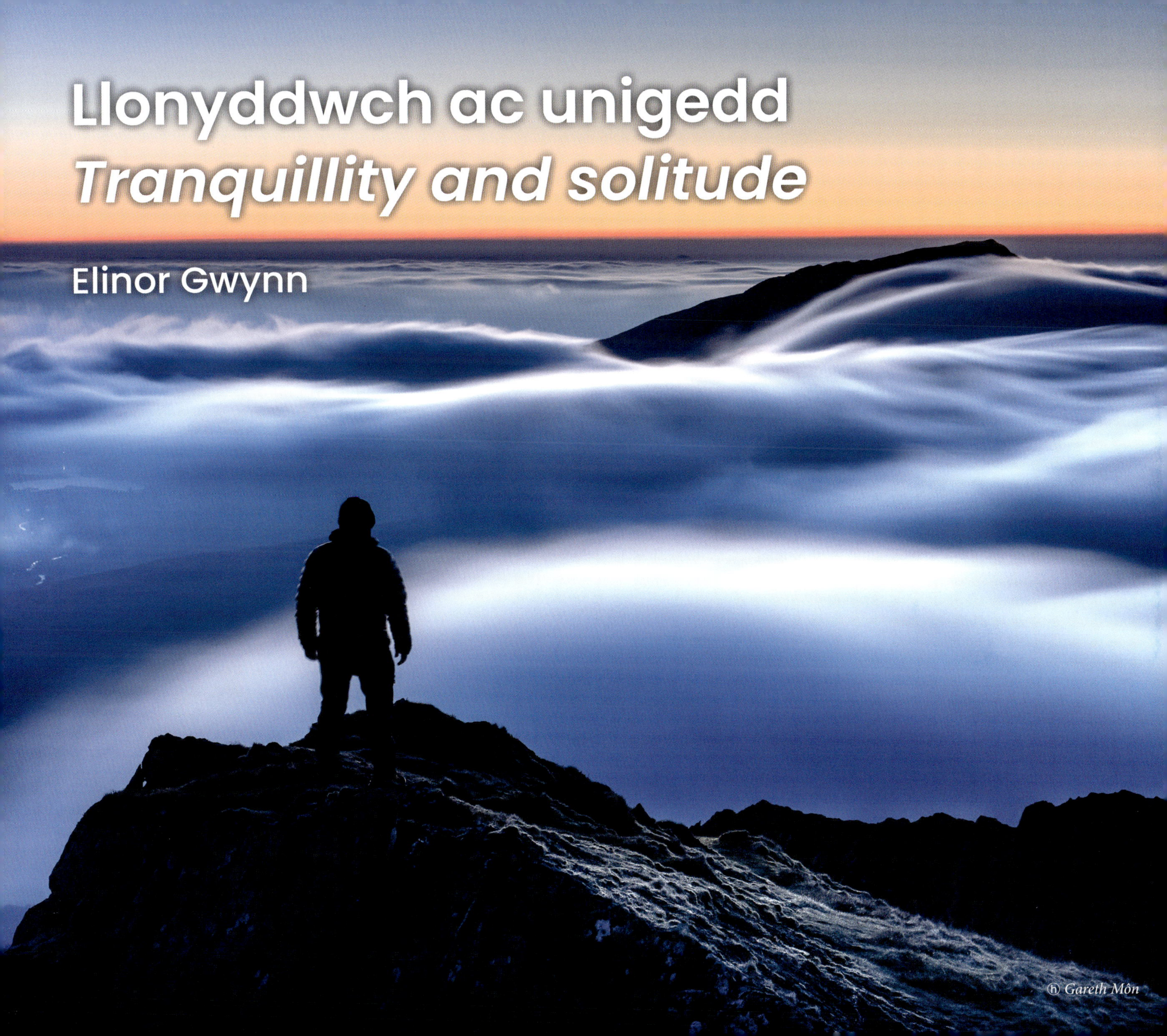

ⓗ Gareth Môn

Deuddeg.

Dyma'r nifer o bobl, ar gyfartaledd, sy'n byw ym mhob cilomedr sgwâr o Barc Cenedlaethol Eryri y dyddiau hyn.

Mae'n ystadegyn bychan sy'n awgrymu distawrwydd a gwacter mawr.

Ond mewn gwirionedd mae'r ardal yn llawn cymeriadau o bob math. Maen nhw'n bresennol ym mhob man, yn bywiogi'r lle drwy'r amser gyda'u lliw, eu sain a'u straeon.

Dyna chi'r plyfyn ysgafn o gwmwl yng nghesail cwm mynyddig ar doriad dydd, a chrawc cigfran anweledig yn cario drwy'r cysgodion oer. Sgwarnog yn loncian yn hamddenol i ganol patshyn o frwyn, sŵn bref bellennig, a llu o afonydd yn gwythiennu a chordeddu ar eu hynt tua'r môr. Slentyn o haul yn goleuo dresel o graig, a gwynt oer yn chwislo'n fain drwy frigau porffor llwyni bedw ar ddiwedd gaeaf. Creigiau'n swatio'n feddal-fwsoglaidd dan goed deri, neu'n gorwedd blith draphlith o gylch adfeilion inclêns a barics yn un gybolfa ddrylliedig, flêr.

Ac yna'r milltiroedd maith o lwybrau, lonydd, cloddiau a waliau sy'n sarffio ar hyd y llethrau a'r cymoedd: yr edafedd diderfyn sy'n pwytho holl aneddleoedd, siwrneiau a hanesion pobl dros y canrifoedd yn un gwead mawr anorffenedig.

Mae'r holl bethau hyn, a myrdd o rai tebyg, yn llenwi pob cornel o Eryri – dim ond i chi fod yn barod i sylwi arnyn nhw, ac i gael eich cyffwrdd gan y profiad.

Roedd y gymysgedd o dirffurfiau, cynefinoedd, patrymau a lliwiau sy'n nodweddu Eryri yn ganolog i'r cysyniad o 'harddwch naturiol' a chwaraeodd ran mor bwysig yn y broses o ddynodi Parciau Cenedlaethol ym Mhrydain 'nôl yn y 1950au. Byddai syniadau aesthetig y canrifoedd blaenorol yn bownd o fod wedi llywio barn y criw bach dethol a fu wrthi'n trafod, mapio, sgwennu adroddiadau a gwneud argymhellion. Mae'n siŵr y byddai tamaid o'r feddylfryd bictwrésg wedi bod yno yn

Twelve.

This is the number of people, on average, that live in each square kilometre of Eryri National Park these days.

A tiny statistic that somehow implies a huge emptiness and a yawning silence.

But in truth the whole area abounds with all kinds of beings that fill the place with colour, sounds and stories. They're everywhere, if we choose to notice them.

A plume of thin cloud, hanging delicately at the far end of a dark valley in the early hours of the morning, and the deep croak of an invisible raven carrying through cold shadows. A hare loping slowly into a patch of rushes, a faraway bleat, and a riot of waterways braiding and winding their way towards the coast. A sudden sunbeam lighting up a dramatic cliff face, and a biting wind whistling through bare, purple birch canopies at the end of winter. Moss-covered boulders huddling softly under wizened oaks, and masses of jaggedy slate slabs piled starkly, chaotically around old barracks and inclines.

And then the miles of paths, trackways, hedges and walls that weave their way across slopes, around mountains and along valleys: the infinite tracelines that connect settlements, journeys and ways of living over centuries in an unending, fascinating tapestry.

These myriad presences, and a host of others, enliven every corner of Eryri – if we care to be attentive, and are willing to be touched by such everyday encounters.

The medley of landforms, habitats, patterns and colours we see in Eryri was central to the concept of 'natural beauty' that featured so prominently in the process of designating National Parks in Britain in the 1950s. The small, select band of people charged with mapping, debating, report-writing and

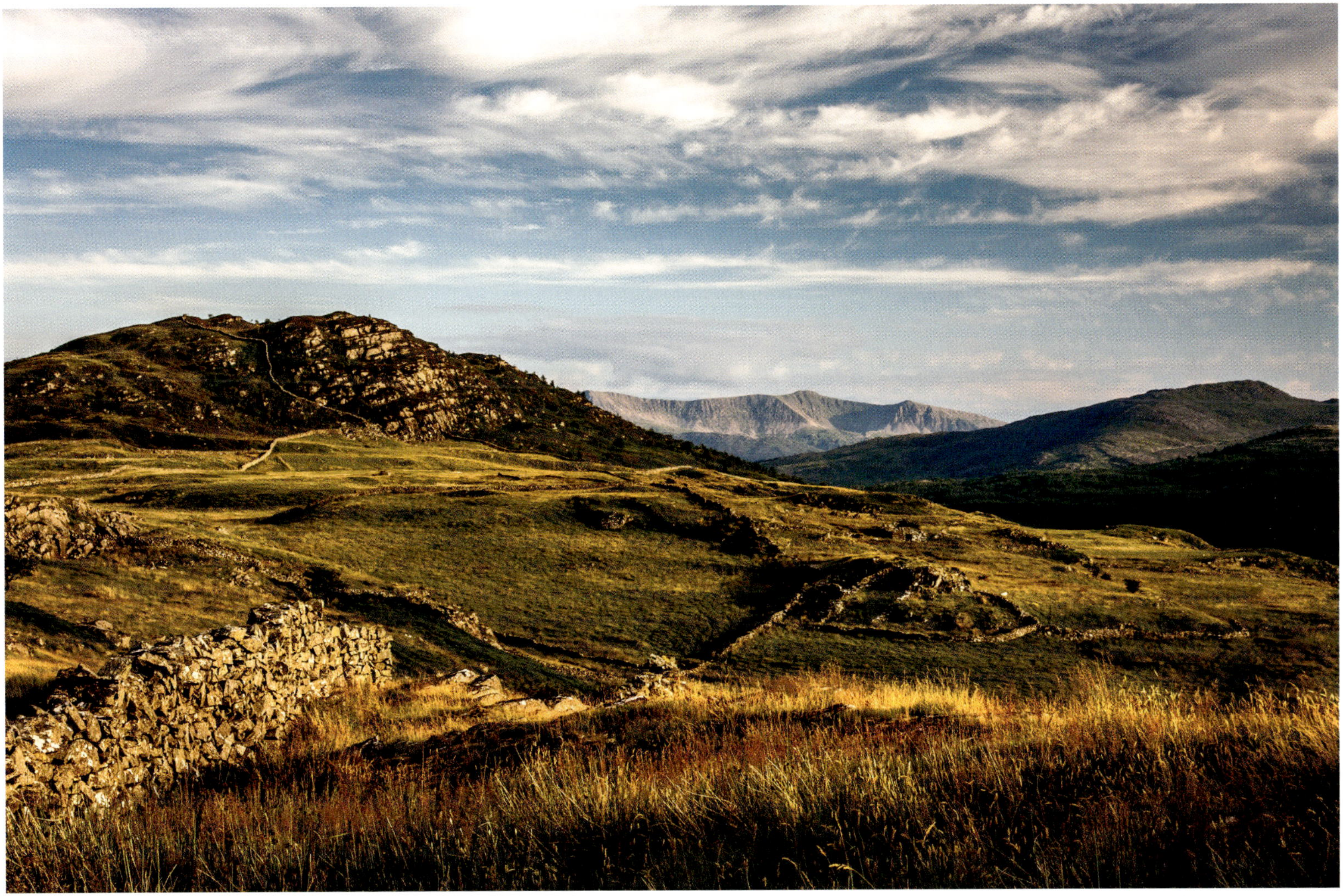

Rhwydwaith waliau | A network of walls
ⓗ Myfyr Tomos

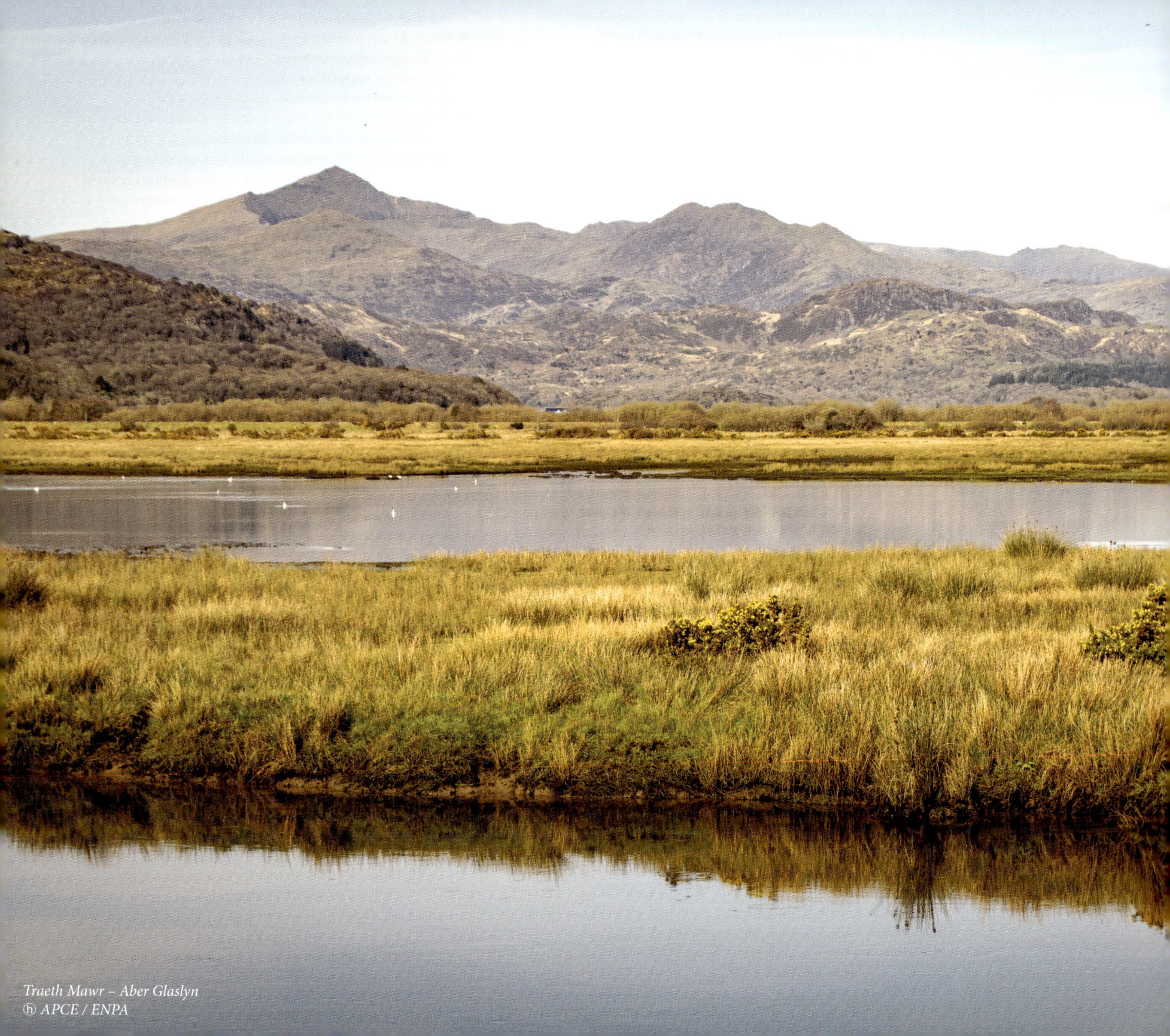

Traeth Mawr – Aber Glaslyn
Ⓗ APCE / ENPA

rhywle – y syniadaeth a fabwysiadwyd gan William Maddocks (1773–1828) wrth iddo fynd ati i drawsnewid y Traeth Mawr yn ardal Porthmadog. Ac yn ddiau fe fyddent wedi bod yn ymwybodol o'r gwerthfawrogiad rhamantaidd ac arddunol a ddenodd gymaint o deithwyr, llenorion ac artistiaid i ymweld ag Eryri trwy gydol y bedwaredd ganrif ar bymtheg i ryfeddu at gopaon, hafnau a rhaeadrau aruthrol-frawychus yr ardal. Ac i ba raddau, tybed, y llwyddodd rhai o artistiaid cynnar yr ugeinfed ganrif i ddylanwadu ar eu penderfyniadau – pobl fel Augustus John a'i gyfeillion bohemaidd a ffurfiodd 'Ysgol Arenig', ac unigolion eraill fel John Piper a fu'n crwydro Eryri yn y 1940au gan weld ac ymdeimlo â'r dirwedd fynyddig mewn ffordd nad oedd unrhyw un arall wedi ei wneud o'r blaen, yn ei dyb ef?

Mae'n debyg na fyddwn ni byth yn gwybod, i sicrwydd. Ond gallwn ddychmygu fod yr holl ddylanwadau diwylliannol a hanesyddol hyn wedi llifo fel cerhyntau bychain drwy'r sgyrsiau a gafwyd rhwng y rhai a fu ynghlwm wrth ddynodi Parc Cenedlaethol Eryri. Go brin y byddai'r giang bach hwn wedi bod yn gyfarwydd â'r gweithiau niferus a oedd yn portreadu Eryri a pherthynas pobl â'r ardal drwy gyfrwng y Gymraeg – yn cynnwys cyfansoddiadau nifer o 'feirdd cartref', chwedl Carneddog (1861–1947), a gwaith rhai o'n sgwenwyr enwocaf ar ddechrau'r ugeinfed ganrif, fel R. Williams Parry a T. H. Parry-Williams.

Yng nghyfnod y dynodi mae'n siŵr mai greddf, yn bennaf, a oedd yn gyrru'r farn bod angen gwarchod ardaloedd a gynigiai wledd i'r llygaid a llonyddwch i'r enaid. Lleoedd oedd y rhain lle'r oedd grymoedd y ddaear i'w gweld ac i'w teimlo yn drech na llaw dyn ar y dirwedd. Roedd yr ardaloedd a glustnodwyd i fod yn Barciau Cenedlaethol yn rhai a fyddai'n cynnig cyfleoedd i gynifer â phosib o bobl i glirio'u meddyliau, i ddod at eu coed, i weld y byd o bersbectif newydd ac i deimlo'n

making recommendations would surely have been influenced by various aesthetic ideas that had gained currency during previous centuries. Were they swayed perhaps by the notion of the picturesque, favoured by individuals such as William Maddocks (1773–1828) as he set about transforming the Traeth Mawr landscape near Porthmadog? Or perhaps they favoured the romantic and sublime outlooks that drew so many travellers, writers and artists to visit Eryri during the late eighteenth and nineteenth century to marvel (if somewhat tediously) at the 'lofty' mist-drenched peaks and the frightfully magnificent, or 'horrid' chasms and cascades. To what extent did the work of twentieth-century artists play a part in their thinking – people such as Augustus John and his bohemian companions who formed the 'Arenig School', or individuals such as John Piper who wandered through parts of Eryri in the 1940s 'seeing the mountains for the first time, and seeing them as no one had done before'?

We'll never know for sure, but we can imagine that all these historic and cultural currents would have been woven somehow into conversations around designating the Eryri National Park all those years ago. We can also hazard a guess that those involved in the exercise would have been less familiar, and possibly unaware of the rich, rooted expressions of place that sought to depict Eryri and people's relationship with the area through the Welsh language – including the works of numerous folk poets and some of our most famous writers, such as R. Williams Parry and T. H. Parry-Williams, who were active during the first half of the twentieth century.

Back in those days it was probably instinct that drove a belief in the importance of protecting areas that could offer rich visual experiences and repose for the soul. These were places where the earth's forces were clearly visible and were felt to be so much more powerful than any human influence

fwy llawen a bodlon. Oherwydd y weledigaeth hon, roedd hi'n bwysig sicrhau y byddai pob un o'r Parciau Cenedlaethol newydd o fewn cyrraedd i un neu ddwy o drefi neu ddinasoedd mwyaf poblog Cymru a Lloegr ar y pryd.

Bellach, mae datblygiadau gwyddonol yn ein helpu ni i ddeall yn well yr hyn y mae pobl wedi ei deimlo'n reddfol am effaith gadarnhaol yr amgylchedd 'naturiol' arnom. Maes gweddol newydd a chynhyrfus yw niwrowyddoniaeth amgylcheddol. Mae'r ymchwil a gynhaliwyd hyd yma yn awgrymu fod y profiad o weld, neu fod yn bresennol yng nghanol lleoedd mwy 'naturiol' eu naws yn cryfhau ein galluoedd deallusol – yr holl brosesau sy'n ymwneud â phethau fel canfyddiad, cof, ymresymu, dychymyg a datrys problemau.

Mae gwyddonwyr sy'n gweithio yn y maes hwn yn mynnu fod lleoedd trefol modern yn llawn pethau sy'n hawlio'n sylw drwy'r amser ac yn ein gorfodi i ddelio gyda llu o wahanol dasgau corfforol a deallusol wrth fynd o gwmpas ein pethau. Mae hyn, medden nhw, yn gorflino'r rhan o'r ymennydd sy'n gyfrifol am gynnal ein gallu i ganolbwyntio ar dasgau meddyliol.

Ar y llaw arall, yn ôl ymchwilwyr, mae tirweddau sy'n fwy naturiol eu gwedd yn cyffwrdd â ni mewn ffyrdd sy'n teimlo'n fwy rhwydd ac ysgafn, gan roi cyfle i'r rhan hon o'r ymennydd orffwyso ac ymadfer. Er bod 'na ddigon o bethau i gynhyrfu'r ymennydd mewn tirweddau o'r fath maen nhw'n cysylltu â'r meddwl mewn ffyrdd tawel, digymell sy'n gofyn am lai o ymdrech. Tybed sawl un ohonom sydd wedi cael ein swyno wrth glywed côr y wig ar fore o wanwyn, neu gael ein cyfareddu wrth wylio cawodydd glaw yn sgubo'n ddramatig dros y môr, neu gael ein hudo wrth i'r dydd droi'n awyr dywyll serog – a theimlo pwysau'r byd yn diflannu oddi ar ein hysgwyddau?

Bathwyd y term 'cyfaredd tyner' (*soft fascination*) ar gyfer y math yma o sylw tawel sy'n cael ei ysgogi gan elfennau naturiol o'r byd o'n cwmpas. Yn ôl gwyddonwyr, mae profiadau o'r fath

on the landscape. The areas identified for designation were to be places that offered opportunities for more people to clear their minds, lift their spirits and reset perspectives. It was important therefore that all these new National Parks would be within easy reach of at least one or two of the most populated cities in Wales and England at the time.

Nowadays, science is helping us to better understand and explain the reasons why people have felt instinctively that the so-called 'natural' environment is beneficial to our well-being. Environmental neuroscience is a relatively new, and exciting field. Studies undertaken to date are beginning to indicate that the experience of seeing or being immersed in places that are seemingly more 'natural' in character can improve our cognitive functioning – all those processes in our brains that are connected with things such as perception, reasoning, judgement, memory, imagination and problem-solving.

According to neuroscientists, modern urban settings are packed with stimuli that demand our attention and force us to multitask all the time. They argue that this is exhausting for that part of the brain which is responsible for managing our ability to focus attention and sustain concentration on a mental task.

On the other hand, 'natural' landscapes engage the brain in more undemanding and effortless ways: this allows the parts of the brain responsible for focus and concentration to rest and recover. Although there are plenty of stimuli in such natural environments, the ways in which they capture our attention is different – more spontaneous, indirect and less clamouring according to scientists. How many of us have been quietly mesmerised by a springtime dawn chorus, entranced by a starry dark sky, enthralled by a shimmer of bluebells, or captivated by the sight of a bird fossicking around for nesting material – and feeling, as we're locked

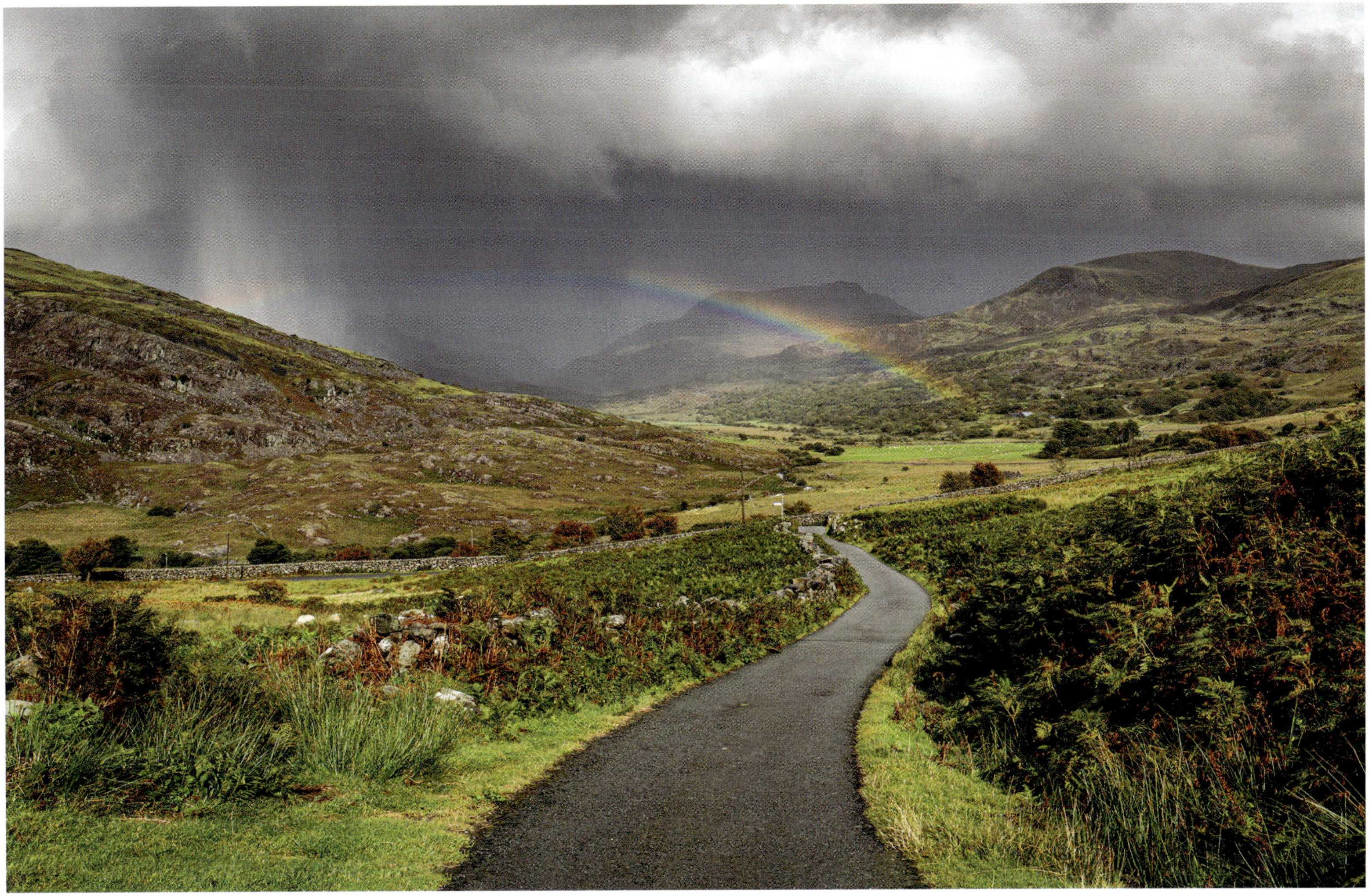

Ennyd o gyfaredd tyner | A moment of soft fascination
ⓗ Ffotograffiaeth Mari Lloyd

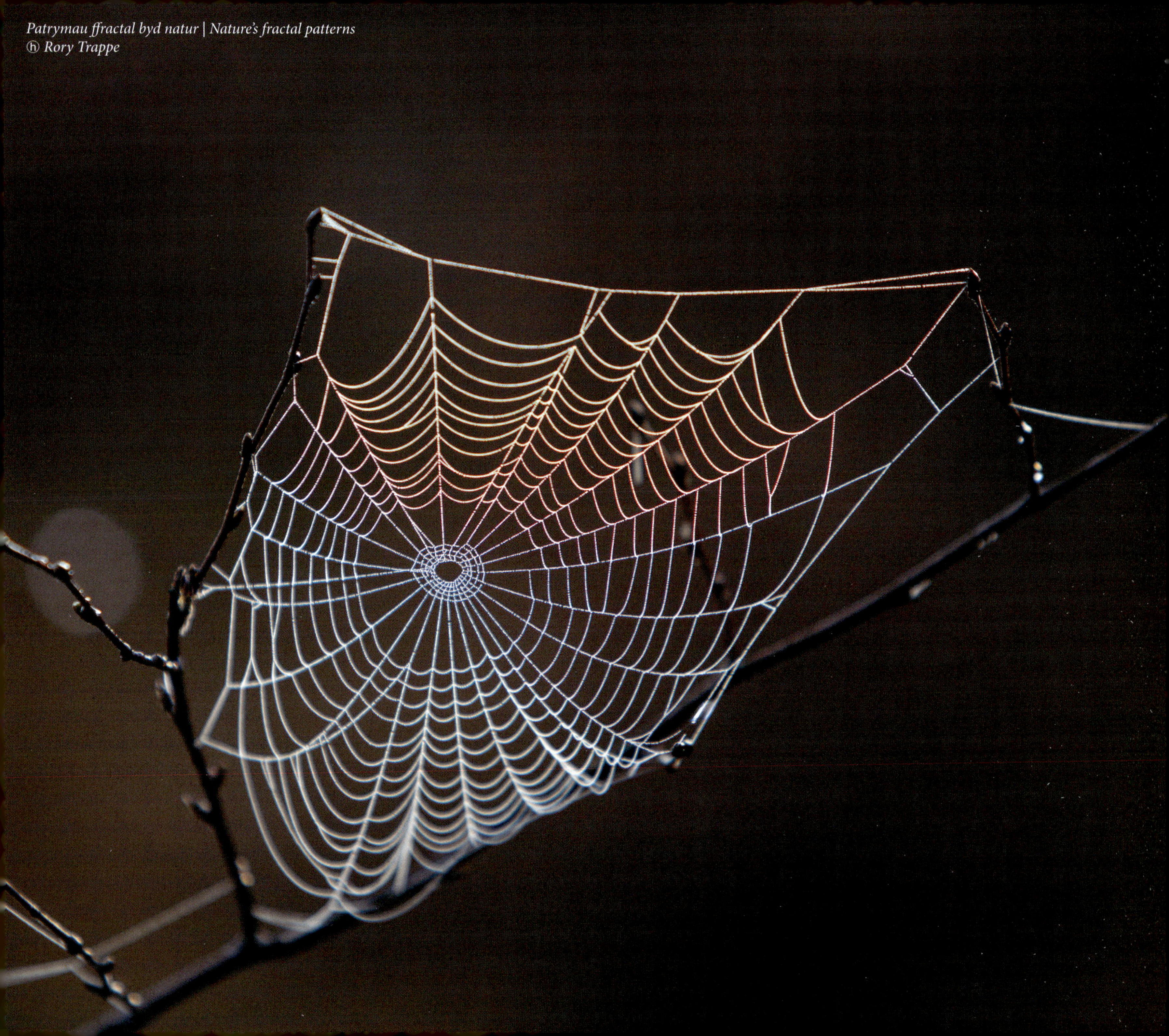

Patrymau ffractal byd natur | Nature's fractal patterns
ⓗ Rory Trappe

yn gorffwyso'r meddwl ac yn adfer ein gallu i ganolbwyntio ar dasgau; maen nhw hefyd yn ein helpu i fod yn fwy creadigol.

Mae astudiaethau hefyd yn awgrymu nad oes angen i rywun fod wedi mwynhau'r profiad o ddod i gysylltiad uniongyrchol â'r amgylchedd naturiol er mwyn elwa. Mae arbrofion wedi dangos fod galluoedd ymenyddol a chreadigrwydd pobl yn cryfhau hyd yn oed os ydyn nhw wedi llwyr ddiflasu ar fod allan yn crwydro yng nghanol yr oerfel a'r glaw!

Erbyn hyn, mae niwrowyddonwyr yn defnyddio teclynnau arbennig i dracio newidiadau sy'n digwydd yn yr ymennydd dan amgylchiadau gwahanol. Mae'r data i'w weld yn cadarnhau bod ein meddyliau yn gorfod gweithio'n galetach i brosesu golygfeydd ac amgylchiadau mewn lleoedd trefol. Yn ddiddorol, mae'n ymddangos hefyd nad oes rhaid bod yng nghanol lleoedd 'naturiol' i deimlo'r budd. Mae'r profiad o edrych o bell ar olygfa fwy naturiol, hyd yn oed drwy ffenest, yn gallu bod yn werthfawr. Yn ôl gwyddonwyr mae llinellau crwm – fel amlinellau bryniau, llwybrau ac afonydd – yn ennyn teimlad o gyfaredd tyner. Mae edrych ar batrymau 'ffractal' (patrymau sy'n ailadrodd eu hunain ar wahanol raddfeydd, fel y gwelwn mewn ffrondiau rhedyn a phlu eira) hefyd yn creu yr un effaith. Y gred, yn ôl rhai, yw bod yr ymennydd yn gallu prosesu'r math yma o nodweddion yn haws oherwydd ein bod ni wedi esblygu gyda nhw ers cyn co'.

Ar y llaw arall, mae trefi a dinasoedd yn llawn llinellau syth ac ymylon caled, a phrin y gwelir unrhyw batrymau ffractal ynddyn nhw. O ran eu hadeiladwaith dy'n nhw ddim felly yn cynnig llawer o gyfaredd tyner i'r ymennydd. Ac ar ben hyn mae mannau trefol yn orlawn o gynyrfiadau gwahanol sy'n tarfu ar y meddwl – fel arwyddion, traffig, sŵn seirenau a ffonau, hysbysebion a phobl yn rhuthro o gwmpas. Dyma'r math o bethau sy'n cwffio am ein sylw yn ddiddiwedd ac yn ei gwneud hi'n anodd canolbwyntio ar un peth ar y tro. Dim ond i chi aros

into those moments, the overburdened parts of our minds somehow becoming detached and melting away?

The term coined by scientists for this kind of gentle attention is 'soft fascination'. They maintain that such experiences rest the mind and restore our ability to concentrate on tasks and be more creative.

Interestingly, some studies suggest that people may benefit from encounters with the natural environment even if they don't necessarily enjoy the experience. Spending time in rough weather and tough places seems to enhance people's cognitive functioning and creativity.

These days, scientists are able to use various devices to track changes in people's minds in real time, and under different circumstances. The data seems to confirm that our brains have to work harder to process views and surroundings in urban areas. We're also learning that even looking at a more natural view through a window can be beneficial. According to scientists, curved lines – such as the outlines of hills, winding paths and rivers – can elicit soft fascination. The presence of fractals (patterns that repeat themselves at different scales, as we see in fern fronds and snowflakes) also creates the same effect. Some scientists believe that the human brain is able to process these kinds of features more easily because we have evolved with them over the millennia.

Urban settings are full of straight lines and hard edges, and include far fewer fractal patterns. In terms of their infrastructure they offer very little in the way of soft fascination for the human brain. These places are also full of other stimuli such as traffic, signs, sirens, ringtones, advertisements and people rushing around; all of these constantly vie for our attention and make it difficult to concentrate on any one thing at a time. It's little wonder that the brain quickly tires in these kinds of places.

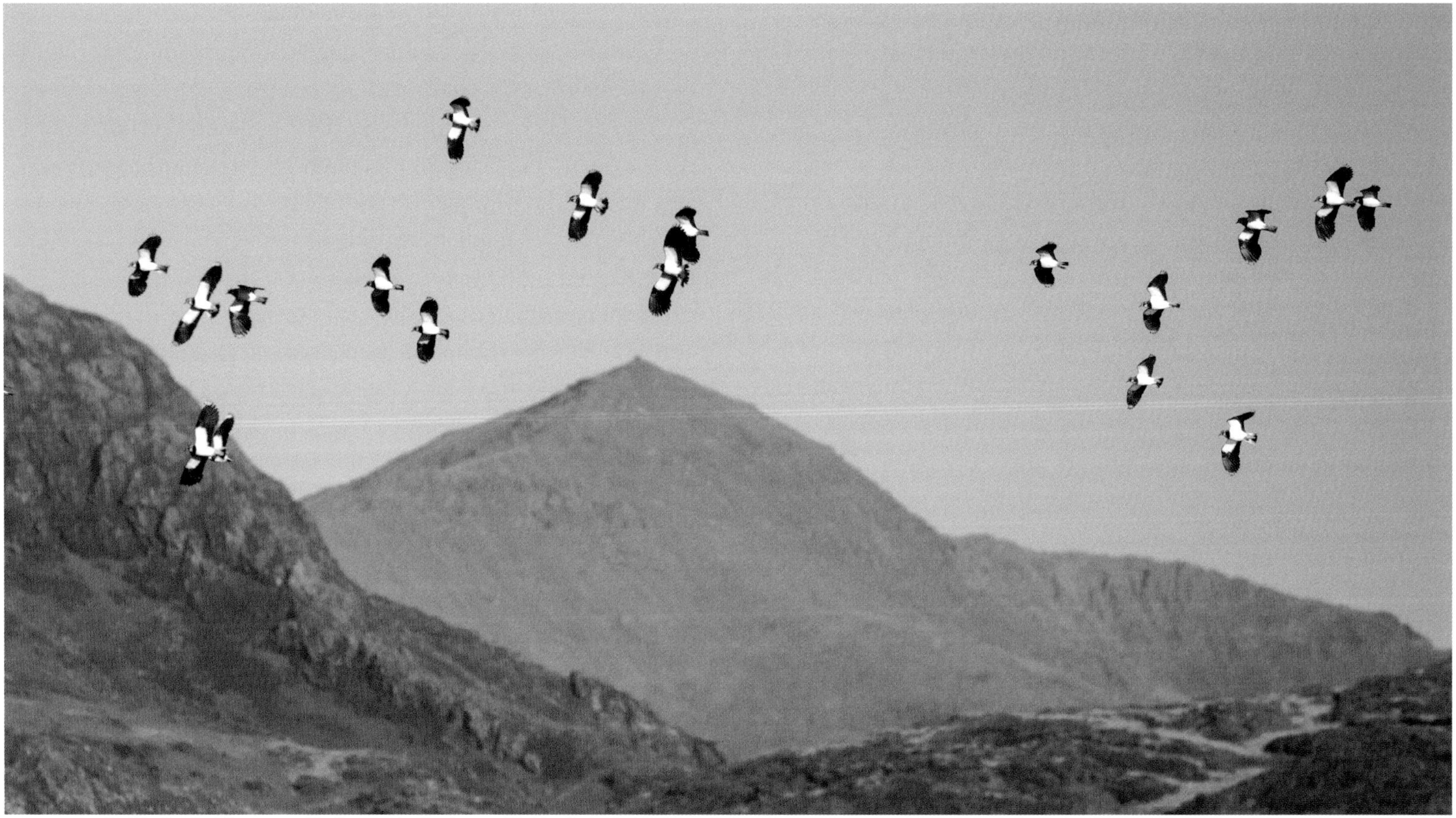

Cornchwiglod: Gwledd i'r llygaid | Lapwings: A sight to behold
Ⓗ *Ben Porter*

a meddwl am ennyd, mae'n hawdd iawn deall yn reddfol (hyd yn oed heb offer tracio soffistigedig) fod yr ymennydd yn mynd i flino'n sydyn mewn lleoedd fel hyn.

Ond tra bod lleoedd trefol yn mynd yn fwy o dreth ar ein hymennydd po fwyaf o gynyrfiadau sydd ynddyn nhw, mae'n stori wahanol mewn tirweddau mwy naturiol. Mewn ardaloedd o'r fath, mae'n ymddangos ein bod ni ar ein hennill po fwyaf yw'r amrywiaeth o gynyrfiadau 'cyfaredd tyner' sydd o'n cwmpas.

Mae'r datblygiadau gwyddonol hyn yn ein helpu ni i ddeall cysyniadau heriol fel 'llonyddwch' ac 'unigedd'. I mi, mae'r termau hyn yn cyfeirio at gyflyrau sy'n cael eu consurio drwy ddeialog rhwng y dirwedd a'r meddwl. Maen nhw'n ymwneud yn fwy ag effaith lleoedd ar bobl, yn hytrach na'u bod yn disgrifio elfennau o'r dirwedd ei hun. Maen nhw'n eiriau sy'n ceisio cyfleu'r hyn y mae unigolion yn ei synhwyro a'i deimlo'n emosiynol wrth fod yn bresennol mewn mannau penodol, neu wrth weld golygfeydd arbennig.

Er bod gan dirweddau'r gallu i danio'r fath synhwyrau ac emosiynau, nid yw'n hawdd deall 'llonyddwch' ac 'unigedd' fel nodweddion pendant ac amlwg sy'n hawdd eu hadnabod, eu mesur a'u mapio.

Nid yw adnabod 'llonyddwch' ac 'unigedd' fel rhinweddau arbennig Parc Cenedlaethol yn golygu chwaith nad oes yna sŵn, cyffro a bywiogrwydd cyffredinol yn bodoli ledled yr ardal – yn cynnwys y tensiynau a'r ffraeon sy'n codi'u pennau o dro i dro. Wedi'r cyfan, mae Eryri'n dirwedd sy'n gartref i bob math o drigolion ac yn gryndod o straeon, atgofion a lleisiau o'r gorffennol.

Mae ymdeimlad pobl o lonyddwch ac unigedd, a'r holl emosiynau cysylltiedig, yn rhywbeth dwfn a phersonol iawn. Mae'n dibynnu ar amgylchiadau a bydolwg unigolion. Ond os yw hi braidd yn anodd i ni gael gafael ar y cysyniadau llithrig

However, if it's true that urban places become increasingly taxing for our brains the more stimuli they include, the evidence suggests that it's a different story in the case of natural environments. Diverse landscapes that offer more in the way of soft-fascination stimuli appear to be much better and healthier for us as humans.

Such scientific developments help us understand tricky concepts such as 'tranquillity' and 'solitude'. To my mind these terms refer to conditions that are simultaneously conjured by place and within people's minds: they speak of the impact of specific locations, particular views, and unique experiences on individuals' senses and emotions. While landscapes have the capacity to elicit such senses and feelings, 'tranquillity' and 'solitude' cannot easily be understood as absolute, tangible and readily mappable (or quantifiable) features of a National Park.

Neither should these twin concepts be interpreted as referring somehow to an absence of sounds, movements, tensions and liveliness throughout the area. How could they – in such a deeply storied, lived-in landscape that is populated with people and other non-human beings, and which quivers with centuries of echoes and memories?

People's sense of tranquillity and solitude, and all their associated emotions, are deeply personal – depending on individual circumstances and perspectives. If these terms are somewhat difficult to grasp we can perhaps begin to appreciate more fully, thanks to a growing body of evidence, how Eryri's unique and varied landscape is able to offer such a multitude of small noticings and special encounters that touch us deeply.

Those responsible for designating Eryri National Park 75 years ago could not have imagined how recent developments in the field of neuroscience are helping us to understand

hyn efallai y gallwn ddechrau deall yn well – gyda chymorth gwyddonwyr – sut y mae tirwedd amrywiol a chyfoethog Eryri yn creu cymaint o gyfleoedd i bobl i brofi cyfaredd tyner, a'r lles sy'n dod o hynny.

Ni fyddai'r rhai a fu wrthi'n dynodi Parc Cenedlaethol Eryri 75 mlynedd yn ôl wedi gallu dychmygu'r hyn y mae niwrowyddoniaeth yn ein helpu i'w ddeall heddiw. Ond mi roedden nhw'n synhwyro pŵer tirweddau i wella ansawdd bywydau pobl, ac yn teimlo'r angen i sicrhau dyfodol lleoedd a fyddai'n creu cyfleoedd i godi ysbryd pobl a sbarduno creadigrwydd. Er bod cymaint wedi newid ers 1951 mae'r sicrhau'r cyfleoedd hyn, boed o fewn neu y tu hwnt i dirweddau dynodedig, yn dal i fod mor bwysig ag erioed – os nad yn bwysicach – i'n cymdeithas heddiw.

our relationship with our surroundings. But they sensed the ability of landscapes to improve people's lives, and felt driven to protect areas that could provide opportunities to lift people's spirits and change their world-views. So much has changed since 1951, but the need to create and sustain such possibilities throughout Wales – both within and beyond protected areas – is as important as ever.

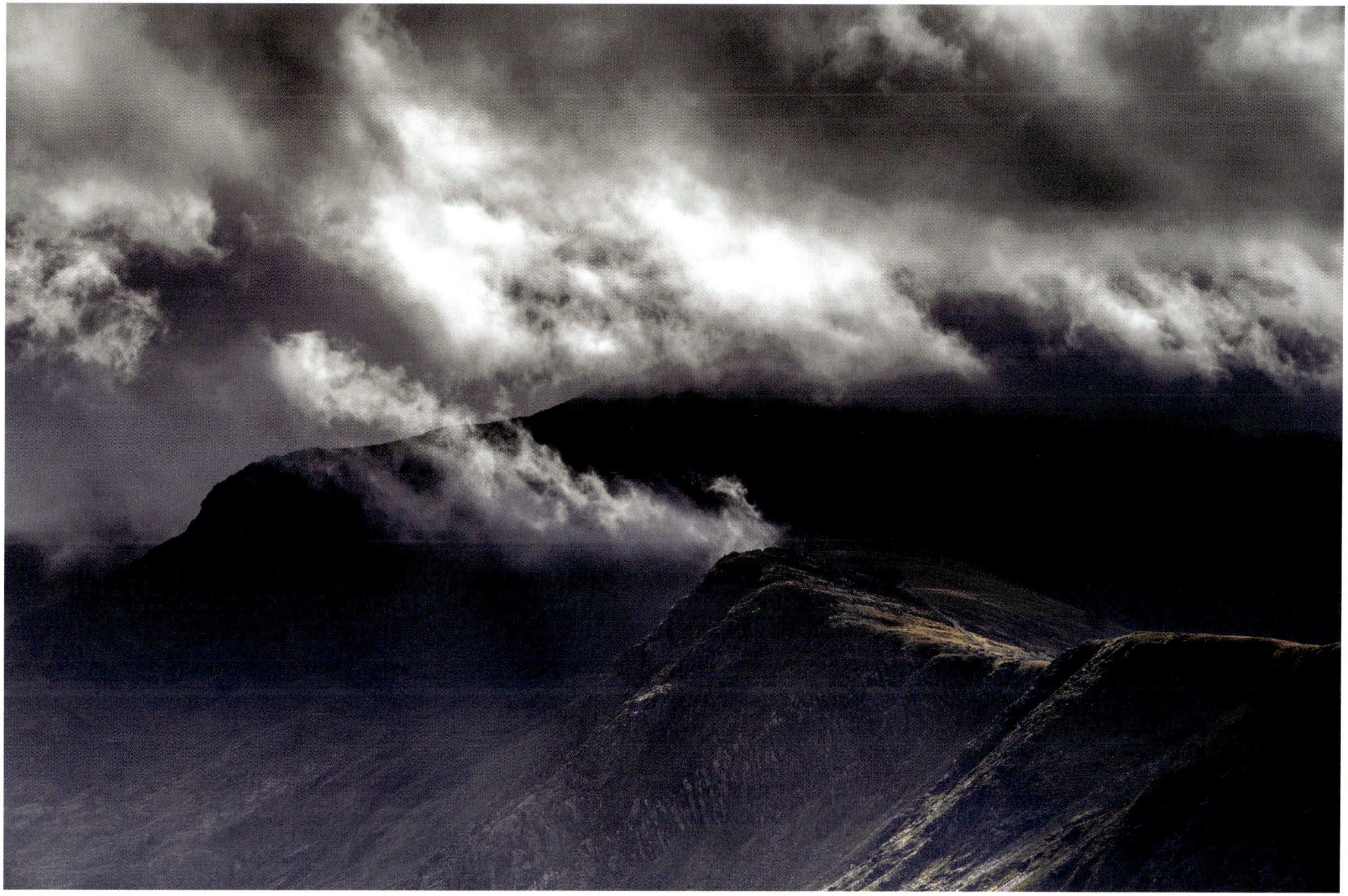

Yr Wyddfa o/from Dinorwig
ⓗ *Mark Gilligan*

Cyflwyniad i'r cyfranwyr

Gerallt Pennant
Wedi ei fagu yn ardal Bryncir, Mynydd Graig Goch a Moel Hebog oedd 'mur mebyd' Gerallt. Tyfodd y dynfa tua'r mynyddoedd yn bleser oes ac mae byw a gweithio yn Eryri wedi bod yn un o freintiau ei fywyd.

Lynda Yorke
Daearyddwraig Amgylcheddol ym Mhrifysgol Bangor yw Lynda Yorke, sy'n arbenigo mewn geomorffoleg, hanes tirweddau a newid amgylcheddol. Mae ei hymchwil yn canolbwyntio ar dirweddau ffisegol ac anthropogenig, wedi'i siapio gan ei chefndir mewn daeareg Gwaternaidd.

Paul Williams
Ar ôl cyfnod fel peiriannydd atomfa aeth Paul yn ôl i'r coleg i ailhyfforddi, er mwyn cael aros yn ei gynefin. Mae'n rheoli gwarchodfeydd natur wrth ei waith, ac mae gwirfoddoli yn ei gymuned ym Mlaenau Ffestiniog yn bwysig iawn iddo.

Ben Porter
Mae Ben Porter yn ecolegydd, ymchwilydd a ffotograffydd bywyd gwyllt a fagwyd yn nannedd y gwynt ar Ynys Enlli. Ceir hyd iddo'n aml yn nhirweddau Eryri yn dogfennu'r bywyd gwyllt unigryw trwy ffotograffiaeth, gwaith arolygu a recordio sain.

Elin Tomos
Mae Elin Tomos yn gynhyrchydd, hanesydd a sgwennwr o Nantperis. O ddydd i ddydd, mae Elin yn gweithio fel cynhyrchydd i gwmni teledu Cwmni Da yng Nghaernarfon. Yn 2024 cafodd Elin ei henwi ar restr 30 o dan 30 cylchgrawn hanes y BBC.

Introducing the authors

Gerallt Pennant
Raised in the Bryncir area, Mynydd Graig Goch and Moel Hebog were Gerallt's first horizon. The call of the mountains became a lifelong pleasure and being able to live and work in Eryri has been one of life's greatest privileges.

Lynda Yorke
Lynda Yorke is an Environmental Geographer at Bangor University, with expertise in geomorphology, landscape histories and environmental change. Her research focuses on physical and anthropogenic landscapes, shaped by her background in Quaternary geology.

Paul Williams
Having previously been a power station engineer, Paul returned to college and re-trained so that he could stay in his *cynefin*. A nature reserve manager by day, and voluntary work in his community of Blaenau Ffestiniog is very important to him.

Ben Porter
Ben Porter is an ecologist, researcher, and wildlife photographer raised on the windswept island of Ynys Enlli. He can often be found in the landscapes of Eryri documenting its unique wildlife through photography, survey work and sound recording.

Elin Tomos
Elin Tomos is a producer, historian and writer from Nantperis. Elin works as a producer for a production company, Cwmni Da in Caernarfon. In 2024 Elin was named on the BBC history magazine's 30 under 30 list.

Meleri Davies

Llenor a datblygwr cymunedol o Ddyffryn Ogwen yw Meleri Davies. Bu'n Brif Weithredwr ar fenter gymdeithasol Partneriaeth Ogwen am 10 mlynedd ble arweiniodd brosiectau amgylcheddol, cymunedol a diwylliannol yn cynnwys cynllun hydro cymunedol Ynni Ogwen.

Steve Eaves

Mae Steve Eaves yn gweithio ym maes polisi a chynllunio iaith, gyda diddordeb arbennig mewn hyfforddiant ymwybyddiaeth iaith. Mae hefyd yn fardd ac yn gerddor-gyfansoddwr sydd wedi cyhoeddi nifer o recordiadau. Mae'n byw yn Rhiwlas ger Bethesda.

Ann Thomas

Ganwyd a magwyd Ann yn Nolgellau. Fel athrawes drwyddedig wedi graddio mewn Sŵoleg, cafodd ei chyflogi'n Uwch Ddarlithydd ym Mhlas Tan y Bwlch am chwarter canrif. Trefnodd ac arweiniodd Ann gyrsiau addysgol i ysgolion, y cyhoedd a thramorwyr.

Non Tudur

Mae Non yn ohebydd y celfyddydau gyda chylchgrawn *Golwg* ac yn byw yn Rhostryfan, Dyffryn Nantlle. Bu'n bennaeth adran gyfieithu Awdurdod Parc Cenedlaethol Eryri am rai blynyddoedd, yn byw bryd hynny ym Mhorthmadog ac wedyn ym mhentref Llanfrothen.

Elinor Gwynn

Diddordebau pennaf Elinor Gwynn yw'r amgylchedd, llenyddiaeth, celf, tirwedd a iaith. Mae hi wedi byw a gweithio mewn nifer o ardaloedd gwahanol ar draws Cymru, ond ei chartref ers sawl blwyddyn bellach yw tyddyn bach chwarelyddol ar gyrion gogleddol Parc Cenedlaethol Eryri.

Meleri Davies

Meleri Davies is a writer and community developer from Dyffryn Ogwen. She was the Chief Executive of the social enterprise, Partneriaeth Ogwen for 10 years and led on environmental, community and cultural projects including the Ynni Ogwen community hydro scheme.

Steve Eaves

Steve Eaves is involved in Welsh language policy and planning, with a special interest in language awareness training. He is also a poet and singer-songwriter and has released a number of recordings. He lives in Rhiwlas near Bethesda.

Ann Thomas

Ann was born and raised in Dolgellau. A Zoology graduate and qualified teacher she was employed as a Senior Lecturer in Plas Tan y Bwlch for 25 years. Ann organised and led educational courses for schools, the public and overseas visitors.

Non Tudur

Non is an arts correspondent for *Golwg* magazine and lives in Rhostryfan, Dyffryn Nantlle. She was the head of the Eryri National Park Authority's translation department for some years, living in Porthmadog before moving to the village of Llanfrothen.

Elinor Gwynn

Landscapes, literature, art, language and the environment are Elinor Gwynn's main passions. She has lived and worked in various parts of Wales over the years, but her home for the past couple of decades has been a tyddyn at the northern edge of Eryri's slate landscape.

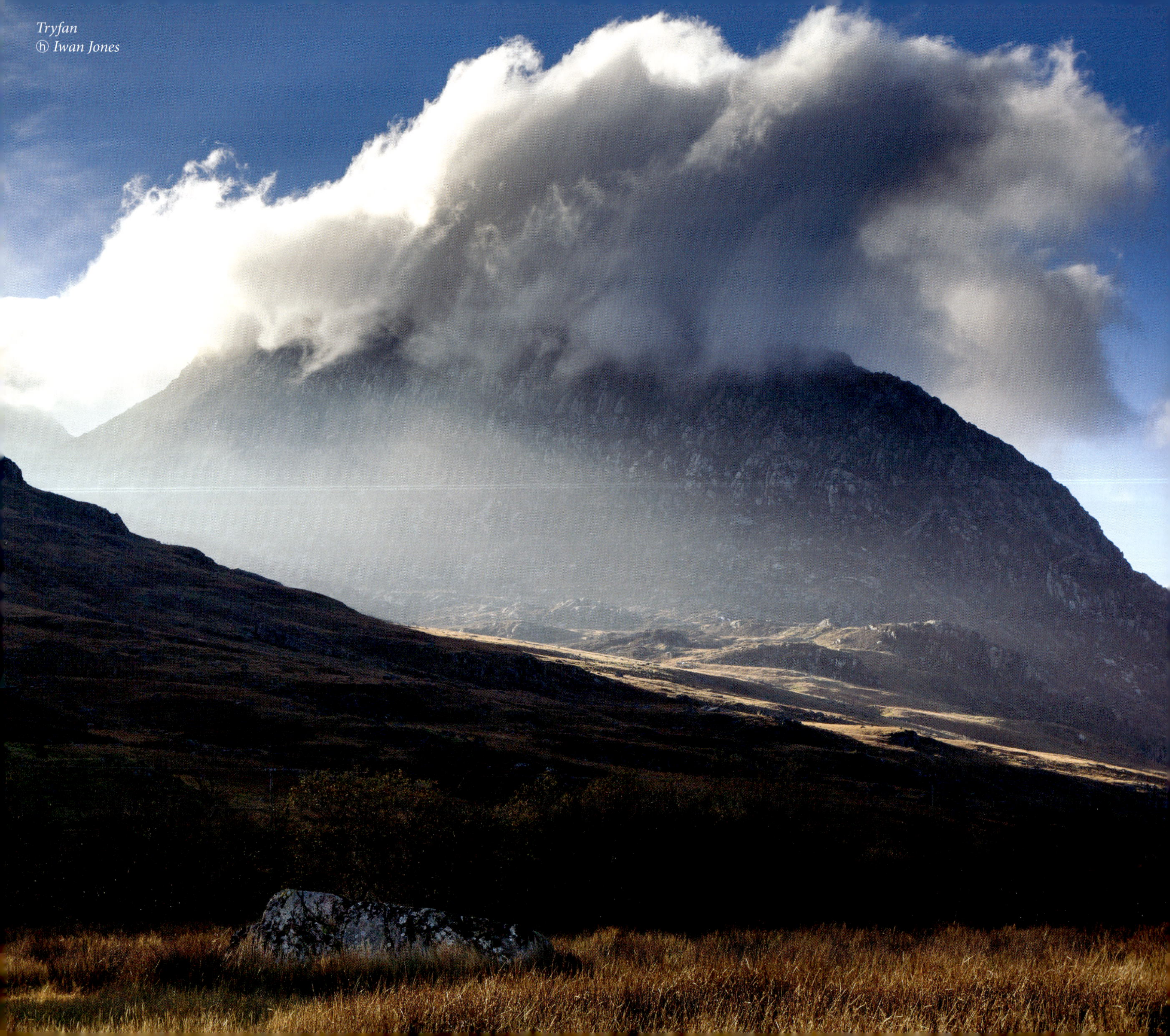

Tryfan
ⓗ *Iwan Jones*

Darllen pellach
Further reading

Woolmore, Ray (2001): *Hanes Dynodi'r Parc – The History of its Designation*

Davies, Janet (2014): *The Welsh Language – A History,* Gwasg Prifysgol Cymru | University of Wales Press

Jones, J. R. (1966): *Prydeindod*, Llyfrau'r Dryw

Cofnodion a Chyfansoddiadau Eisteddfod Genedlaethol 1906 (Caernarfon)

Williams, Ffowc (1962): 'Blodau'r Grug', *Awen Arfon*, Llyfrau'r Dryw

Jones, Ben (1962): 'Plu'r Gweunydd', *Awen Arfon*, Llyfrau'r Dryw

Ingrams, R. & Piper, J. (1983): *Piper's Places: John Piper in England and Wales,* Chatto & Windus/The Hogarth Press

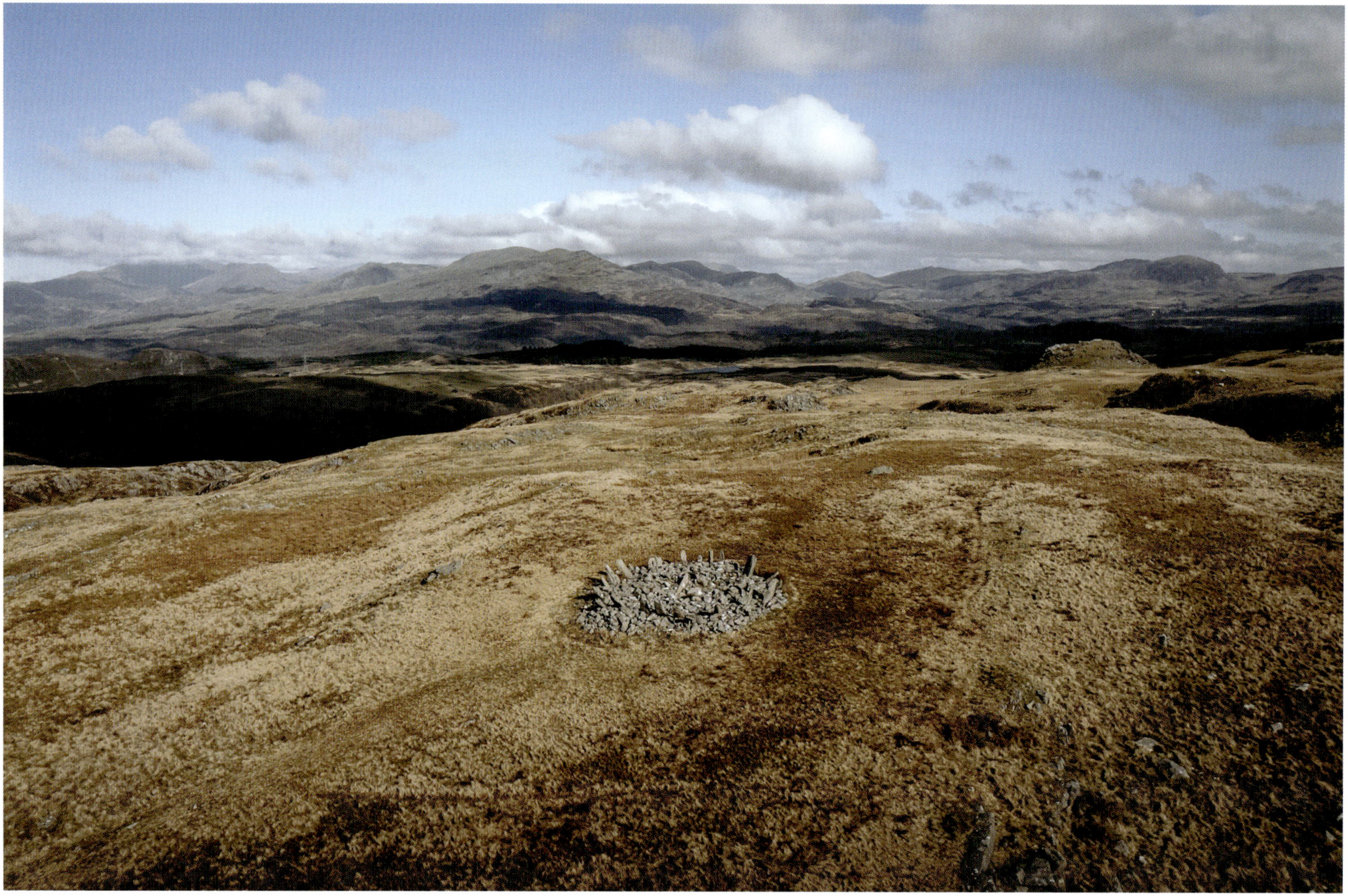

Bryn Cader Faner
ⓗ *Follow Films*

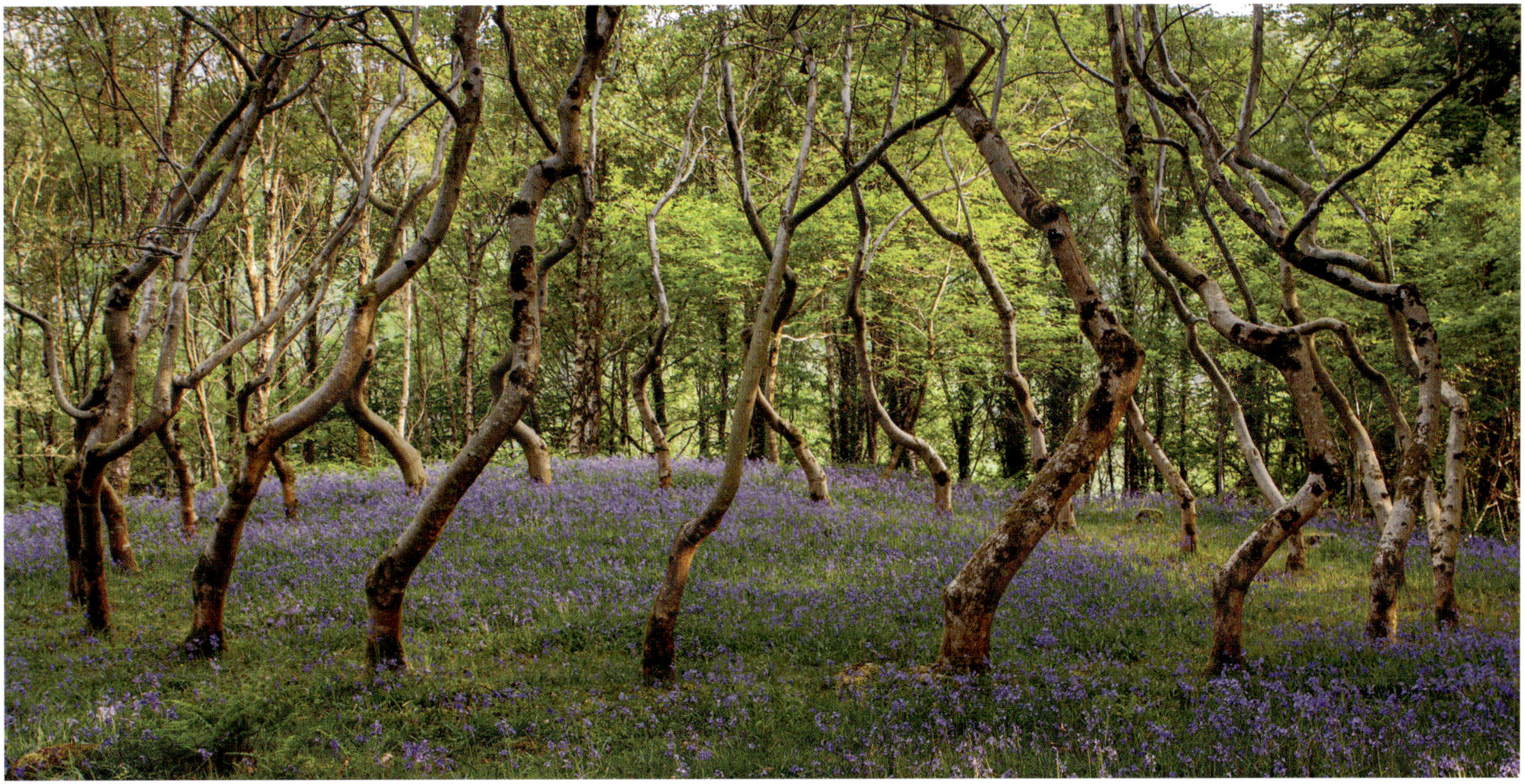

'Ash Dome' – David Nash
ⓗ Rory Trappe

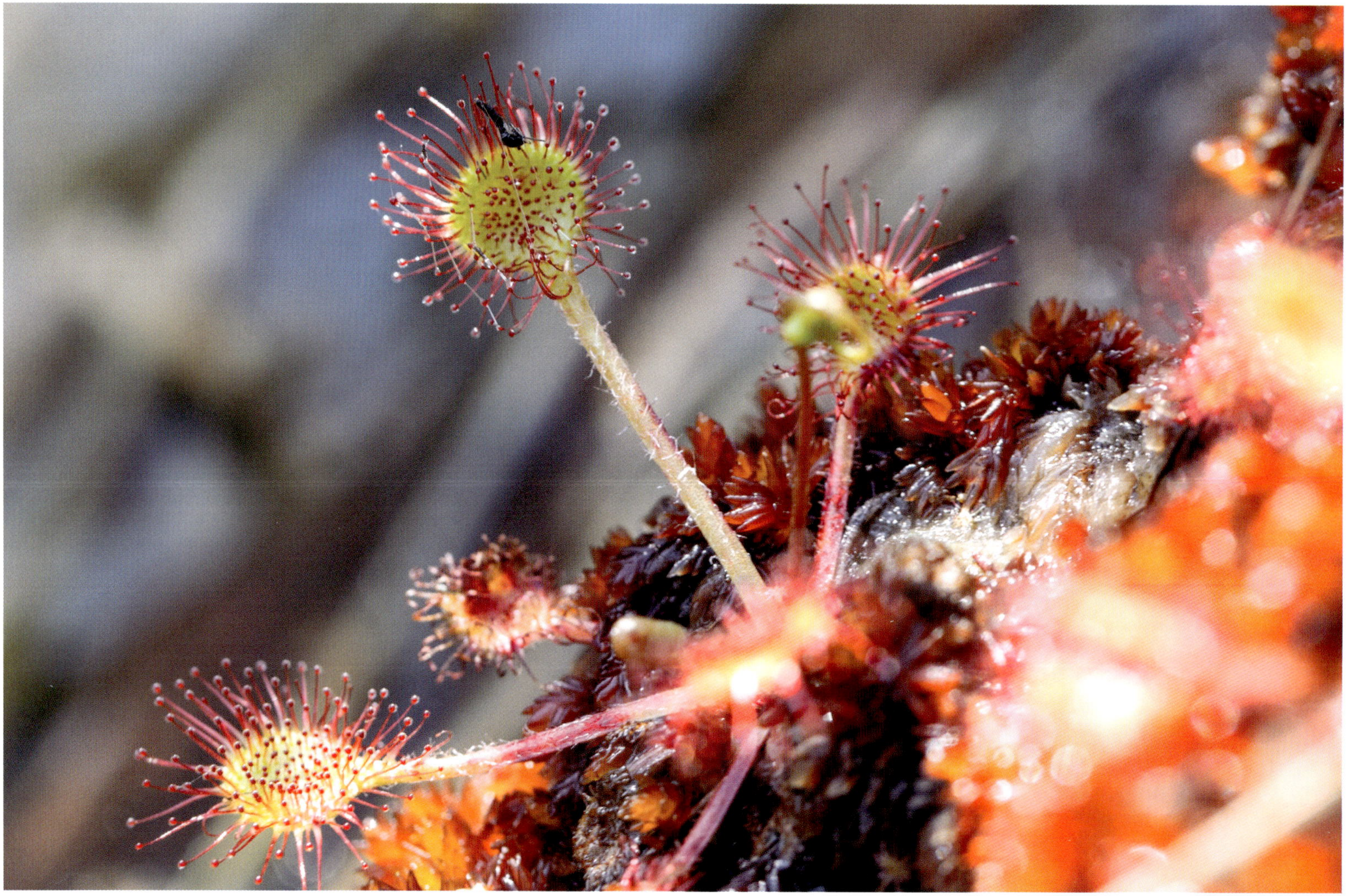

'Gwlith yr Haul' (gwlithlys) | Round-leaved sundew
ⓗ *Ben Porter*

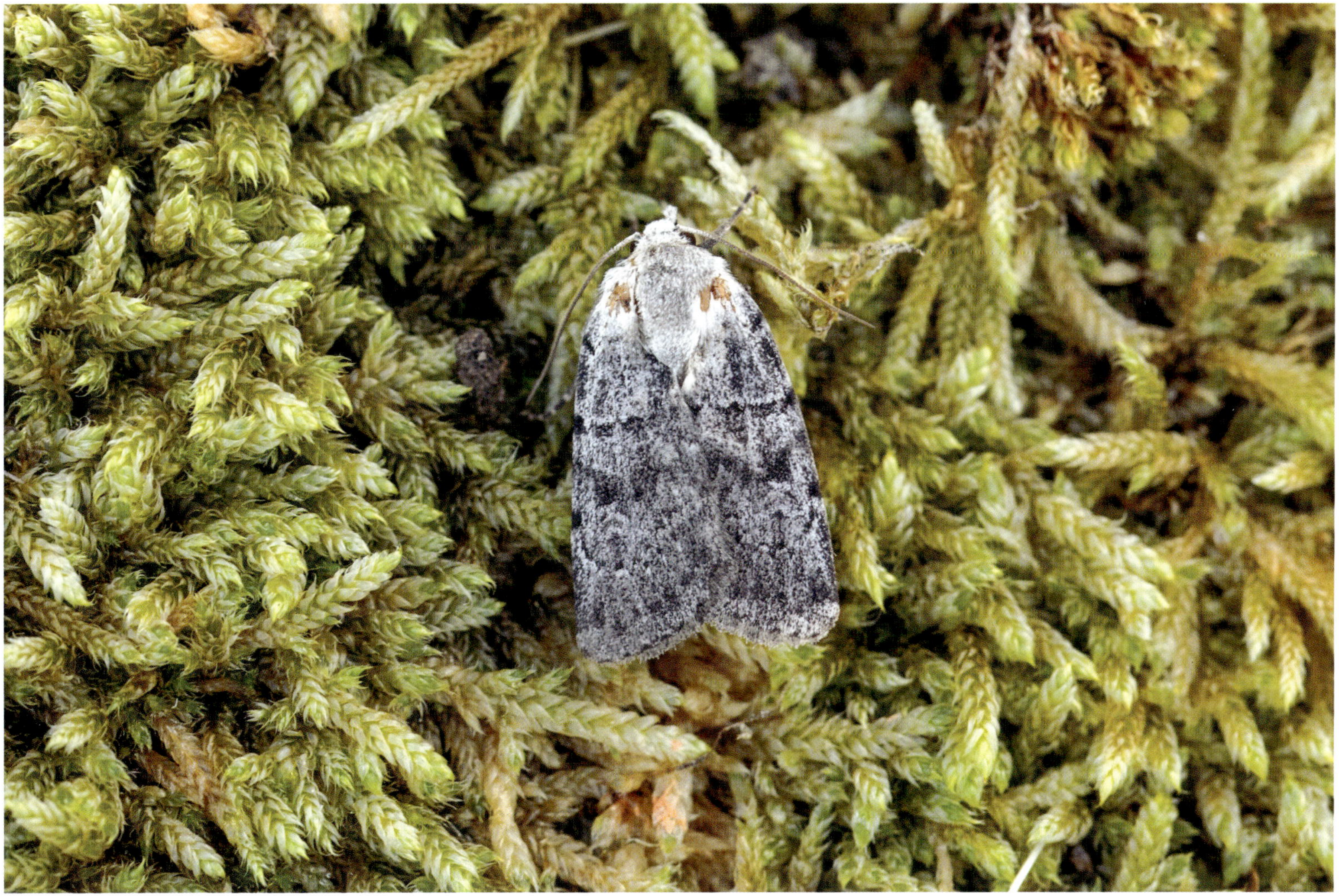

Gwladwr Cymreig | Ashworth's Rustic
ⓗ *Ben Porter*

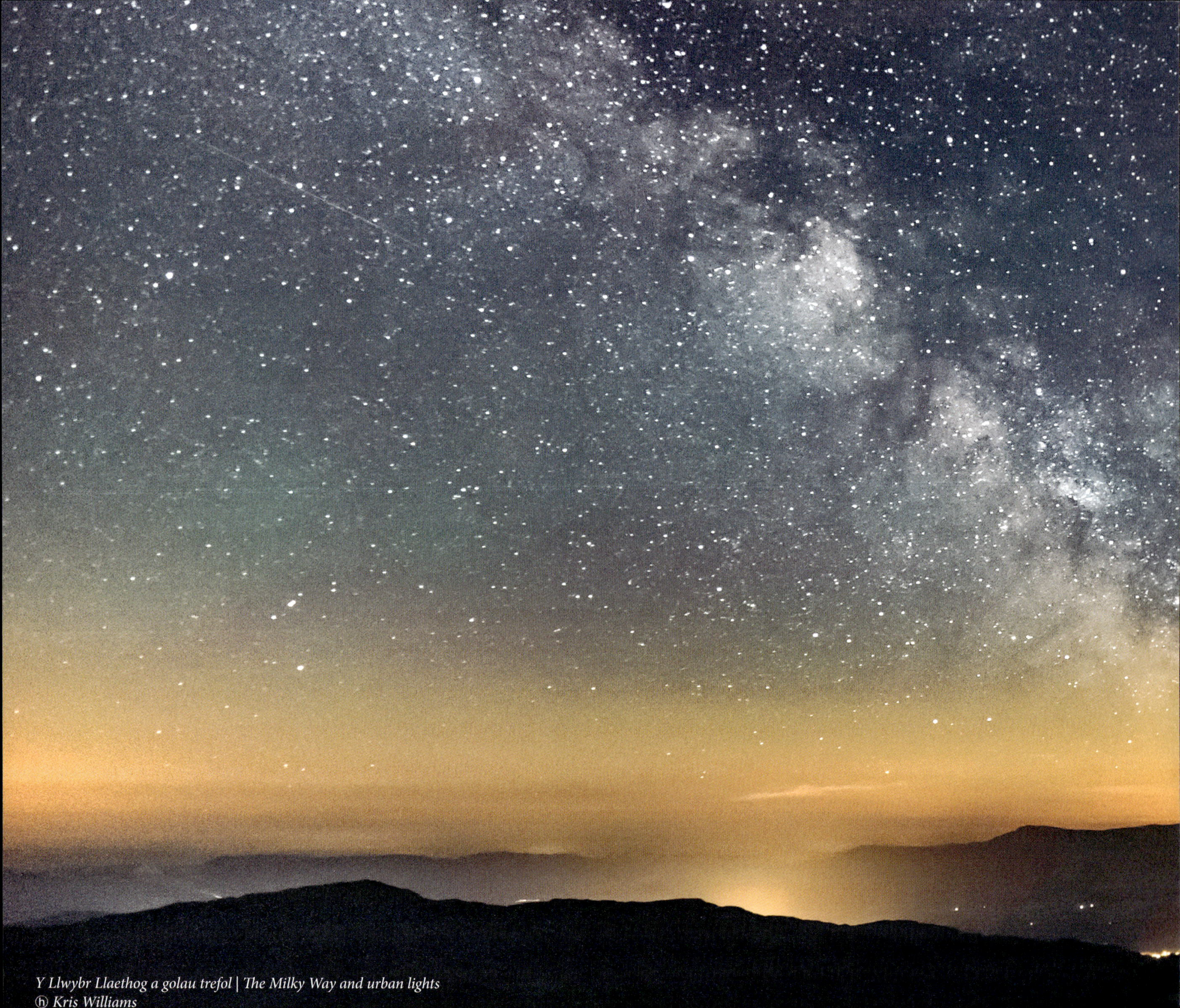

Y Llwybr Llaethog a golau trefol | The Milky Way and urban lights
ⓗ Kris Williams

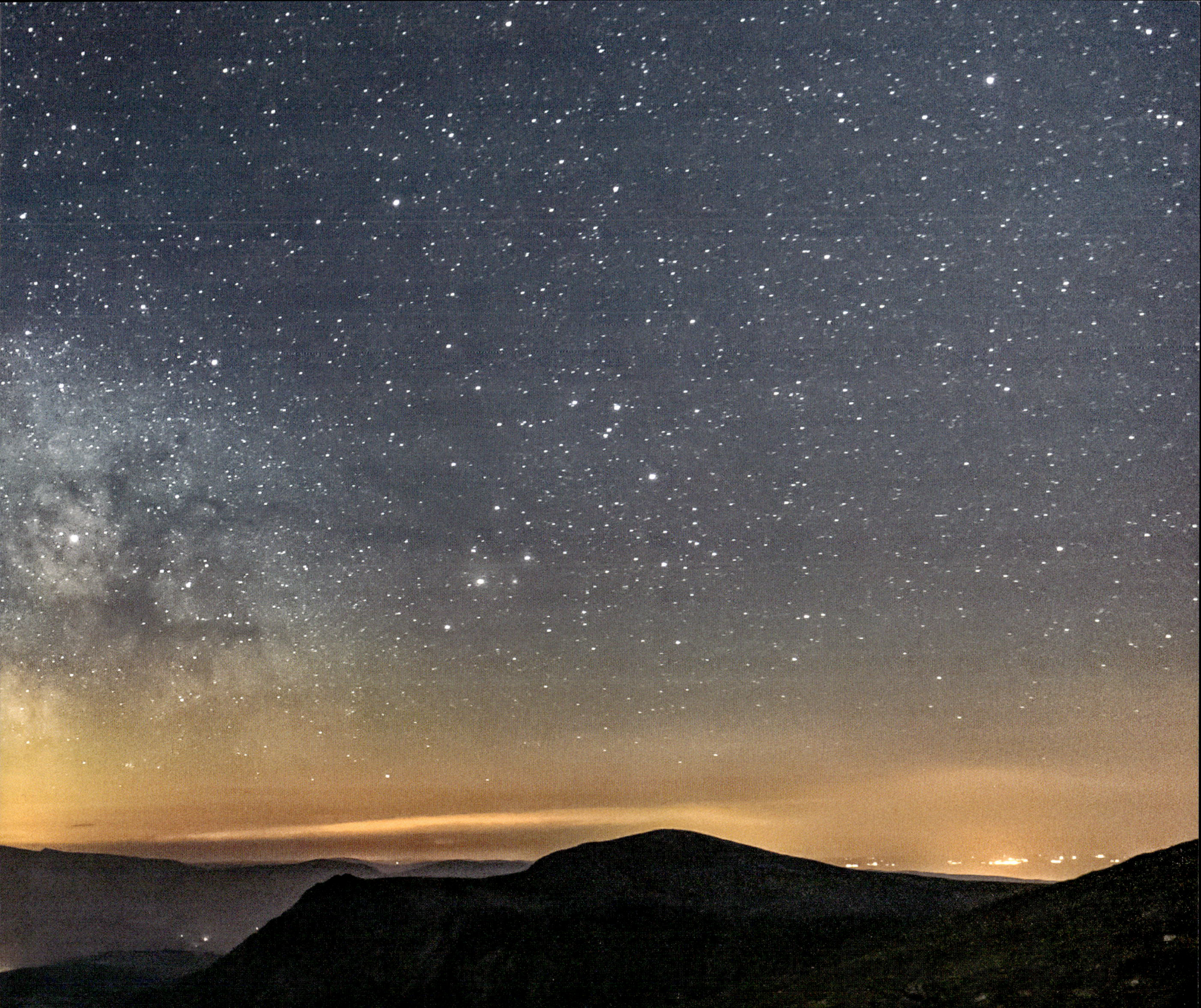

75

PARC CENEDLAETHOL

ERYRI

NATIONAL PARK

y Lolfa

PARC CENEDLAETHOL ERYRI NATIONAL PARK

@parceryri

@parc_eryri

@parccenedlaetholeryri

Parc Eryri

www.eryri.llyw.cymru